图解缠论3

技术面、基本面、比价轮动的立体操盘

陈秋明◎著

中国经济出版社
CHINA ECONOMIC PUBLISHING HOUSE
北 京

图书在版编目（CIP）数据

图解缠论. 3，技术面、基本面、比价轮动的立体操盘／陈秋明著. —北京：中国经济出版社，2021.8（2025.9 重印）
ISBN 978-7-5136-6566-7

Ⅰ. ①图… Ⅱ. ①陈… Ⅲ. ①股票投资-图解 Ⅳ. ①F830.91-64

中国版本图书馆 CIP 数据核字（2021）第 152081 号

责任编辑　贾轶杰
责任印制　李　伟
封面设计　久品轩

出版发行　中国经济出版社
印 刷 者　北京艾普海德印刷有限公司
经 销 者　各地新华书店
开　　本　710mm×1000mm　1/16
印　　张　15.25
字　　数　234 千字
版　　次　2021 年 8 月第 1 版
印　　次　2025 年 9 月第 4 次
定　　价　58.00 元
广告经营许可证　京西工商广字第 8179 号

中国经济出版社　**网址** www.economyph.com　**社址** 北京市东城区安定门外大街 58 号　**邮编** 100011
本版图书如存在印装质量问题，请与本社销售中心联系调换（联系电话：010-57512564）

序　言

1. 认知

起初，日本米商绘制了蜡烛图，用来描述米价的走势，这是最早的K线。和今天的K线一样，蜡烛图也是由开盘价、收盘价、最高价、最低价构成，创始人一般被认为是“本间宗久”。后人将《本间宗久翁密录》中的文字记载转换为图形，也就是K线组合，并在图形旁边加了“买”“卖”“观望”等注释，意味着出现这些K线或K线组合，后续会出现什么样的走势变化，要采取什么样的对策，这是米商对米价走势规律的总结。

19世纪末20世纪初，道氏理论出现，同时期还有杰西·利佛莫尔代表着技术派的诞生。后世对于证券与期货的分析，有技术图表派、数学规律派、价值投资派等几种。其中，价值投资研究的是股票所代表的公司，该派认为市值的增长来源是公司的盈利扩张能力，代表人物格雷厄姆写了一本《聪明的投资者》，中国人比较熟悉的是其弟子巴菲特，而除了巴菲特外，受其投资思想影响的还有沃尔特·施洛斯（巴菲特眼中最伟大的投资人之一）、约翰·邓普顿（全球投资之父）、菲利普·费雪（成长股策略之父）等数位全球投资史上的大师级人物。

在价值投资以外，将研究重点着眼于K线图表、指标、价格等因素的，可以统称为“技术派”。这里面的分类就多了，从单个K线的形态到数个K线的组合，再到多个K线构成的形态，都属于K线形态类。例如，很多人熟悉的“乌云盖顶”“仙人指路”“孕育线”“三只乌鸦”“红三兵”“头肩底”“美人肩”等。研究者发现，当K线图出现这些特征的时候，后续通常会出现上涨或者下跌走势，于是把它当作规律总结了出来。

K线之外，最常见的是指标，如MACD、KDJ、CR、RSI等。研究者同样发现，当这些指标出现“背离”“双头”“金叉”等情况后，后续股价会有相应的上涨或下跌。

江恩理论认为，时间与价格在走势图中会呈现一定的规律性，例如，神奇数列、黄金分割点等，可以用来预测未来的走势。

在均线理论中，格兰威尔根据移动平均线总结出了8个对应着买入与卖出的规则，即长短均线呈现特定情况时，后续将有下跌或者上涨。

波浪理论的创始人艾略特从大量K线图中发现，每次走势都会呈现出五浪上涨、三浪下跌的特征，于是总结出了13种波浪形态，并给出了大浪由小浪组成的结论，同时用波浪之间的比例关系和上涨或下跌的幅度、时间来预测后续走势。

可以发现，上述股票技术理论存在一个共同特点：它们是基于大量图表的规律性总结，根据当下的情况预测未来。在经济学中，有各种周期的理论，其思路是一致的，例如，60年的康波周期、10年的朱格拉周期、3年的基钦周期等，也是在大量经济数据的基础上总结出来的结论。例如，10年的周期是基于机械设备的更新换代，3年的周期是因为商品库存的变化等。根据这些总结出来的结论，可以对未来进行预测。这种研究的方式，是先发现规律，然后去探究其内在逻辑。

类似的还有几何领域，欧几里得的《几何原本》出现之前，人们发现三角形的内角和都是180°，但并不知道这有什么内在逻辑。而《几何原本》通过对点、线这种客观存在的定义，通过数学逻辑的方式，推论出三角形的内角和一定是180°，彻底解决了这个问题。

对于股票技术理论而言，缠论属于《几何原本》式的，其他的技术理论都属于规律性的总结。在缠论中，走势有三种形态，分别是上涨、下跌、盘整，这类似于《几何原本》中对点、线、面等基础元素的定义。这三种形态的必然结论：无论上涨、下跌，还是盘整，都必然结束，且一个形态结束后，只能转变为其他两种形态中的一种。整部缠论的推演，从这些不可否定的客观存在的原理开始，逐步推导出买卖点，以及其他一些结论，这些结论在理论中，有逻辑的必然性。

缠论与其他技术理论不同的地方还在于：缠论不是根据当下的情况对

后续走势进行预测，而是在理论框架内对后续走势进行分类。例如，上涨结束后，只可能转化为盘整或者下跌，但缠论不去预测后续走势，而是在理论框架内给出后续走势出现盘整或下跌的必然条件。当走势触发这些条件时，盘整或下跌的开始或结束即被确认，进行相应操作即可。

但必须一提的是，理论基础与思维模式的不同，并不意味着操作者应用结果的不同。例如，有些人深入学习了波浪理论或者其他理论，即便没接触过缠论，也可以操作得很好。这就好像在《几何原本》出现之前，人们直接套用三角形内角和为180°也并不会出错一样。

同时，既然是一门理论，就必然有限制性，所有理论都必须在某个范畴内进行讨论。例如，三角形的180°内角和就必须在平面几何范畴内讨论，在黎曼几何中就不能成立，这是基本常识。但只要是K线图的走势，无论是哪一种技术理论总结出的规律，在缠论体系中都可以有更加精确的逻辑表达，这是由理论的推演特点与体系决定的。

缠论出现了十多年，很多人把这门理论当作股市的秘籍，似乎得到了就可以称霸股市，这并不可取。在股市中，成就的大小取决于人，而不是理论，再完备的理论也要人来使用，通过人在现实中发挥力量。

更有人把缠论当成了一种信仰，这同样是不可取的。对一门理论，我们只有深刻理解了其内在逻辑，熟练掌握并在实践中进行印证，才能对其进行正确或错误的评论。我们学习并不是要教条地追随某个人或者某些理论，而是应该立足于整个系统，去看待其中的某些点，并在实践中去了解、掌握。

人类的大脑分为两个工作系统：第一个系统倾向于根据直觉、感觉来给出结论；第二个系统需要调用我们的逻辑思维，对事物进行客观的评判。我们往往会不由自主地根据第一个系统来决定对事物的认知，这种思维方式是必须克服的。

2. 体用

所有股票理论要解决的其实是同一个问题：如何在降低风险的同时增加利润。无论价值投资还是技术理论，要解决的都是利润最大化问题。

风险有很多种，像技术风险、爆雷风险、政策风险等。技术风险无非就是技术操作的问题。爆雷风险，其实就是股票基本面突然变化的风险，如长生生物，由于一般的投资者在信息获取的渠道与速度上处于劣势，所以这种风险往往是致命的。自2019年以来，随着政策监管趋严，尤其是2020年注册制出台之后，这种致命的风险将成为必须考虑的因素。政策风险是由政策调整引起的。例如，2007年5月30日凌晨印花税提高300%。相对而言，技术风险处于可控的范畴，而爆雷风险与政策风险是极其被动的。这些风险无法完全排除，所以对于筹码的持有者而言，降低风险的方法只有降低持仓成本。

当然对于短线而言，持仓周期短的一小时以内，长的不超过一周，碰到爆雷风险的可能性就会比较小，尤其是在分仓操作的情况下，就更难遇到爆雷风险了。但值得注意的是，纯粹的短线是不可持续的。我们可以将操作结果进行分类。第一种情况，短线始终做不出利润的，长期而言收益小于零。第二种情况，短线业绩长期在保本线附近，不能有效突破。这两种情况其实无所谓持续的问题。第三种情况，短线技术很好，能够保持稳定增长，这样无论收益率如何，最终都会到一个瓶颈期。因为对于任何一只股票而言，其短线进出可容纳的资金量都是有天花板的，所以在资金量达到瓶颈的时候，频繁换股的短线操作就不可持续。例如，资金量在几十万元的时候，所有的短线买点都是可以操作的；但当资金量达到几千万元的时候，可选择的标的会大幅缩小。对几十万元资金而言，最好的买点有时候也必须要放弃，因为不一定能买到足够的筹码，有时候还需要向上扫单才能把资金利用率提高，但这种扫单无疑会增加持仓的成本，同时卖出还有可能要向下扫单降低收益率。

有人会说，等我的资金增长到几千万元就不炒股了。那么请你想一想，如果你拥有能把几十万元、几百万元的资金，增长到几千万元乃至更大规模的能力，你觉得有什么理由离开市场？如果不能实现资金的稳定增长，那么你来市场的目的又是什么？

在追求利润与风险比最大化的过程中，风险是第一位的。所谓收益率，必须在相同的风险条件下比较才有意义。对于技术风险来说，下跌的结束就是最好的介入位置；对于爆雷风险来说，持仓成本是决定性因素；

对于政策风险来说，成本的控制以及在有利位置退出是重点。

所以，下跌结束的介入点、持续降低的持仓成本、有效可执行的退出机制三项是风险控制的核心内容。

在资金利用率上，由于操作者是无法完全分类的，所以要根据资金量的大小来安排资金利用的效率问题。对于短线来说，在下跌结束的位置持有筹码，在上涨结束后持有现金就是最好的效率安排，而上涨的力度是另外的问题。对于中线和长线来说，就是在相应级别的下跌结束位置开始持有筹码，并在后续的上涨过程中，根据不同级别的价格波动，把每一次有着足够利润空间的波动尽可能吃尽，在这个过程中把成本降低。

缠论要解决的就是上述问题。其实对于缠论来说，能够发挥最大作用的操作方式，是把大规模的资金用来结合基本面长期运作固定品种，解决长期持有固定品种的风险问题与利润最大化问题。在此期间，用来操作短线和中线的思路，也可以在理论中找到匹配的操作方式，但实际是在整部机器上拆了一些零部件来使用了。

和波浪理论相似的是，缠论拥有自己的级别系统，但缠论的级别定义更加精确，并可以在当下给出明确的判断。由于理论的根基——人的趋吉避害本能，各个级别的走势都存在着嵌套关系。在这样一个系统中，所有的级别都可以利用理论将其拆解分析，也就是理论的逻辑在所有级别同构，操作者可以更加灵活地选择自己的操作级别。这相当于一个开放性的源码，在这源码基础上，每一名操作者都可以根据自己的实际情况，去适配出自己的操作系统，只是这操作系统的好坏与源码没有直接关系，而是取决于搭建的人。

在更加广阔的范畴里，缠论并不应该仅仅是一种股票技术理论的名称，股票在整个“缠中说禅”博客中，只是略占篇幅的一部分。缠论系统里面不乏《论语》的思想，比如“学而时习”“患与不患”“敏行讷言”“为政以德，譬如北辰”“人能弘道，非道弘人”等，这方面解决的就是如何去掌握和使用这门理论的问题，只是在表面上，这属于哲学部分。

哲学，是这个世界上顶级的学问，探寻的是各个领域的问题浓缩后的本质，反过来适用于相应领域的一切问题。很多人在学习缠论的过程中，会凭空想象出各种问题，殊不知成事的基本常识是要去解决问题，而不是去制造问题。做之前就假设各种小概率条件，这种事情本身就偏离了正确的学习路线。此外，学任何东西都要有明确的目的，对于学习股票理论来说，就是在现实中去盈利。学习，是理论与实践相互印证、螺旋式上升的过程，而不是仅仅有理论就足够了，这在《实践论》《改造我们的学习》两篇毛选文章中有极为深刻、全面的论述。在本书中，会穿插一些《论语》中的内容，这些内容对思维方式的调整有很大的帮助。缠论体系本身就是被这种思维方式贯穿的，如果仅仅是熟悉理论，而不能自然地以这种思维方式去看待眼前的问题，是不可能学好这门理论的。

其实缠论原文字里行间流露出来的就是期望用赚钱这种充满想象力的事情去刺激人的欲望，让人在实践这门理论的过程中，自然而然地向《论语》的思想靠近。

3. 立体

理论与实践的差距往往非常大，理想化的事物通常并不存在于客观现实中，这是基本常识。很多学缠论的人在其他领域都能明白这个道理，却经常把炒股这种事情理想化，需要在实践中摔倒很多次后才能逐渐清醒过来。

缠论只是一门技术理论，并且有适用的范围。操作者需要在实践过程中琢磨出能够具体执行的系统。这套系统不存在被复制的可能，因为每个人的条件不尽相同，其系统必然存在差异，这就是“人能弘道，非道弘人”。

何况只有技术也是不行的，技术必须结合一个更大的系统才能更好地发挥作用。缠论原文给出的技术面、基本面、比价构成的系统是比较科学的，也是在实践当中被印证有效的，这三个系统的结合，无论在短线还是中长线中都可以发挥作用，本书也是按照这个脉络来写。但前文说过，每个人可能有不同的系统，所以发掘出其他系统进行叠加也未尝不可，例如，短线的操作就可以将技术、活跃度、消息等条件结合起来。

缠论的技术解决的是买点问题，并不解决涨幅问题。虽然任何符合理论的买点都可以带来利润，但是在实际操作过程中你会发现：完全符合理论的买点并不容易出现，并且同样的买点其后的涨幅可能天差地别。例如，在TMT（科技、媒体、通信）结构性行情中，同样的买点出现在一只钢铁股和一只软件股中，可能钢铁股后面只是微弱的震荡，而软件股就可能涨停，所以必须叠加其他的系统进行优化。

当然，无论基本面还是比价系统，都必须有技术面的支撑才能发挥最大作用。这是在学习过程中要注意的地方。

另外，很多人会把技术理论在一个平面上展开，而所有技术的应用都应该是立体的，用缠论的语言来说，就是技术的应用不应该是在某个特定级别中，而是要考虑操作级别的上一个级别和下一个级别。例如，操作级别是30分钟的，那么还要考虑30分钟级别的买点所处的日线级别的走势类型和次级别5分钟的走势类型。前者决定介入的风险与可能的利润，后者决定精确度，就技术而言这才是相对合理的方案。

基本面，涉及股市周期与经济周期之间的关系，这决定着当下所处的行情性质。在不同的行情性质中，如2006年和2008年，或者2014年和2016年，操作的风格也不尽相同。当下的主线行情表现往往优于其他板块，例如，在2017年，钢铁、煤炭、水泥等价值型周期股的表现总体上就比其他板块好得多；而在2019年，在TMT行情主导、科技股翻倍的情况下，周期股一片萧条。

比价，决定的就是板块内的具体品种。一个板块的上涨都会有所谓的“龙头”，这龙头可能是该板块里面基本面最好、规模最大的品种，也可能是突发事件涉及的板块中涨得最猛的品种。在整个板块里面，有着一线、二线、三线之分，最好、最大的品种一般先涨，而其他品种在比价效应下会逐渐和一线品种处于同一估值水平。这里说的同一估值水平并不是指PE（股票的本益比）一样，而是市值之间的比例趋于一致。

综上所述，基本面决定操作风格与主要板块，比价系统决定具体品种，技术在具体品种上用来获取尽可能多的利润，这就是一个完整的缠论操作体系。

对于短线来说，技术、活跃度、消息三者的结合，是基于资金利用效率最大化的考虑。因为对于短线来说，活跃的股票可能的涨幅优于不活跃的股票，而消息通常都是刺激短线活跃的因素。但操作者了解消息，并不是要去追涨或者潜伏，而是要看消息本身对走势的客观影响如何。在缠论的思维方式下，所有可能对价格波动起作用的因素，都必须体现在价格波动上才有意义，而所有的价格波动都是由具体的人来交易造成的。如果一个消息出来而价格没有明显反应，说明这个消息在当下没有起到影响价格波动的作用，那么就是无效的。在这样的视角下，具体的介入条件都是让市场本身去选择，而不是靠操作者的预测，这是立足当下的思维方式。同样地，走势何时何地结束，也是市场本身在选择，操作者不需要越俎代庖去想象一个当下不存在的未来情况，然后根据对未来的预测而反应。

此外，对市场的熟悉程度也会决定业绩的高低，特别是在偏中短线的操作中。在短线中，板块会有协同效应，也就是整个板块都在上涨，对于短线来说这是绝佳的操作机会。因为板块里面的个股不会只有一只，也不可能完全在同一时间上涨，它们的上涨存在着较小的时间差，打好这个时间差是这种短线操作的关键。

炒股是一门实践的艺术。很多人买股票都是两眼一抹黑，赌的就是上下两面，包括一些用缠论来操作的也一样，只考虑了技术理论而不能将更加周全的介入条件纳入思考范围。对于缠论操作者来说，在买入前一般至少要考虑以下问题。

（1）市场行情是什么性质，处于什么阶段？

（2）目前最活跃的板块是哪些，这些板块的先后顺序如何？

（3）板块处于什么阶段？

（4）个股在板块中的地位如何？

（5）指数当下处于什么阶段？

（6）个股有没有买点出现，是什么级别的买点，大级别走势如何？

（7）在理论推演中，买点后什么情况是不应该出现的？

（8）出现哪几种情况就必须要退出？

4. 脉络

理论与操作之间，隔着星辰大海，但并不是不可求，只是必须付出相当的时间与精力来磨合出属于自己的操作系统。在现实中，很多人其实都怀着寻求捷径的目的来到股市，在这种心态下，能沉下心去完成一件事情的人少之又少。更多的人只是被股市的涨跌牵引着情绪，去寻求那种赚钱、亏钱、等待、懊悔的感受。我们一般把花钱去寻求感官、心理刺激的行为称为消费，因此这些人以为的追求财富自由不过是在消费股市而已。

我们把一个完整的操作系统分为技术面、基本面、比价三个部分，这三者的灵活结合将适用于任何持股周期的操作，但由于技术面是整个操作系统的基础，所以我们会从技术面开始讨论。对于大多数人来说，一开始就严格按照标准来是最好的，在对理论有了更加深入的理解后，乃至对三个系统的应用熟练了之后，其实理论部分基本上就用不到了。对于理论来说，死记硬背在现实中并没有太大作用，而是必须去理解，理解理论得以成立的根本原因，再抛开理论观察走势，这样才有融会贯通的可能。所以本书按以下顺序编排。

第一部分，完全按照缠论的逻辑来推演，包括笔、线段、走势类型、中枢、走势必完美、买卖点、同级别分解、中阴身、多义性、小转大等内容，更加偏重于理论。相对而言，从第一部分出发，直接去实践的结果一般都不会太理想，实际的操作中还有很多细节问题。

第二部分，从缠论根源的视角去看缠论中的各项定义，这时候就可以把纯理论的部分进行弱化，而强化对走势的理解。当然前提是理论已经非常熟悉，才可以让这部分的内容起到应有的作用。

第三部分，涉及基本面和比价，以及股市的周期、行情的分类、板块的基本认知等内容。这部分是为了解决主线行情如何选取，以及在不同行情性质中如何操作的问题。

第四部分，主要解决操作中的一些具体细节问题，以及操作、学习中的思维方式、方向、方法问题，属于《论语》系列思想在股票中的实际应用。

对以上四个部分的系统性了解，才是真正能够用缠论来进行操作的较理想路径。不过除了基本面和比价外，其他系统叠加进来也完全可以。

一个优秀的操作者并不是掌握一些知识就能练成的，技术面、基本面、比价都不过是提供一种方法，而这些方法需要落实在具体操作中，不能改变现实的知识一无是处。在大多数人看来，一些所谓“干货”“绝招”

“公式”“参数”最简单实用，不过现实并不那样简单。股市中并不存在所谓的“绝招”，输入一个简单的条件就能给出大幅上涨的买点这种事情永远不可能实现。

在迈过技术面、基本面、比价等系统的门槛后，操作者要面临的是自己的问题。例如，如何根据自身条件去构建适合自己的交易系统，如何克服我们的本能反应，这才是真正的难点。掌握了各种知识，但不能实现稳定盈利的人比比皆是，这方面的问题在刚开始的时候是意识不到的，甚至在学习的中后期都不会意识到。如果能够把学习到的知识切实应用在实际中，实现所谓的“稳定盈利”，那么一定意识到了这个问题，并且已经解决了这个问题。换言之，这一关是避不过去的。

把“知识”转变为“能力”，是所有领域的学习中最难的部分，股票当然也不例外。现实中我们比较熟悉的，例如，开车这件事情，所谓知识就是驾驶手册所记载的内容，包含了关于这部车的底盘、传动、制动、方向控制、动力等各个系统的知识，以及在赛车场上遇到什么情况要执行哪些程序的完全指导内容，但这本手册并不能让你有驾驭这辆车在赛车场上参与竞赛的能力，这种能力是多少万公里跑出来的，是多少吨的油烧出来的，是多少个飘移过弯磨出来的，是无数次的失败锤炼出来的。对此，任何人都应该有清醒的认识。

陈秋明

2020. 12. 31

目　录

1

笔和线段

1.1 认识笔和线段

按缠论原文的顺序，笔和线段是在最后才出现的。本来前面的走势类型部分在实际应用中已经足够，但是作为一门理论，尤其是偏数学化的理论，笔和线段的定义显然让整部理论更加完整。所以原文的后面也提出了笔、线段、中枢、走势类型的学习路线，本书也从笔和线段开始。

其实在实际使用中，不用线段而使用走势类型对最小级别进行划分，更能反映走势的原貌，并且可以把握的级别更细微，但线段的优点在于其定义的明确性，并不存在走势类型划分可能存在的模棱两可的情况。

笔和线段的缺点也很明显，对于走势来说，线段的划分有着滞后性。与走势类型不同的是，线段需要被破坏才能被确认，而走势类型可以根据相关定义利用背驰来当下确认。笔的划分如果是人工在 K 线图上进行的话，会非常麻烦，尤其是在小级别图形中，但在大级别如月线及以上级别，笔的划分也自有其优点所在。这相当于不同的工具都有其自身的适配性。

无论笔、线段，还是走势类型、均线、指标等，都是用来分解走势的工具。既然是工具，就有适用范围。这范围不仅与级别有关，更与当下走势的特点有关。有些走势用笔就可以分解，而有些走势就不能用笔分解，这些都需要灵活掌握。例如，线段在指数的 1 分钟 K 线图上就可以用，但在很多个股的 1 分钟乃至 5 分钟 K 线图上都不适用。并且线段本被看作没有内部结构的走势段，并不能被用来分析操作，而有些走势可以用线段来分解操作，有些走势也不可以用线段来分解操作。总之，并不存在放诸四海皆适用的工具。

此外，工具本身并不一定只能局限于某一固定的范畴。例如，分型是用来定义笔的，但分型的使用却并不一定局限于笔，还可以被用来作为判断顶底的辅助工具。一个完全熟悉理论的人在单一品种上仅仅利用高低级别的分型就可以操作得很好。

在笔和线段的章节里，由于从判断一笔到判断一个线段存在若干个步骤，并且在原文里面这些本应是以逻辑顺序出现的步骤是被打散的，所以内容的安排以标准程序来编排的。这个程序是这样的：包含、分型、旧笔新笔、特征序列、特征序列的分型、线段的第一种情况、线段的第二种情况。

在实际使用中，如果要用笔和线段来对走势进行分析，建议首先用画笔的指标公式，在K线图中自动给出笔；其次根据这些笔来划分线段，这样要省事得多。否则一笔一笔去处理包含，再处理分型，最后确认一笔，就太麻烦了。

对于笔和线段的学习，由于笔有指标公式，所以重点应该在笔的实际使用中，关于笔的定义了解即可，这部分相对比较简单。线段的情况会复杂一些，线段有两种分类情况，第一种是很简单的，不存在需要计算特征序列分型的复杂问题，但第二种破坏会有些复杂。所以在线段部分，本书会给出原文中涉及的一些较难以判断的图例，并尽可能地解释清楚，用来辅助对线段部分的理解，或者干脆记忆了在实际使用中套用即可。

1.2 K线的包含

包含关系是笔和线段的最基础部分，划分笔和线段都会用到包含的概念。在笔的部分里，包含指的就是K线之间的包含，处理包含，意味着相邻两根K线中，其中一根K线的高低点完全在相邻K线的高低点范围内。例如，在上证指数年线中，2016年和2017年的K线就是包含关系，如图1-1所示。

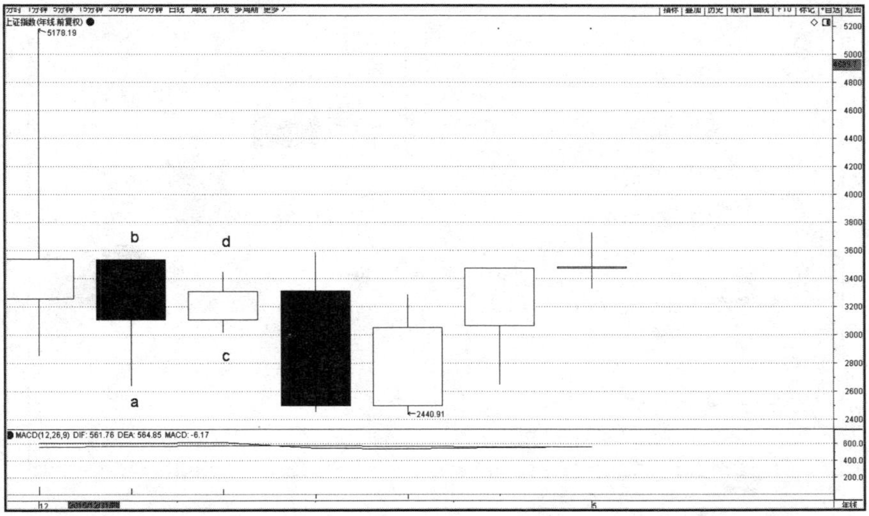

图 1-1 K 线的包含

在图 1-1 中，K 线 cd 的高点小于 K 线 ab 的高点，且 cd 的低点大于 ab 的低点，二者就属于包含关系。用左右 K 线来表示，就是左 K 线包含右 K 线，也可以称为向右包含。相反，如果左 K 线的高低点在右 K 线的高低点范围内，就称为向左包含。图 1-1 中的 a、b，就是 2016 年 K 线的区间，c、d 就是 2017 年 K 线的区间，该区间的范围包括上下影线。

对包含的处理，至少要有三根 K 线才可以。在图 1-1 中，ab 左边的一根 K 线和 ab、cd 一起，构成三根 K 线，而左边的 K 线高点比 b 高，低点也比 a 高，那么 K 线 ab 相对于左边那根 K 线来说就是下降 K 线。在这种情况下，K 线 ab 和 K 线 cd 按向下包含处理，ab 和 cd 处理后成为新的 K 线 ad，即在向下包含处理中，取二者中较低的高点为高点，较低的低点为低点。反过来，如果左边 K 线的高低点比 K 线 ab 都要低，那么 K 线 ab 相对于左边 K 线来说就是上升 K 线，K 线 ab 和 K 线 cd 的包含就要向上包含，取两根 K 线中较高的高点为新 K 线的高点，较高的低点为新 K 线的低点。

在图 1-2 中，1、2、3 根 K 线就是向上过程中的左包含关系，与图 1-1 的上下、左右方向都是相反的，2 被 3 包含，所以 K 线 1 不动，K 线 2、K 线 3 进行包含合并，合并后的新 K 线高点就是 3 的高点，低点就是 2 的低点。

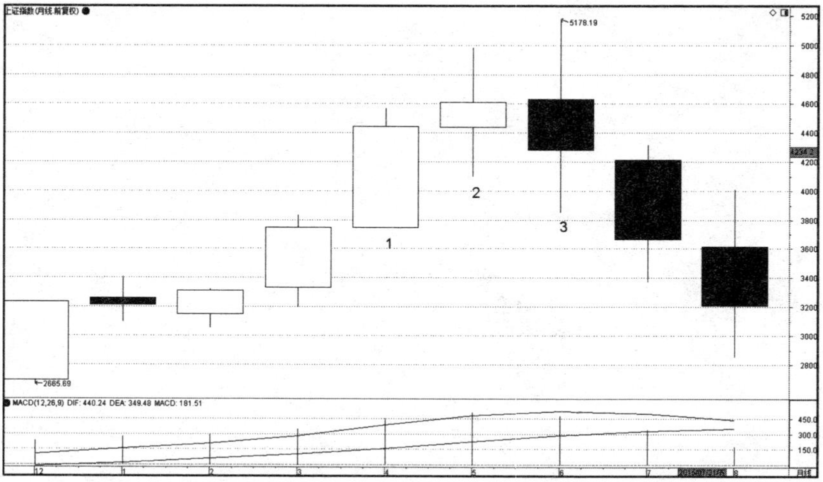

图 1-2　K 线的左包含

K 线的包含处理遵循以下原则：

（1）处理包含关系时，不管阴线阳线，都作为一根 K 线来处理；

（2）处理包含关系时，以 K 线的最高点和最低点为 K 线区间来处理；

（3）包含关系只能是相邻两根 K 线，像图 1-2 中的 K 线 1 和 K 线 3 即使是包含关系也不可跳过 K 线 2 处理；

（4）包含处理的方向依循 K 线方向，第二根相对于第一根 K 线是向上的，就向上处理，反之向下。

显然，在未处理的 K 线图中，任意两根相邻 K 线只有两种可能：有包含关系和没有包含关系。那么有包含关系就处理包含关系，没有包含关系就不管，向后面一根 K 线看，直到有包含关系的两根相邻 K 线出现为止。在处理完所有包含关系的 K 线组中，任意相邻三根 K 线的组合方式只有以下四种，如图 1-3 所示。

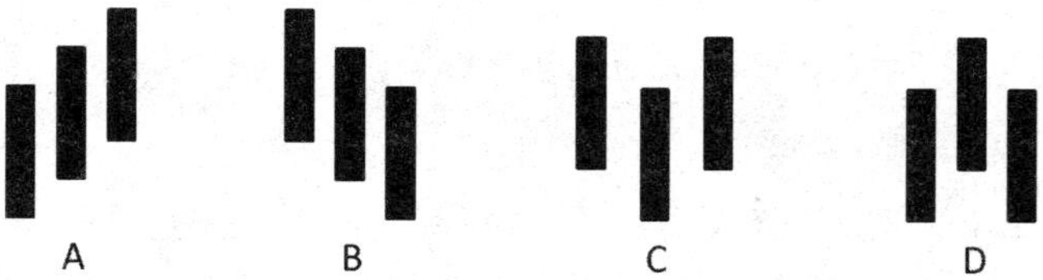

图 1-3　相邻三根 K 线的组合方式

比较复杂的是连续的包含 K 线处理，图 1-4 就属于典型的 K 线连续包含。

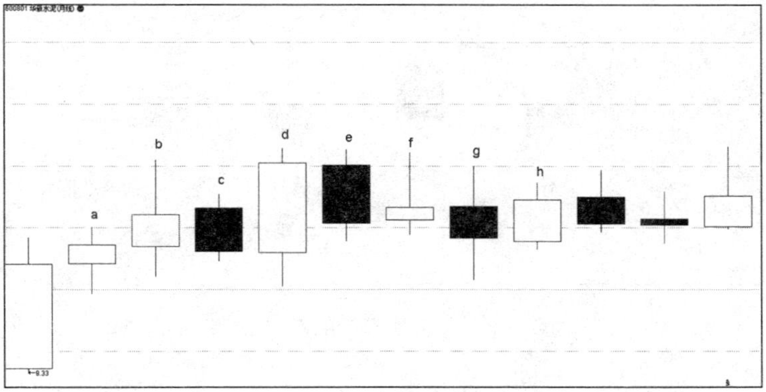

图 1-4　K 线的连续包含

对图 1-4 观察可知，a 和前面一根 K 线不存在包含关系，a、b 也不存在包含关系，但 b、c 存在包含关系，b 相对于 a 是上涨，所以 b、c 的包含处理是向上包含，取 c 的低点和 b 的高点为包含后的新 K 线的高低点，处理后的 K 线如图 1-5 所示。

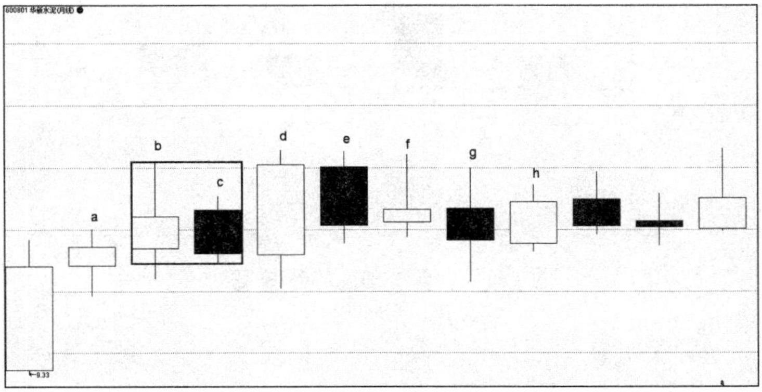

图 1-5　包含处理后的新 K 线 1

b、c 处理包含后的新 K 线，与 d 同样存在包含关系，新 K 线相对于 K 线 a 同样是上涨，所以与 d 的包含仍然按向上包含处理，取 c 的低点到 d 的高点为 b、c、d 三根 K 线处理包含后的新 K 线，处理后的 K 线如图 1-6 所示。

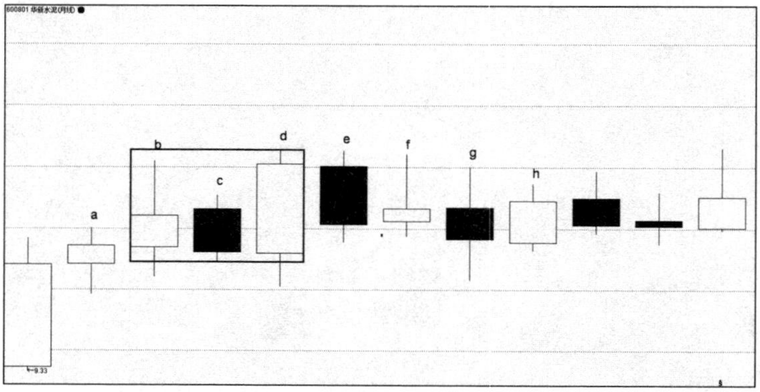

图 1-6 包含处理后的新 K 线 2

b、c、d 处理包含后的新 K 线继续与 e 处理包含关系（e 的高点小于 d 的高点），取 e 的低点与 d 的高点，为 b、c、d、e 四根 K 线处理包含后的新 K 线，处理包含后的新 K 线如图 1-7 所示。

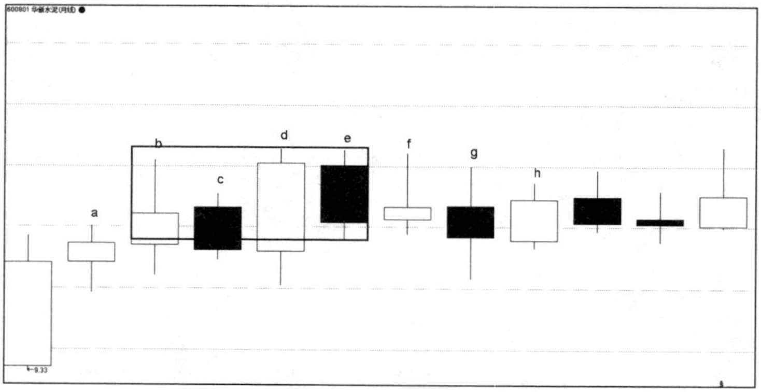

图 1-7 包含处理后的新 K 线 3

b、c、d、e 四根 K 线处理包含后的新 K 线继续与 K 线 f 处理包含，按向上处理，取 f 低点与 d 的高点为新 K 线，处理包含后的新 K 线如图 1-8 所示。

新 K 线与 g 不存在包含关系，不用处理。到这里，b、c、d、e、f 处理包含关系后，只有一个新的 K 线，这个新 K 线的低点是 f 的低点，高点是 d 的高点。K 线 g 和 h 存在包含关系，而 g 相对于 b、c、d、e、f 处理后的新 K 线的关系是下跌，所以 g 和 h 的包含是向下处理，取 h 的高点与

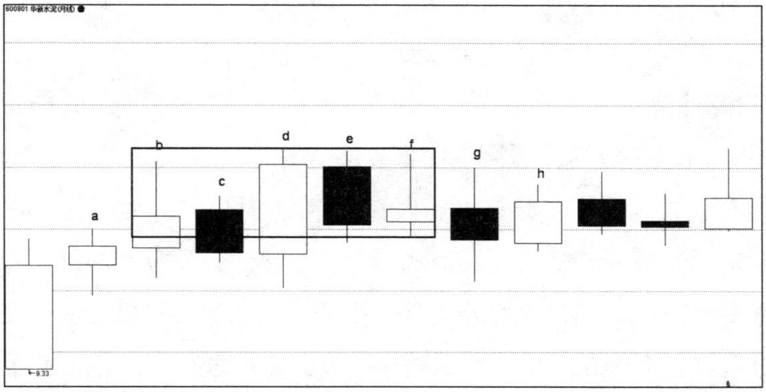

图 1-8 包含处理后的新 K 线 4

g 的低点，如图 1-9 所示。

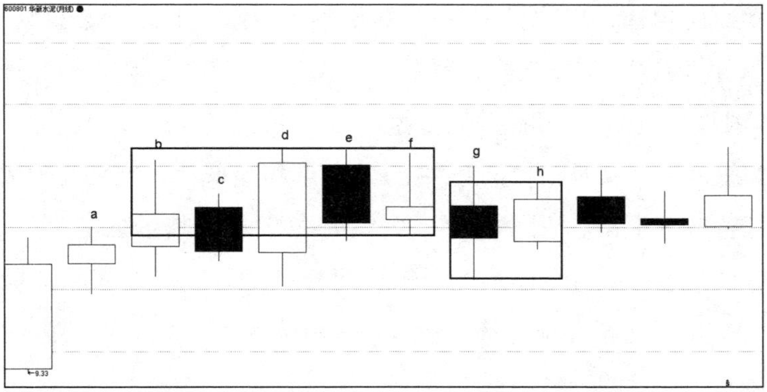

图 1-9 包含处理后的新 K 线 5

经过上述包含处理后，整个 K 线组中不存在有包含关系的相邻 K 线了。任何相邻的三根 K 线，只有图 1-3 中的四种关系。在图 1-3 的四种关系中，C 被称为“底分型”，D 被称为“顶分型”。

1.3 分型与顶底判断

顶分型和底分型统称为“分型”，分型的典型形态，就是图 1-3 中的 C 和 D 两个组合。但这只是基础形态，实际 K 线图中会出现各种不同的分型结构，在分型结构的三个元素中，也就是三根连续的，被处理过包含的K线中，从左到右分别称为“顶/底分型的第一元素”“顶/底分型的第二元素”“顶/底分型的第三元素”，通常说到具体的分型都知道是底分型还是顶分型，所以一般简称为第一元素、第二元素、第三元素。

和处理包含时一样，分型不需要在意K线的阴阳，也不用在意上下影线，三根K线的高低点就是最高点和最低点。显然，顶分型的最高点必然是第二元素的最高点，底分型的最低点必然是第二元素的最低点，否则三根K线必然还存在包含关系，而分型是处理完包含关系之后才会有的K线组合。

在符合分型定义的基础上，顶底分型的结构是可以多样化的。假设第一元素在2~4元，第二元素在8~10元，第三元素在7~9元，第一元素和第二元素之间虽然存在着巨大的缺口，但是完全符合分型的定义，所以无论这分型如何古怪，它仍然是一个顶分型。例如，上证指数日线K线图中，2019年8月5—7日三根K线的底分型形态，以及2020年1月23日、2月3—5日经过包含处理后的底分型。

分型的区间，就是三根K线中的最高点和最低点。在图1-10中，方框内就是各自分型的区间。其中，分型元素与左右临近K线的包含未处理，这里只是取顶底分型的形态用来说明分型的区间。在实际分析中，分型所涉及的K线元素必须是经过包含处理后的K线，而分型的区间指的就是经过包含处理后的分型高低点。

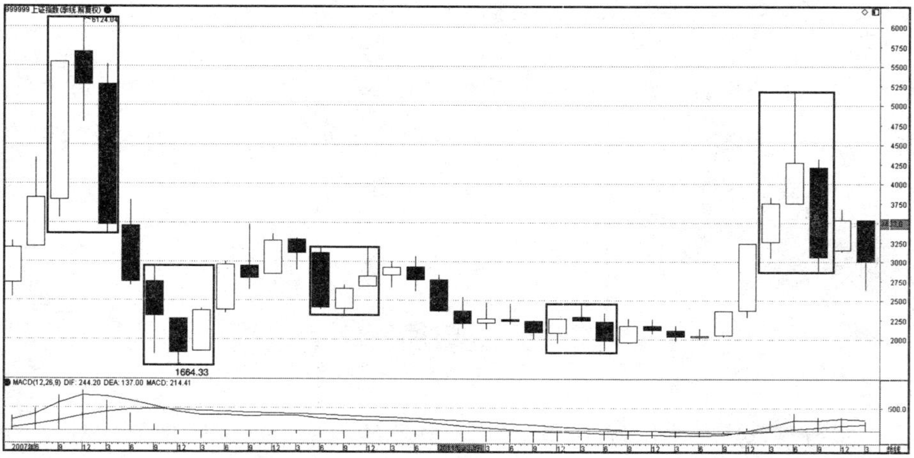

图1-10　分型的区间

由分型的定义可以推论出：所有的顶都由顶分型构成，所有的底都由底分型构成。反之则不一定，例如，一个底分型出现，并不意味着走势的底部出现，顶底分型完全可以是中继式的，但只要是底，就一定是底分型，这里的区别要清楚。

由此还可以推论出一个重要的定理：**任何级别任何走势类型的顶部，在顶分型出现之前都不可能成立；所有的底部，在底分型出现之前都不可能成立**。有了这条定理就可以知道，当持仓遭遇单边上涨的情况时，就分型来说，在顶分型出现之前完全可以不用管，等顶分型出来再说。当空仓时，股票在下跌过程中，在底分型出现之前都不用考虑进场，只有底分型出现之后，才有必要去观察是否见底、能否进场的问题。

在分型的形态分类中可以看出，分型是有力度的。就底分型来说，第二元素相对第一元素一定是下跌的，而第三元素相对第二元素一定是上涨的。所以在一个底分型中，如果第三元素的 K 线高度比第一元素要高，说明该分型所代表的回转力度较强。因为对于某个固定周期的 K 线图来说，每一根 K 线所代表的时间是相等的（并不绝对相等，分钟级的 K 线所代表的时间是相等的，但 10 月 K 线所代表的交易时间与 8 月 K 线就会不同，因为 10 月有长假假期，但可以大致认为相等），所以不同 K 线的不同高度，意味着在相同时间内市场做多和做空的意愿如何。那么在底分型中，如果第三元素高点远远高于第一元素高点，就意味着该底分型反转的意义较大。反之，在顶分型中，如果第三元素下跌得很厉害，则意味着该顶分型反转的意义较大。

在图 1-11 中，顶分型的第三元素完全覆盖了第一元素，意味着该顶分型反转的信号很强烈，这种情况就要引起足够重视。但这并不意味着该顶分型就一定是顶部，只是三个元素之间的力度对比让后续的走势有参考而已。仅就分型来说，一个顶部要成立，首先要满足顶分型的要求，也就是顶分型必然作为条件一，而条件二就是顶分型后的 K 线（第四元素）必须跌破顶分型的区间。

条件一很好理解，条件二是可以进行推论的。第三元素与第四元素必然没有包含关系，否则要先处理包含，这样第三元素与第四元素就合并为一个元素，那原来的第四元素就要向后再移一个了，直到没有包含关系为

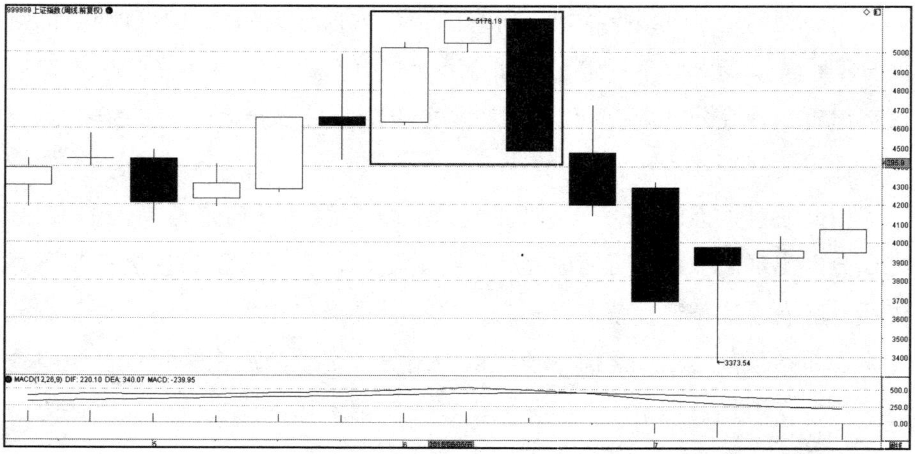

图 1-11　顶分型反转

止。而第四元素只有两种可能：相对于第三元素，第四元素是下跌的或者上涨的。如果顶分型后的第四元素是上涨的，那么该顶分型显然是中继；只要该顶分型是顶部，第四元素相对第三元素一定是下跌的，并且只有跌破顶分型区间，才意味着顶部的成立，哪怕第四元素跌破第三元素低点但没跌破顶分型区间的低点，对于分型来说仍然没有方向性。所以顶分型构成顶部的条件一和条件二缺一不可。而一个顶分型，加上跌破顶分型区间低点的 K 线，就有了明确的方向性，该下跌的底部和上涨的顶部一样，会持续到出现底分型为止。

如此，一个顶分型、一个下跌 K 线指明方向性，再加上一个底分型，就是完整的下跌一笔基本形态。上升一笔的基本形态与之相反，就是由一个底分型、一个中间上升 K 线指明方向，加上一个顶分型构成。换言之，由相邻的顶底分型和中间 K 线组成的 K 线组，就是一笔。

1.4　一笔和走势的延伸

笔的定义有两种，在原文中一前一后出现，两种定义的实际使用并没有太大区别，甚至在多数情况下是一样的。此外，两种笔的定义虽然不同，但目的一样，这在第二部分有关能量的部分里再细说。两种笔的定义根据在原文中出现的先后顺序，分别称为“旧笔”“新笔”。

所有的原始 K 线经过包含处理后，任意连续三根 K 线只可能存在图 1-3中的四种基本形态，其中 A、B 两种形态完全可以不止三根，但顶底分型必然只能由三根构成，这是两组图形的区别。在处理完包含关系并标志了顶底分型后，笔就可以被划分了。

一笔，必然由一组顶底分型和中间 K 线构成，其中顶分型有三根 K 线，底分型有三根 K 线，中间 K 线至少有一根代表着向上或向下笔的能量释放过程，那么一笔至少有七根 K 线，如图 1-12 所示。

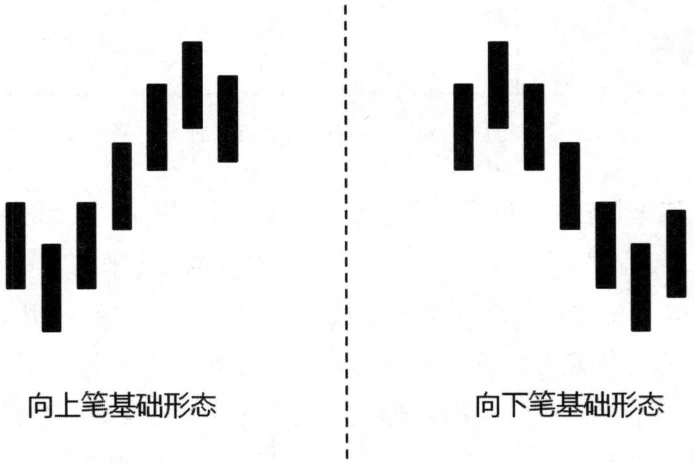

图 1-12　笔的基础形态

图 1-12 就是向上笔和向下笔的基础形态，除了顶底分型必然各自是三根 K 线外，中间 K 线可以有无数根，只要一直保持固定的方向就可以了。例如，图 1-13 中，顶底分型之间有数根方向一致但互不包含的 K 线，这就是正常遇到的或者处理包含后的笔。

显然，笔是有方向性的，并且不存在横盘的情况，只有向上笔和向下笔两种分类，而且向上笔结束后只能接着向下笔，向下笔结束后只能接着向上笔，二者往复交替。

那么对于同一笔而言，顶分型的区间最高点必须比底分型的区间最高点要高，并且底分型的最低点要比顶分型的最低点要低，否则顶分型在底分型之内，或者顶分型比底分型还低，那就无法明确这一笔的方向性了，

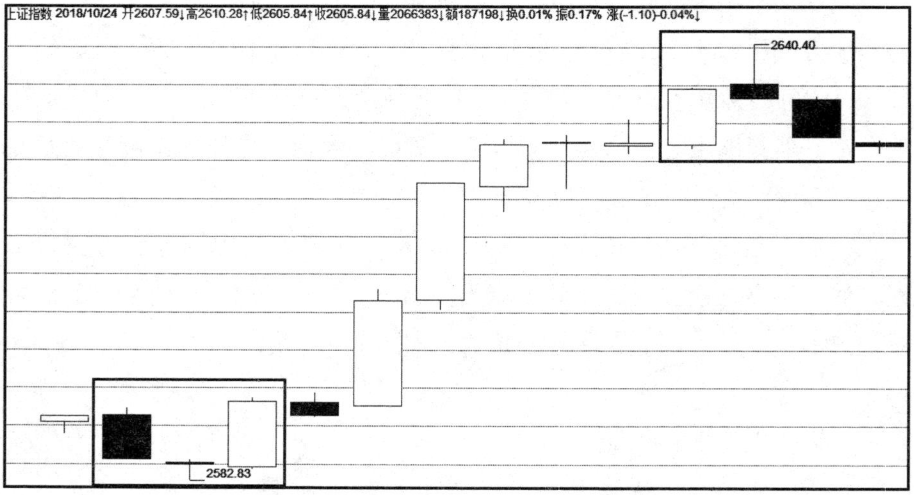

图 1-13　顶底分型之间的 K 线

显然违背了笔的定义。关于这个，原文中把一个统一的概念分散到三处，所以后来者众说纷纭，其实根据笔的定义就可以推论出来。

此外，一笔之中出现分型的情况经常会遇到，这就是典型的中继分型。根据笔的定义，一笔的首尾必须是顶底分型，而对于一个向上笔来说，一个底分型出现并一笔向上延伸中，在出现第一个顶分型后，该顶分型并没有延伸出向下一笔，后面的 K 线又继续向上延伸，这样的情况可以一直延续下去。在一个向上笔的过程中，出现 N 个顶分型，但这些顶分型都没能够向下延伸出底分型，所以这些顶分型都属于中继。换言之，一个顶分型接着一个顶分型的情况，前一个顶分型就是中继。

在图 1-14 中，首先有 1、2、3 三根 K 线构成底分型，后面直到 4 之间的 K 线都不存在顶分型，所以是在底分型后一笔的延伸中。而到 4、5、6 三根 K 线，构成了一个顶分型，但后面的 K 线并没有从该顶分型开始向下延续一笔，而是继续向上延伸，那么该顶分型就是典型的中继。这一个向上笔直至 9、10、11、12 四根 K 线出现第二次顶分型后（11 和 12 有包含关系），开始向下延伸一笔，这时 1、2、3 底分型到 9、10、11、12 顶分型构成一个向上笔。

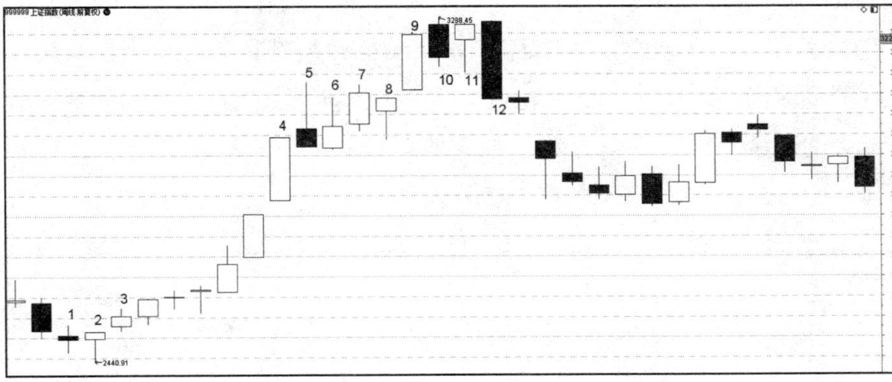

图 1-14 顶分型中继

在上证指数月线图中，2015 年 1 月 30 日那个顶分型也是典型的中继。

总结一下笔的基本概念：

（1）笔只有向上笔和向下笔，不存在第三种笔；

（2）一笔至少有七根依次不存在包含关系的 K 线；

（3）一笔中，顶分型与底分型的区间至少有一部分不重合，也就是二者区间不能存在包含关系；

（4）一笔中，顶分型一定比底分型高，底分型一定比顶分型低；

（5）向上笔与向下笔往复交替出现，不存在向上笔接着向上笔。

在笔与线段递归的视角中，笔不考虑内部结构问题，作为走势的最小构成元素，一笔内部的细节是可以忽略不计的。就一笔形成中的 K 线而言，显然一个底分型成立后，如果要向上延伸出一笔，底分型后的 K 线必须能突破底分型区间的最高点，这可以为操作提供很重要的参考。

以上说的是旧笔的定义，而新笔与旧笔的区别就在于，顶底分型之间的 K 线与顶底分型的 K 线元素之间允许存在包含关系。

在旧笔中，一笔中所有 K 线都必须首先处理包含关系，只有不存在包含关系的 K 线组才能构成一笔，这是本篇上述内容的基础。而在新笔里，显然对中间 K 线的要求进行了放松。

设一个向上笔为基本形态，也就是七根 K 线（如图 1-12 向上笔）

分别记名为“第一元素”到“第七元素”。那么新笔相对于旧笔来说，首先顶底分型是必须成立的，而中间K线也必须有，同时顶分型一样要比底分型区间高，这三点和旧笔的要求一样，但第三元素、第四元素、第五元素之间，允许存在包含关系，这是与旧笔唯一的不同点，如图1-15所示。

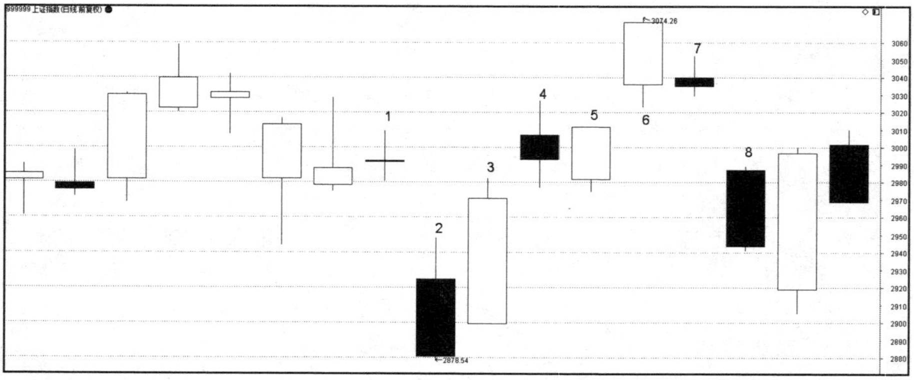

图1-15 旧笔和新笔

在图1-15中，设1、2、3三根K线构成的底分型是一个有效的底分型，也就是1、2、3分型是一个下降笔的底分型，后面K线5被K线4包含，且5、6、7、8构成的顶分型后面也延续出了一个向下笔（6、7包含关系）。

在上述条件下，按旧笔定义，1、2、3到5、6、7、8是不构成一笔的，因为4、5处理完包含关系后的K线，正是顶分型的第一元素，这样一来底分型和顶分型之间就没有中间K线，也就是底分型的第二元素和顶分型的第二元素之间只有两根K线，显然不符合笔的定义。而在新笔中，这样的一个向上笔就是成立的。原文给出的标准是：“顶分型中最高K线和底分型的最低K线之间（不包括这两根K线），不考虑包含关系，至少有三根以上（包括三根）K线。”如图1-16所示。

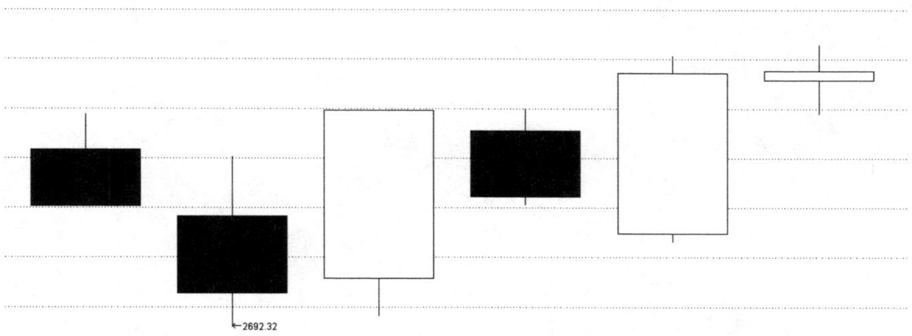

图 1-16 新笔的定义

无论新笔还是旧笔，在实际处理过程中，其实没有必要把整幅 K 线图先去处理所有的包含，然后再去区分顶底分型和笔，而是选定一个顶或者底之后，一笔一笔顺势就推出来了。另外，在本节中，顶底分型区间的问题和新旧笔的问题，是最容易发生争议的地方，这和原文的行文特点有关，需要把散落在不同地方的只言片语都找出来，然后根据原文中的一些图例进行综合理解后才能得出结论。

1.5 线段的基本概念

笔，只可能是向上笔和向下笔交替出现，这是笔的基本特点。对于一个向上笔来说，如果接着一个向下笔不能创新低，然后又一个向上笔创了新高，那么说明上涨在延续，这种延续的过程，被称为线段，这种延续直至被相反的线段打断为止。相反，一个向下的笔，如果接着一个向上的笔不能创新高，然后又一个向下的笔创了新低，那么说明下跌在延续，这种延续直至被相反的线段打断为止，如图 1-17 所示。

在图 1-17 中，经过 K 线的包含处理后，可以分为三笔，分别记为 a、b、c，其中 b 不能创新低，而 c 又创新高，这三笔就是线段的基本形态。一个线段至少三笔，把第一笔记为 1，后面的笔依次计数，那么只要奇数笔能创新高，就符合线段的基本定义，这样的延伸可以一直进行下去，如

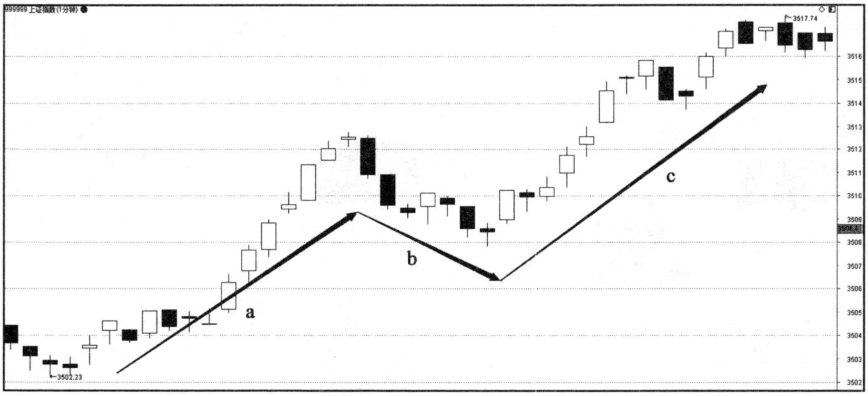

图 1-17 线段的基本形态

图 1-18 所示。

图 1-18 线段的延伸

如果把笔看作最小的元素，那么线段就是比笔大一个级别，并且是由笔来组成的基本元素。可以推论：所有向上线段必然由一个向上笔开始，直至最后一个向上笔结束；向下线段则反之，以向下笔开始，以向下笔结束。

构成一个线段的笔，依次记为 a_1、a_2、a_3、…、a_n，设该线段是向上的，则奇数笔均为向上笔，偶数笔均为向下笔。可以推论出：任意两个相邻的奇数笔必然存在重合区间，但任意两个相邻的偶数笔则不一定存在重合区间。

以图 1-18 为例，a_1 与 a_3 有重合区间，这是线段基本定义所致，但 a_2 和 a_4 就可以不存在重合区间。因此，相对而言，在向上线段中，偶数序列的笔更能体现该线段的性质，因为力度较大的上涨后一个力度较小的下跌会被偶数序列笔以跳空的形式直观地体现在该序列中，但奇数序列就无法体现，该序列就是“线段的特征序列”。所以，向上线段的特征序列是该线段中的向下笔，而向下线段的特征序列是该线段中的向上笔。显然，特征序列可能存在包含关系，如图 1-19 所示。

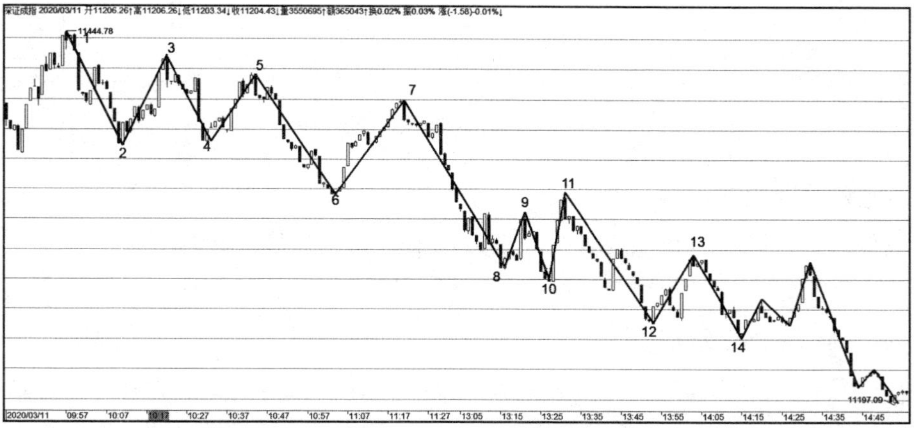

图 1-19　线段的特征序列之间的包含关系

观察图 1-19，从 1 开始的下降线段中，特征序列分别有 2-3、4-5、6-7、8-9、10-11，其中特征序列 2-3 与特征序列 4-5，以及特征序列8-9 和特征序列 10-11 之间，就存在着包含关系。这种包含关系和 K 线的包含是一样的，相当于把特征序列当成一个 K 线，而一个线段就是由特征序列所意味着的 K 线构成。特征序列的包含处理，与 K 线的包含处理也几乎一样，区别就是不用去观察前面特征序列的上涨下跌，因为没有包含关系的特征序列方向本身就代表着线段的方向。

在向上线段中，特征序列的包含按向上包含处理；而在向下线段中，特征序列的包含按向下包含处理。根据包含处理的方法，特征序列 2-3 和特征序列 4-5 被处理为 2-5，特征序列 8-9 和特征序列 10-11 被处理为 9-10，处理后的特征序列如图 1-20 所示。

线段和笔一样，被看作没有内部结构的走势段。一个线段的理论图形

图 1-20　包含处理后的特征序列

表达就是一根几何意义上的线段，该几何线段的最低点就是该走势线段的最低点，最高点就是该走势线段的最高点。由此可知，任何级别的任何 K 线图都可以按线段的划分，被看作一根一根几何线段的连接，这些线段都处于同一个能量级别。

显然，线段和笔一样，只有向上线段和向下线段，不存在第三种情况。而一个线段的结束，在几何意义上，只有当一个向下线段确认成立的时候才能被确认，否则原先的向上线段还有继续向上的可能，那就不存在结束问题。所以，线段的结束只能被另一条随之出现的反向线段确认，也就是线段只能被线段破坏，这种破坏是以特征序列的形式进行的。在图 1-20 中，就存在着线段的两次破坏，如图 1-21 所示。

在图 1-21 中，1 开始的下降线段中的特征序列 6-7，与经过包含后的特征序列 2-5 之间不存在缺口，这就是 6-7 笔对 1-6 线段的破坏。但笔破坏后并不一定导致线段的破坏，后面 7-8 笔继续创新低，意味着从 6-7 这一笔破坏开始，并未能延伸出一个线段，那么原线段继续。

在 14-15 特征序列破坏 12-13 特征序列后，从 14 开始向上延伸出标准线段到 17，这就意味着笔破坏后延续出一个与原线段相反方向的标准线段，这时 1-14 线段被 14-17 线段破坏而结束，从 1 开始的下降线段才能确认完成。

所以图 1-21 中存在三个线段，分别是 1-14、14-17、17-20。其中，17-20尚未确认完成，要看后续的走势如何发展，而前两个线段已经被确

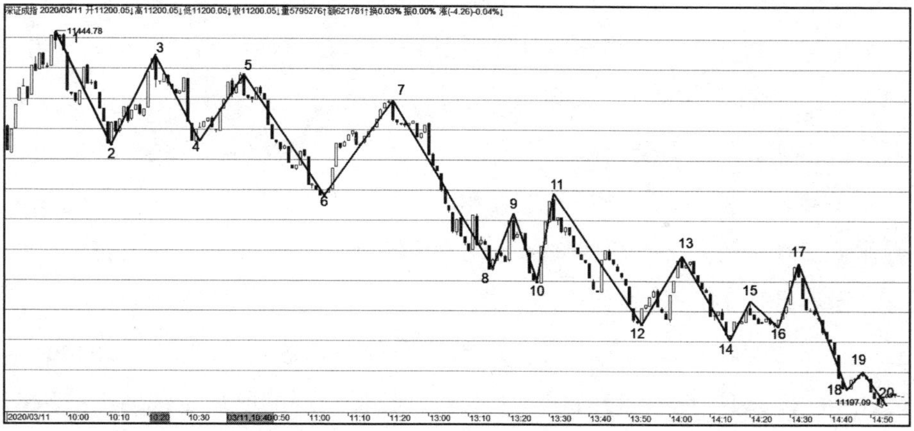

图 1-21　线段的破坏

认完成，完成的线段就不存在其他变化了。这种 14-15 特征序列与 12-13 特征序列之间不存在缺口的情况，被称为线段的第一种破坏；如果这两个特征序列之间存在缺口，那么就属于线段的第二种破坏。

可以推论得知，同一个线段中，处理包含后的任意两个相邻特征序列之间只可能存在两种关系：有重叠、没有重叠。根据这两种关系，线段的破坏也只可能有两种，就是上面说的第一种破坏和第二种破坏。

对于第一种破坏来说，不存在辨别的难度，只需要观察在线段的延伸过程中，当下的特征序列与前一个特征序列之间是否存在缺口。如果没有缺口，那么从该特征序列开始，向相反方向延续出一个新的线段，则原线段被破坏，接着再按同样的方法观察新的线段就可以了。特征序列存在缺口情况的第二种破坏，则比第一种破坏要复杂些。

1.6　线段的第二种破坏

由于特征序列存在包含关系与非包含关系两种情况，而存在包含关系的特征序列要先处理包含关系，所以一般说到的特征序列就是经过包含处理后的特征序列。特征序列之于线段，有点类似 K 线之于笔，对于特征序列来说，也会有类似 K 线的分型结构，那就是特征序列的分型。

在图 1-21 中，从 2-3 开始观察特征序列，到 12-13、14-15、16-17 三个特征序列出现底分型，则从 1 开始的线段到该底分型的最低点结束，即 1-14。在这个例子中，特征序列的底分型出现之前，都是按向下线段来取特征序列，并且不能确认原线段结束。所以，虽然 14-17 是一个破坏了 1-14的线段，但是在特征序列的视角中，底分型出现之前，14-17 仍然被看作从 1 开始的向下线段的一部分，直至特征序列的分型出现后再进行划分，而不是从 14 开始按向上线段取特征序列，这是要注意的地方。14 位置的特征序列底分型出现之后，由于该底分型确认了 1-14 线段的完成，因此 14-17 线段才开始被看作向上线段，特征序列的取值也按向上线段的方式来取，这时的特征序列就和 1-14 没什么关系了。

需要注意的是，上面从 1 开始按向下线段取特征序列，并不意味着从 1 开始就是向下线段，这个向下线段是否成立要观察按向下线段来取的特征序列是否会出现底分型，所以从 1 开始的向下线段是个假设。如果特征序列底分型能出现，那么该假设就成立，否则就不成立。

对于第二种破坏也是一样的，在一个向上线段后，出现第二种破坏的向下线段，那么从向上线段的高点开始（该高点一定可以构成特征序列顶分型），按向下线段取特征序列，直到出现特征序列底分型为止。如果取不出特征序列底分型，则不能认为该下降线段是一个独立的线段，因为它仍然属于原向上线段的一部分，如图 1-22 所示。

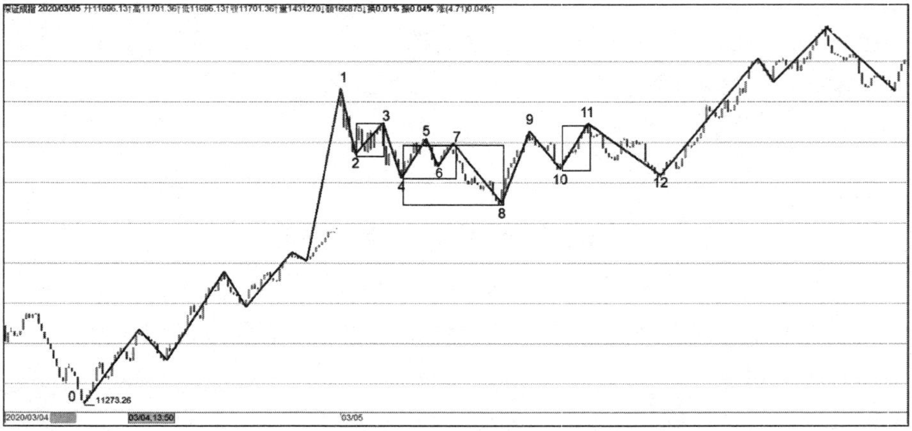

图 1-22　线段的第二种破坏（1）

图 1-22 中，0-1 线段的最后一个特征序列在跳空之前空出十来根 K 线位置，然后 1-2 与前一个特征序列存在缺口，属于第二种破坏，而从 1 开始又向下延伸出线段来，根据上面讨论的方法，从 1 开始按向下线段来取特征序列。2-3、4-5，这两个特征序列没有问题。6-7 是被 4-5 包含的，所以包含处理后是 4-7，而 4-7 这个新的特征序列又是被 8-9 包含的，所以继续包含处理为 7-8，后面的特征序列是 10-11。此时 2-3、7-8、10-11 三个特征序列构成底分型，所以 1-8 是个新的线段，图中就可以分为三个线段。而类似的图形，在图 1-23 中就不成立。

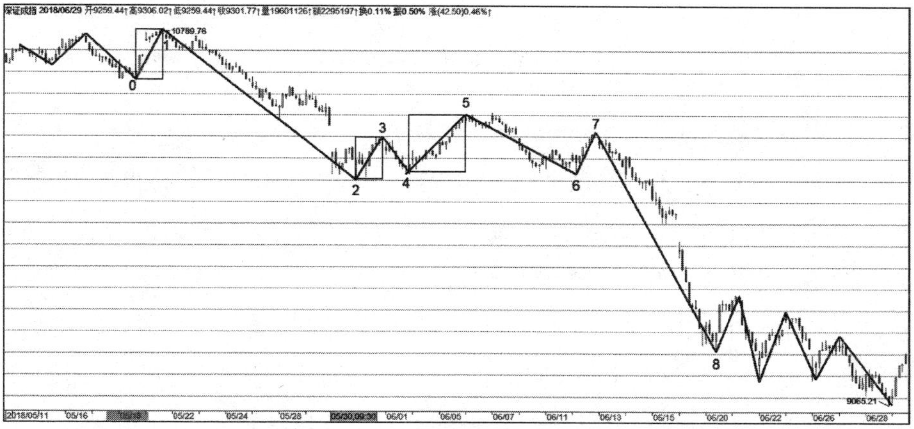

图 1-23　线段的第二种破坏（2）

在图 1-23 中，0-1、2-3、4-5 属于下降线段的特征序列底分型，所以左边的下降线段可以先假设在 2 位置结束。由于 2-3 与 0-1 存在特征序列缺口，所以从假设的结束位置 2 开始，按向上线段的特征序列去向后观察顶分型。如果存在顶分型，那么 2-5 就是一个新的线段；如果不存在，那么图中就只有一个线段。

假设从 2 开始的向上线段中，3-4、5-6 两个特征序列存在包含关系，所以要先处理包含为 4-5。后面再有 7-8 特征序列，不构成特征序列顶分型，假设不成立，所以图中只有一个线段。同理，图 1-24 中，16-19不是一个单独的线段，但 22-25 就是一个新的线段。

对于特征序列的包含处理，首先有一个前提，那就是属于同一个线段的特征序列才需要去处理包含；如果两个特征序列不属于同一个线段，就不存在去

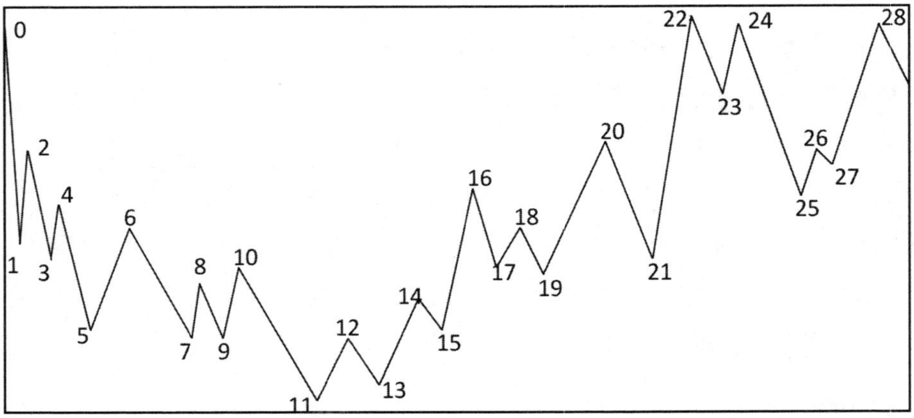

图 1-24 线段的第二种破坏（3）

处理包含的问题。这个问题分解开来比较复杂，要分具体情况进行分析。

在图 1-25 中，3 之前是个向上的线段，显然，该线段的特征序列 1-2 和 3-4 之间存在包含关系，但在走势到 5 的时候，是不能去处理 1-2 和 3-4之间的包含关系的，因为这时已经开始假设 3 是线段转折点了，在这种假设的情况中，3 位置前后的特征序列分属不同的线段。如果 6 创新低，那么从 3 开始向下延续出标准线段，3-6 里面的笔和 3 前面线段里面的特征序列就不存在关联。这时候，3-4 属于两个线段之间的中间地带，3 这个假设的转折点相当于一条几何上的辅助线。如果最终 6 创新低，那么 1-2、3-4、5-6 三个特征序列就构成顶分型，即使 1-2 和 3-4 存在包含关系也不能处理。

但 3 后面的元素，3-4 和 5-6 如果有包含关系（图 1-25 中 6 高于 4），则这种包含关系是必须处理的。因为假设 3 是转折点，接下来只有两种可能：要么 3-6 中的笔属于原线段，要么属于新的线段。在这种情况下，3-6 之间的元素必然属于同一个线段内，当然要处理包含关系。经过处理包含后的 1-6 之间并不存在特征序列的顶分型，3-6 也并不是一个新的线段。

但是在图 1-24 中，11-16 是一个向上的线段，当走势到 16 的时候并不能确认该向上线段结束。16-17 特征序列对 14-15 特征序列属于第二种破坏，假设 16 是转折点并按向下线段取特征序列时，17-18 和 19-20 就必须处理包含。

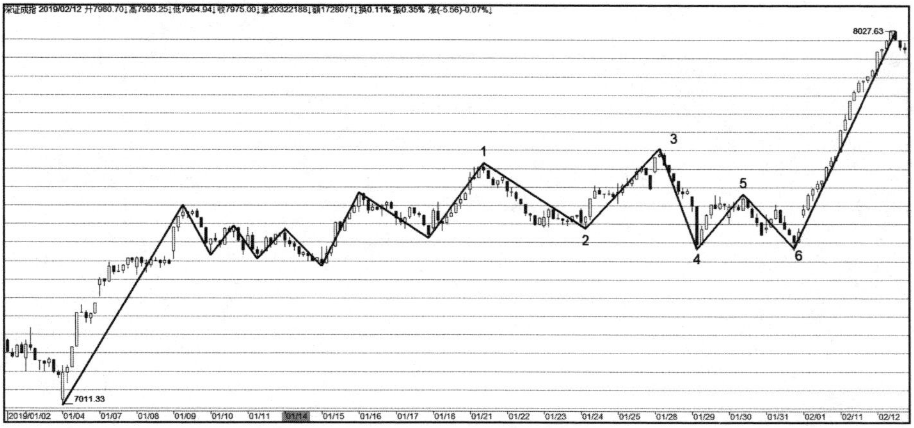

图 1-25　两个特征序列不属于同一线段

这种是否处理包含的区别与两种破坏的能量有关系。在第一种破坏中，图 1-24 中的 17 一定低于 14，也就是 16-17 和 14-15 特征序列之间不会有缺口，这是明确的一笔对前线段的破坏，转折的能量在第一种笔破坏中是足够的，包含会破坏这种能量的呈现。而在第二种破坏中，16-17 的力度都不能跌破前一个特征序列的高点，说明原向上线段的能量够大，而这一笔向下的能量偏小，这种情况下 19-20 相当于原向上线段动能的延续，那就按包含来处理。类似的还有笔的顶底分型之间的跳空处理，都可以根据能量体现的原则给出划分标准，这些在第二部分里面详细讨论。之所以在线段这里就提到能量问题，是因为特征序列前后的包含处理是线段划分中无法绕开的问题。

跳空情况对于线段的处理。在任意级别的 K 线图中，如果在连续走势中出现跳空，那么按照正常的笔来处理即可，但如果是因为跳空高开或者低开，那就要看具体力度。

在图 1-26 中，1-2 中的三个低点一个比一个低，是一个独立的线段。从 2 位置开始到当日收盘时并没有出现新的向上线段，但第二天开盘有大幅的跳空高开出现缺口。这时 1-2 是独立的下降线段，而 2-3 的跳空破坏了 1-2 的线段，这种逆着原线段方向的跳空就可以被当作一个线段来处理，图中 1-2、2-3 是两个独立的线段。同样的跳空出现在 4-5，由于这一个跳空是顺着 3 开始的下降线段方向，跳空出现在该线段的方向中，所以这个跳空就被当作3-5线段中的一部分。

图1-26　跳空时线段的处理（1）

在图1-27中，2的位置高于前面的特征序列高点，所以1-3属于第二类破坏。线段的第二类破坏本来就意味着对原线段的破坏力度不够，而从3开始一个跳空又创新高，这时的3-4仍然属于原上升线段的一部分。但如果1-2笔属于特征序列的第一类破坏，而4后面又向下延伸出标准线段，那么1-3和3-4就都是独立的线段。

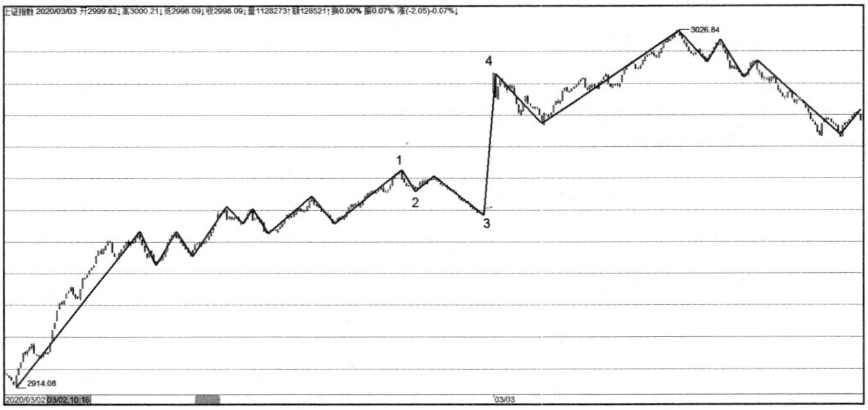

图1-27　跳空时线段的处理（2）

这些跳空的情况可能存在很多分类，看似比较复杂，其实抓住线段设计的目的就可以根据实际情况进行分解，那就是看缺口是原线段能量释放方向的延续，还是打破了这种延续。前者不作为独立线段处理，后者就作为独立线段处理。第一种破坏和第二种破坏，分类了线段转折处特征序列分型的所有情况，按照定义其实就可以解决所有线段问题。但在实际走势中，往往会出现一些特殊的图形结构，有些结构的划分可能并不容易理解，这种情况直接把它记忆了就好。原文中的线段部分，就某些特殊图形进行过详细的分析，基本概括了一些常见情况。

1.7 原文线段图例

原文中涉及一些特殊的图例，虽然不多，但这些具体的图形分析，可以使“**以定义为分析原则**”的思路更加清晰一点。这些图形中不乏古怪而复杂的例子，如图 1-28 所示，基本上概括了常见的特殊线段，现实走势中遇到的概率比较小，即使遇到也属于这些特殊图例的变种。所以，标准线段一般用肉眼观察就可以得到分解，而特殊线段如果一时理解不了，那不妨直接记忆，碰到实际图形再套上去就好。

很多人有用画的线段来描述走势结构的习惯，严格来说，只有笔和线段才可以通过这样的方式去分析，因为笔和线段本来就被当作没有内部结构的走势段，不需要观察次级别走势。但对于走势类型来说，则需要去观察高低级别的走势阶段，否则分析就是不全面、不严谨的，某种意义上还会对实际操作起到负面作用。

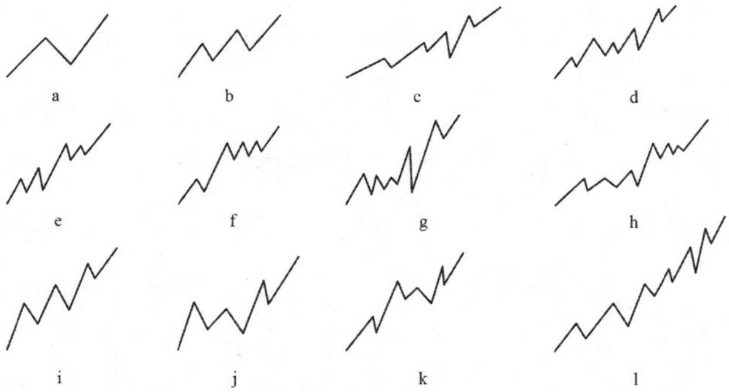

图 1-28 缠论原文图例（1）

在图 1-28 中，每一段小的几何线段都是一笔，这种图就可以用来讨论线段的问题。图中共 12 个线段，两线段 a 和线段 b 都是基本结构；线段 c 其中有一笔造成笔破坏，但并未能向下延伸出新的线段而继续向上，所以也是一个线段；线段 d 的第二特征序列和第三特征序列处理包含后是一个线段。第 2 行的 4 个线段都存在特征序列的包含，包含处理后都是一段，其中线段 g 有包含和笔破坏两种情况。线段 i 和线段 a、线段 b 的结构没有实质区别，都是同一种基本形态；线段 j 也是一个线段，第一特征序列、第二特征序列前面只有一笔，如果前面是一个线段那就要观察属于哪种破坏了；线段 k 的第二特征序列高点下来按向下线段取特征序列，而且必须要向后考虑包含关系，包含处理后并不存在底分型，所以是一个线段；线段 l 和线段 i、线段 a、线段 b 都属于同一种类型。

在图 1-29 中，左一在 5>7 的情况下后面 5 和 7 分属两个线段；后两个图形在 5=7 和 5<7 的情况下就必须处理特征序列的包含关系了。处理完包含后不存在特征序列的底分型，所以左一有三段，后两个都是一段，这个问题在前文中有过分析。

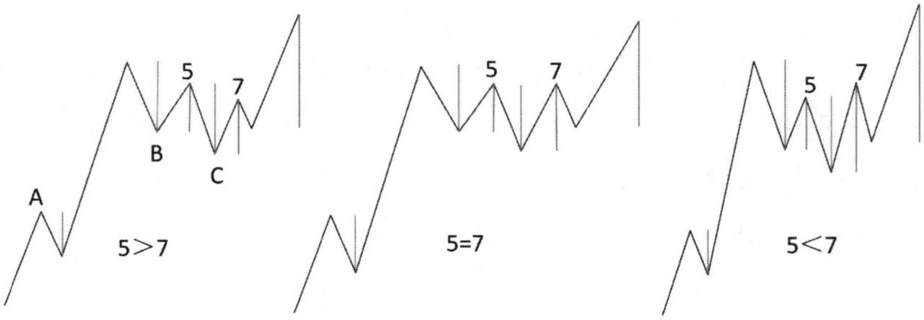

图 1-29　缠论原文图例（2）

在图 1-30 中，首先有个前提条件就是 1-2 前面是个上升线段，并且该上升线段在 1 处已经结束，否则如果前面还有 0-1 笔，该 0-1 笔的低点低于左图的 4 和右图的 2，那分析就完全不同了，所以该图两种情况都是从 1 开始划分向下线段的问题。左图，3-4 线段突破 1-2 线段的低点，中间只有 2-3 这一笔连接，那么 3-4 就是 1-2 下降线段的延续，所以左图是一个线段，即 1-4。左图中，1-4 线段的最高点并不是该线段的起始点，而是中间的一笔，这种情况对线段区间的取值是 3-4，而不是 1-4。右图从 2 开始分析特征序列就可以知道，后面延伸出一个特征序列底分型（从 1 开始按下降线段取特征序列，并且 2–3 和前面一个特征序列不能处理包含，不过 2–3 和后面的特征序列必须处理包含，详见前文论述）。所以右图是两个线段，线段的分界点在 2 位置。

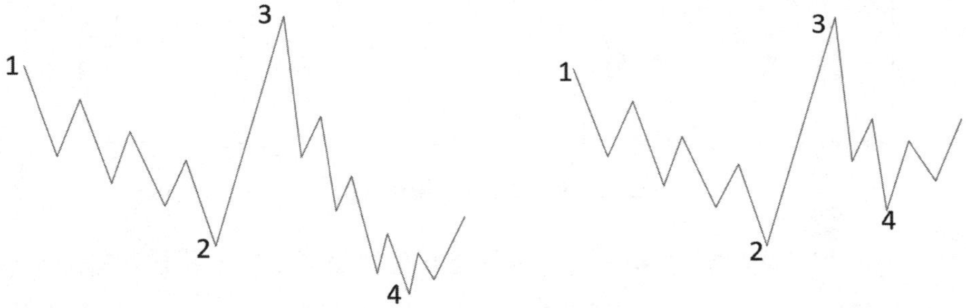

图 1–30 缠论原文图例（3）

在图 1–31 中，80–81 是线段，81–A1 是一笔，A1–A2 是线段，A2–82 也是线段，这里说的线段并不是确定的，只是符合三笔以上基本定义而已。此外，81 低于 A2。81 后一笔破坏前线段，但并没有随之向上延伸线段出来，然后 A1–A2 线段未能创新低，所以不会是 80–81 的延续，但到 A2 为止也并没有破坏 80–81 线段，因为没有符合特征序列底分型的要求。81–A1 和前一个特征序列不处理包含，但和 A1–A2 中的特征序列要处理包含，处理完成后没有特征序列的底分型。但 A2–82 是一个线段，从 80 开始观察特征序列到 82，特征序列的底分型出现，低点是 81，而 82–83 也是一个线段，并且以第一种方式破坏了 A2–82，所以 81–82 是一个独立的向上线段。如果 A2–82 不是线段，而仅仅是一笔，后面又以 82–83 线段形式继续创新低，那么 80–83 就是一个线段。对于 A2 低于 81 的情况，那就更简单了，在这种情况下显然 80–A2 是一个线段，然后 A2–82 是一个线段，82–83 是一个线段。

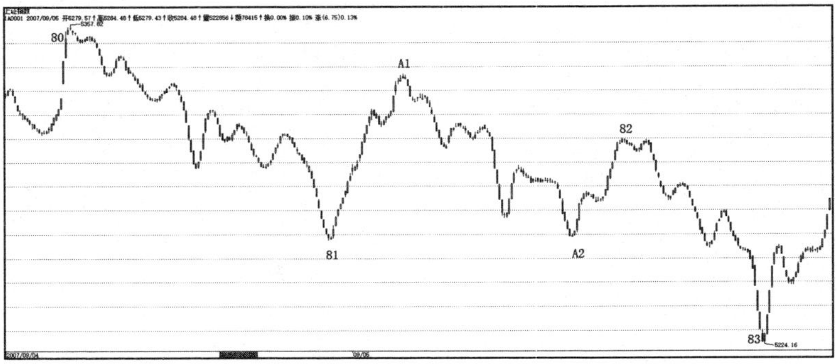

图 1-31　缠论原文图例（4）

图 1-32 必须有个前提条件，那就是 0 位置是前面上升线段的结束点，否则就无法讨论了。首先，左右两幅图的 0-3 都是三笔成一段的基本结构，3-4 都是笔破坏，那么假设 3 处是线段分界点，从 0 处开始按向下线段取特征序列。1-2 和 3-4 不能处理包含，但 3-4 和 5-6 是必须处理包含的，处理后的区间为 3-6。这时 1-2、3-6、7-8 特征序列呈底分型结构，所以 3 肯定是分界点，两幅图都至少有两个线段。但在取特征序列的时候，右图的 7-8 和 9-10 特征序列存在包含关系，但 7-8 和 3-6 并没有包含关系，所以处理包含关系一直到 9-10 这一笔，9-10 作为 3 之后的上升线段的一部分处理。而左图并不存在这种情况，所以左图是三个线段，右图是两个线段，其中右图的第二个线段是 3-10，10 后面图中只有一笔，还存在各种变数（该图 9-10 部分在后文关于走势能量的内容中，有更容易理解的视角）。

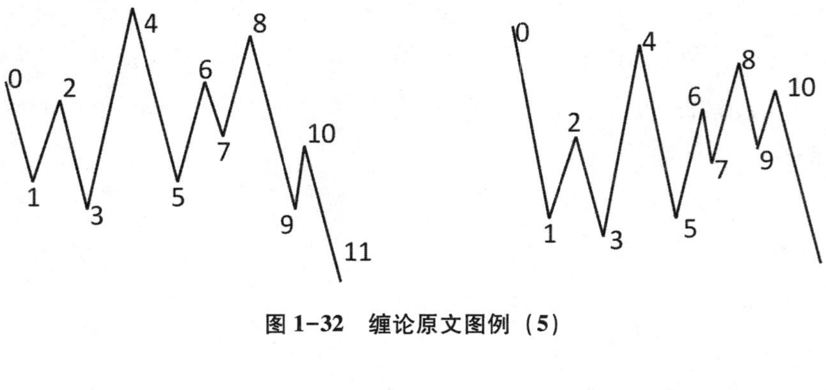

图 1-32　缠论原文图例（5）

经过对上面一些图例进行分析，相信线段问题应该都不成问题，但在实际看盘分解的时候，细细地去分析特征序列、处理包含、找顶底分型就不现实了，所以这方面的内容需要多加练习，直至任何分好笔的 K 线图都可以极快地用眼睛来划分线段了。线段划分出来之后，就可以搭建最小级别中枢了，真正的缠论从下篇才刚刚开始。

2

走势中枢

2.1 笔、线段和中枢的关系

笔和线段是走势分解的最小构件，而中枢就是走势分解后进行再一次组合的最小构件。从中枢开始，分析的思路就与笔和线段有差异了。

笔和线段属于纯几何类型，只需要根据定义去划分。在统一的定义和统一的图形基础上，不可能同时存在两种都正确的划分，但这在中枢及后面的走势类型部分就有可能。原文中最早的中枢是用走势类型来定义的，而走势类型又需要中枢来定义，虽然涉及的是不同级别，但是总有无限循环嵌套定义的嫌疑，因为笔和线段有着明确的定义，这样最小级别的中枢也可以被明确地定义出来。

从前文可以看出，所有的结论都是从顶底分型开始的，而所有的推论都是必然的，这种必然性是缠论的特点之一。把客观存在的事实描述出来，并用这些客观存在的定义进行各种组合推论，这种思维方式才是缠论真正的精华所在。

中枢部分是理论重点，贯穿理论的首尾。首先这是任何走势中不可逃避的客观存在，只要走势有波动，就必然存在中枢。而中枢的定义，不过是把这种必然和笔、线段中的必然联系起来，通过笔和线段的推演去描述，并且精确地把这种客观存在定义了而已。客观现实的存在是确定的，并不会因为定义的不同而有任何改变，所以定义是为了精确地描述现实，并不是现实本身，换言之，**理论为走势立法**，就好像“人为自然立法”一样。

中枢部分是理论中其他部分的基础，没有中枢就无法定义走势类型，无法定义走势类型就无法定义高级别中枢，同时也就没有区间套和买卖点。最小级别的中枢就是由线段构成的，所以线段之后第一部分必然是中枢。

从能量视角看，中枢有着更加接近市场本源的解释和定义。整部缠论本身，都是围绕走势能量而推论的，其目的就是通过几何式的拆解，对走势能量进行更加精确的观察。

通过笔和线段的讨论，可以发觉无论是笔还是线段，都有明确的开始与结束，这种生灭过程同样适用于中枢，也同样适用于走势。在后面的章节里，还会有不同级别之间同时发生着的生灭过程，而这个过程存在于走势的任何一个当下，这种立体的观察视角将对最终的操作起到决定性作用。

2.2 最小级别中枢

打开任意级别的 K 线图，把线段划分好之后，就可以进一步递归中枢。由于中枢是后文中即将定义的走势类型的重点，所以单独列出一章来讨论，中枢的问题清楚了，走势类型的问题也就清楚了。

笔、线段的递归，与走势类型的递归存在一定区别。在从笔递归到线段的基础上，最先出现的是比线段大一个级别的中枢，被称为最小级别中枢，这是在笔、线段系统里面可以被递归出来的第一个中枢。当最小级别中枢被划分出来后，就可以划分最小级别走势类型，后面再递归中枢就是从最小级别走势类型开始了，所以两种情况要分开讨论，这样更加清晰。

笔和线段是可以被应用在任意级别中的，例如，从 30 分钟的 K 线图里面划分出来的就是 30 分钟级别的线段，从 1 分钟 K 线图上划分出来的就是 1 分钟级别的线段。在选择一个周期 K 线图进行笔和线段的划分时，就已经设定了这个周期的 K 线图是当前的最小可观察级别，这种最小可观察级别并不一定就是 1 分钟或者 15 秒，而是由主观定义的。例如，在日线周期 K 线图上划分线段，那么从线段递归出来的中枢就是日线级别。在最小级别中枢的讨论中，线段作为中枢的构件，就被称为次级别线段，应用到后面的走势类型中就是次级别走势类型。在 X 级别周期的 K 线图上分出来的线段，就被称为 X 级别线段。例如，在 5 分钟图上划分出来的就是 5 分钟级别线段，在周线图上划分出来的就是周线级别线段。

最小级别中枢的定义：至少三个连续且有重叠的完成线段，其中重叠的部分。

最小级别中枢的区间：构成该中枢的前三个线段中最高的低点和最低的高点。

从定义上来看，要出现中枢，必须满足的条件有：三个、连续、完成、重叠、线段。由于线段不存在盘整问题，只有向上和向下两种，所以任意 K 线图被划分线段后，该 K 线图都可以被拆解为上下线段的连接，在级别系统中这些线段都是同级别的走势段（线段视角下没有内部结构）。从线段的特点就可以知道，只要第 n 段和第 n+2 段是同一个方向，三个连续的线段就一定存在重叠区间，因为前一个线段的完成必须靠后一个线段的破坏。该重叠区间就是与当前线段同一个级别的走势中枢，例如，线段是在 5 分钟 K 线图上分解的，那么该中枢就是 5 分钟级别中枢。此外，三个连续的线段一定是完成了的，否则只能说明该中枢仍然在构建中。而连续的线段，意味着隔一两个线段的三个线段就不能划分中枢了。例如，连续的线段 a、b、c、d，线段 a 是向上的，线段 b 是向下的，线段 c 是向上的，当这三个线段完成后，中枢就可以被划分，而线段 a、线段 b 和线段 d 不存在构建中枢的关系。

我们知道先有这种走势重叠的客观现象，然后通过线段的方式来把这种客观现象进行定义和描述，而线段这种客观现象通过笔来定义与描述，笔这种客观现象通过分型和中间 K 线来定义与描述，这是必须反复强调的思维方式。

在图 2-1 中，共有七个 1 分钟线段，假设线段 1-2 之前的线段和线段 7-8都是已经被确认完成的，那么线段 1-2、2-3、3-4 其中的重叠区间就是 1 分钟级别中枢，该中枢区间的高点是 2，低点是 3，而线段 4-5、5-6、6-7、7-8 由于都有一部分在该中枢区间范围内，所以就意味着该中枢在延续。

显然，中枢的延续意味着任意向上或者向下脱离中枢区间的走势段，最终都要以紧接着的同等级别走势段的方式回到中枢区间。在图 2-1 中，

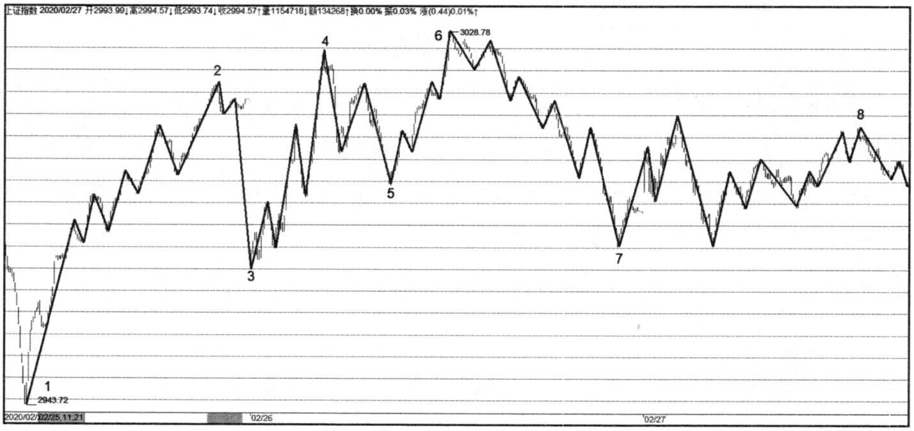

图 2-1　中枢的延续

2-3、3-4、4-5 构成 1 分钟级别中枢，而 1-2 属于该中枢的次级别走势段，后面 5-6 突破 2-5 中枢的高点 2 的位置，那么中枢延续的充要条件就是 6-7 必须有一部分回到 2-5 中枢区间内。

显然，对于任何走势段来说，最终必然会形成中枢，除非该走势一次向下结束后永远向上，或者一次向上后永远向下，而这对于连续的走势来说是不可能的。即使当下的图形还未能形成本级别的中枢也没关系，当下的图形是由次级别走势慢慢生长出来的，其次级别仍然有自己的次级别走势段，只要是走势就必然有内在的波动，只要有波动就必然出现某级别的中枢。换言之，任意级别的任意走势，都可以在次级别或者更小的级别被各个级别的中枢完全表达。反之，任意级别的任意走势，都必然会最终形成高级别的走势中枢。

2.3　中枢的演化

在一个中枢形成之后，显然只有两种情况：状态的延续、状态的破坏。根据中枢的定义可以知道：所谓中枢的延续，就是该中枢中的任何向上或向下突破中枢区间的线段，都在结束后以相反方向的线段回到中枢区间内。当然回到中枢区间内完全可以继续突破，例如，从上向下的返回线段，完全可以跌破中枢区间的高点后，继续跌破中枢区间的低点，由下向上的突破也是这样，只要该线段有一部分在中枢区间内就可以了。

那么，根据中枢延续的定义，就可以给出**中枢破坏的定义：在一个中枢形成之后，该中枢中的任何向上或向下突破中枢的线段在结束后，紧接着的相反线段不能回到中枢区间**，如图 2-2 所示。

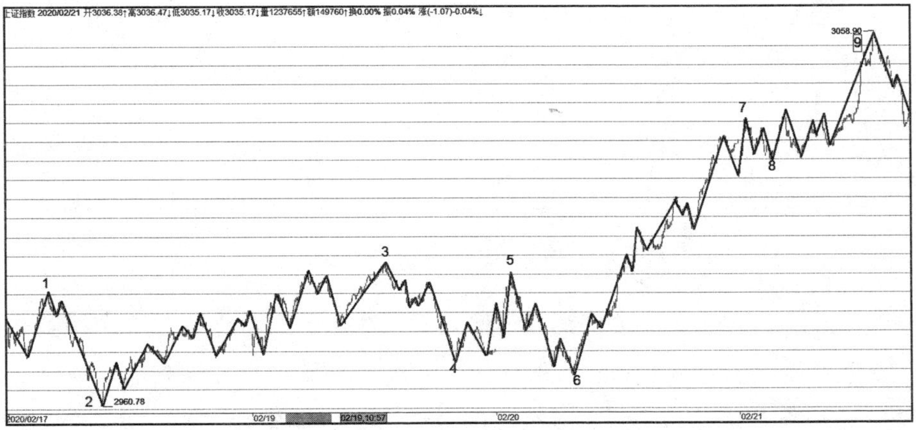

图 2-2　中枢的破坏

在图 2-2 中，线段 1-2、2-3、3-4 构成一个高级别中枢，中枢区间为 1-4。后面的 4-5、5-6 属于该中枢的延续，而 6-7 向上突破中枢后，随后的 7-8 并没有回到 1-4 中枢区间内，则意味着原 1-6 中枢被 7-8 线段破坏。这是最典型直观的破坏，还有一种破坏的形式并不破坏中枢震荡的状态，而是改变中枢的级别。

中枢扩张：在中枢的延续过程中，走势形成的线段一直围绕中枢区间震荡，始终不能突破，当围绕中枢震荡的线段总数达到九段的时候，则中枢的级别被扩张。

走势中枢的扩张很好理解，九段线段，每三段可以构成一个中枢，相当于三个中枢有重叠区间，由三个中枢连接成的这个中枢则扩张了一个级别，如图 2-3 所示。

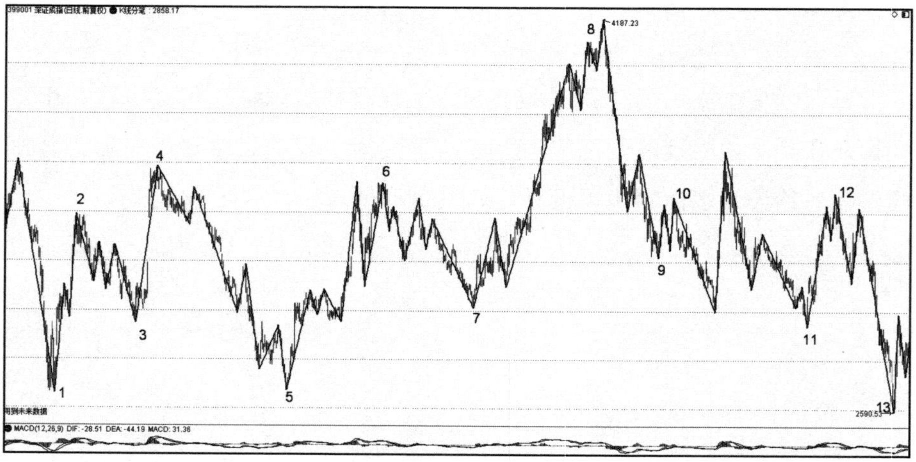

图 2-3　中枢的扩张

在图 2-3 中，2-3 之间的特征序列不存在包含，而 3-4 是一个跳空缺口，所以分成三段。5-6 线段的结束点 6 比前面一个特征序列的高点低一点，但取在 6 位置，是因为该线段的最后两个特征序列之间有缺口，6 为顶点的那一笔作为上涨的延续处理。9-10 线段属于明确的第一种破坏。10-11线段就类似于图 1-30 的左图。

从 1-13，共计 12 个线段，该中枢区间是 2-3，也就是 1-2、2-3、3-4线段重叠的区间。但在延伸的过程中，该中枢的延续状态始终未能被破坏，而次级别线段已经超过九段，那么原 1-4 中枢到第九个线段 9-10 的时候，就已经升级了。其中，1-4、4-7、7-10 三个最小级别中枢构成重叠，中枢区间是 4-7，后面的 10-11、11-12、12-13 三个线段构成的中枢，就是围绕 4-7 这个中枢区间在震荡。如果后面再震荡出更多的类似 1-10级别的中枢，则继续按照这种方法去确定中枢级别和选取中枢区间。如果震荡的线段不足九段，则继续按原级别来处理，例如，图 2-1 那种情况，中枢区间仍然是前三个走势段的重叠区间。

无论 1-10 的走势如何复杂，中枢的区间始终按照中枢的定义来划分，即以各中枢的高低区间来重叠，而不是以各自中枢的中枢区间来重叠。这时的 1-4 中枢就相当于前面讨论最小级别中枢时的线段了，其中枢区间的选取如图 2-4 所示。

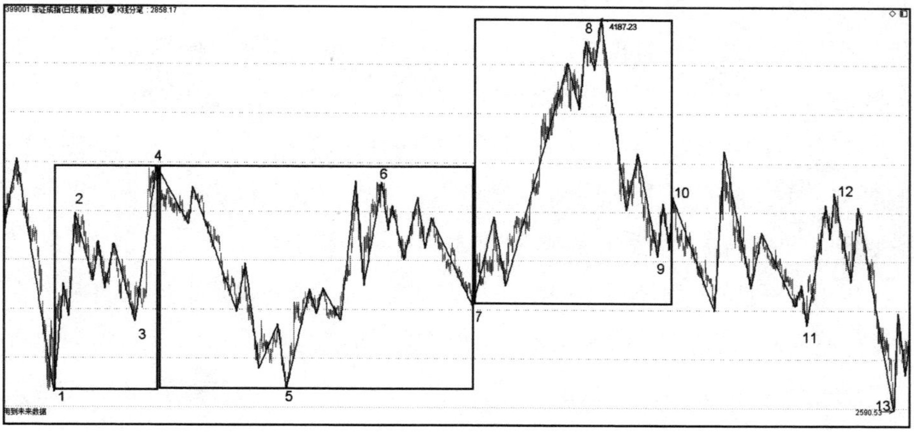

图 2-4 中枢区间的选取

中枢的变化，除了以上几种情况外，中枢的破坏还有一种可能，那就是中枢被破坏后，再来一个三个线段构成的中枢回到原中枢区间，如图 2-5所示。

图 2-5 中枢的扩展

对于图 2-5 中的 1-4 中枢来说，中枢区间为 1-4，根据定义，5-6 线段对该中枢造成破坏，随后到 6-7 线段。虽然 5-6 线段没有回到 1-4 中枢，但是后面的走势仍然回来了。这时，同样根据中枢的定义，1-4、4-7、7-10 三个线段有着各自中枢的走势，构成更大级别的中枢，这就是中枢的扩展。

中枢扩展的情况和图 2-4 的扩张有明显的不同。在扩张过程中，要求该中枢的九个线段均有重叠；在扩展中，中枢被破坏后，图形以更大级别的走势段返回中枢，但仍然可以将其划分为一个更大级别的中枢。

扩展后的中枢区间取值，与中枢扩张的取值方法是一样的，即 1-4 的高低点、4-7 的高低点、7-10 的高低点，三组高低点构成的走势范围的重叠区间，即 1-10 中枢的中枢区间为 3-10。

以上几种情况，概括了中枢的所有演化结果。也就是中枢的前三个次级别走势段形成之后，只有上面几种情况的可能。从中枢的形成到中枢状态的保持与破坏，再到级别的上升，这是一个完全分类与逻辑推导的定义过程。

在本节中，中枢的延续导致的扩张与中枢被破坏后导致的扩展是明确分开的，而在原文中“扩张”和“扩展”两个词经常混着用，这里把两个名词分开，各自有所归属不容易混淆。

2.4 走势类型

在标准的以笔和线段为起点的理论部分中，除了分型和笔可以用来指导具体操作，线段由于被看作没有内部结构的走势段，所以只是用来递归最小级别的中枢和走势类型。涉及具体操作的所有理论部分，都与中枢和走势类型有关。

最小级别中枢，以及中枢的各种演化结果清晰之后，走势类型就可以被定义了。首先中枢有级别，其次任何级别的任何走势最终都必然会拥有至少一个中枢，在此基础上，走势类型就可以根据中枢的数量来进行完全分类。

显然，对于任何级别的任何走势类型来说，只有两种情况：只有一个中枢或者有一个以上的中枢。没有中枢的走势类型是不存在的。由于中枢本身就是盘整形态，所以随之定义。

盘整走势类型（以下简称盘整）：该走势类型只有一个中枢。

趋势走势类型（以下简称趋势）：该走势类型含有一个以上的中枢，

并且各个中枢的震荡高低点没有重叠。

通过盘整和趋势的定义，以及上述走势类型的特点就可以知道，任何级别的任何K线图，都可以被拆分为N段盘整和趋势的连接。

在趋势中要注意的是，趋势中两个或者两个以上的中枢，是不能有任何重叠的，这包括围绕中枢区间震荡的任何高低点。如果有重叠，那就只有两种情况：重叠的两个中枢形成扩展或者重叠的两个中枢分属两个走势类型。

扩展的情况在中枢的演化里面有详细论述，而分属两个走势类型的情况相当于第一个走势类型有一个中枢，然后第二个走势类型的中枢与之发生重叠，或者第二个走势类型干脆就是以中枢的形态出现的。

根据走势类型和中枢的定义，盘整可以被分为两种情况。

第一种：a、b、c三段次级别走势段构成盘整，前后的高低点不重要，只要符合三段次级别走势段就可以了。

第二种：a+（bcd）+e，相当于围绕中枢形成的震荡中，前后走势有各自的高低点，而中间的bcd中枢是一个独立的存在。

以上两种情况都完全符合盘整的定义。

趋势就简单了，两个或者两个以上同方向的中枢都在一个走势类型中，并且这些中枢之间不存在重叠。

通常在盘面进行递归分析的时候，先把线段划分好，然后将划分好的高低点去标记在高一个级别的K线图上，这样就避开了线段的内部结构，并且每一个线段之间的图形大幅简化，对分析是很有利的。例如，在1分钟K线图上划分线段后，把1分钟线段的开始点和结束点以数字的形式标到5分钟K线图上，如图2-6和图2-7所示就可以很明显感受到其中的区别。

由于线段是被看成没有内部结构的走势段，如果选择这种分解系统，就默认了1分钟线段的内部结构没有分析价值，对走势的分析是从递归上来的1分钟级别走势类型开始的。图2-7经过图2-6的数字标识转化，略去了不需要观察的图形，更加简洁和方便。

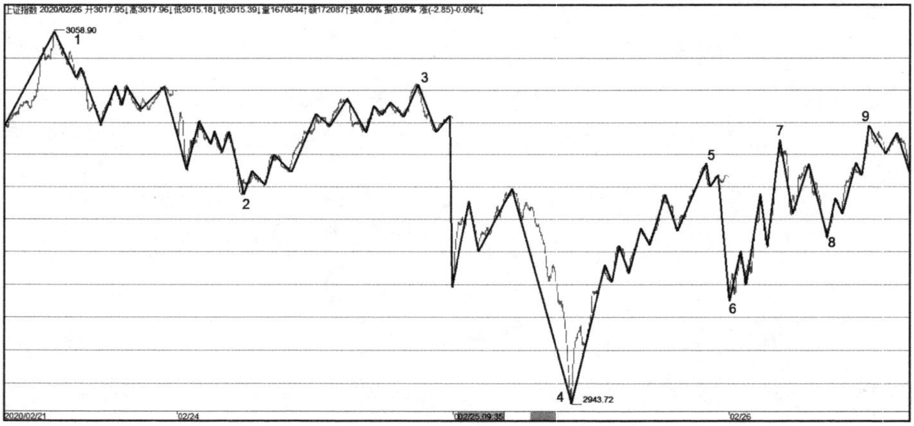

图 2-6　1 分钟 K 线

图 2-7　简化后的 5 分钟 K 线

在图 2-7 中，数字之间就是线段，假设这是 30 分钟级别，那么 1-4 和 4-9 都是 30 分钟级别盘整走势类型，前者是盘整的第一种情况，后者是第二种情况。当然，由于从 1 开始计算，到 9 之后的线段 9-10，共九个线段，存在重叠区间 2-5，所以从理论上说这是一个日线级别的盘整也可以，即 1-4、4-7、7-10 三个 30 分钟级别盘整重叠而成。但在实际走势中，这种类似的情况如果存在明显的高低点，还是分开比较好，即 1-4 为一个盘整、4-9 为一个盘整。图 2-8 就是典型的趋势。

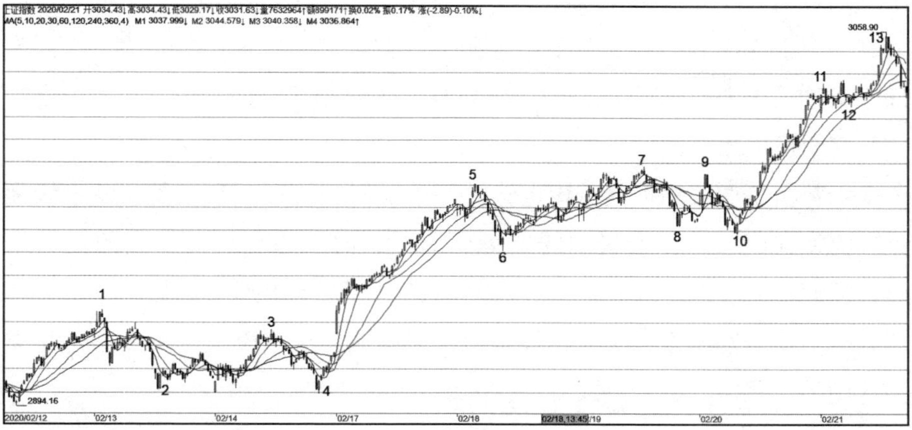

图 2-8　典型的趋势

在图 2-8 中，首先出现的是 1-4 中枢，后面的线段 5-6 意味着该中枢的结束，随后从破坏的 5-6 开始又震荡出一个新的中枢 5-10，两个中枢之间没有任何重叠，是典型的趋势。由趋势的定义可知：**在同一段趋势中，多个互不重叠中枢之间起到连接作用的走势段，一定在级别上小于中枢级别**。例如，图 2-8 中两个中枢，如果 4-5 与两个中枢级别一样，那就是三个中枢了，而连接这三个中枢的仍然只会是级别比中枢级别小的走势段。连接段的走势级别并不一定就是中枢的次级别，在极端的情况下，连接相邻两个中枢的完全可以是跳空缺口，而两个中枢前后也是跳空缺口，那么该趋势就是孤零零的两个中枢。而缺口在走势类型的级别系统中是最小级别。

由此也可以发现，所谓的走势级别和走势的波动复杂程度有关。线段的跳空与走势类型的跳空不同：前者被认为是没有内部结构的走势段，划分的唯一标准就是对前线段的几何破坏；后者涉及的是走势波动的复杂程度，跳空是最简单的，所以级别最低。

盘整和趋势两种走势类型相比，盘整的变化稍微复杂些，因为趋势有着明确的方向性，两个中枢就相当于平面几何上的两个点，两点确定一个线段，线段必然有方向，这很好辨识。但盘整存在多种形式，不仅有三段式、有五段式，甚至有更多的次级别段（小于九段），还不一定有方向性。图 2-7 中的 1-4 盘整属于有明确方向的走势，图 2-8 中的 1-4 盘整就没有明确的方向性。如果图2-8中的1位置前面是一个下跌趋势，4位置后面又是一个上涨趋势，那么整个走势的组合就是“下跌+盘整+上涨”。因为任意级别的K线图都可以分解为盘整和趋势的相互连接，所以这种组合方式是完全可能出现的。

走势类型的级别，就是该走势类型中中枢的级别。和线段向最小级别走势类型递归一样，低级别的走势类型可以向上递归出高级别的走势中枢，从而进一步确定高级别走势类型的级别，而高级别的走势中枢也必然能分解出低级别的至少三段走势类型。同样地，从线段向最小级别走势类型递归的过程中，我们可以得到以下结论：

（1）任何形式的最小级别走势类型都必然包含至少一个最小级别中枢；

（2）最小级别中枢必然包含三个次级别线段，这是中枢的定义决定的。

由上可知，**任何形式的最小级别走势类型，都必然包含至少三个线段**。由于所有线段都被认为是同级别的走势段，所以该结论又可以被表达为：**任何形式的最小级别走势类型，都必然包含至少三个次级别走势段**。这样的结论在任何级别的任何走势类型上都可以成立，这就是**走势必完美**。

走势类型虽然是由线段递归上来的，但是与线段有本质的区别。线段只有向上运动和向下运动两种可能，走势类型的方向多了一个向右的横盘。

趋势的方向是确定的，不可能一个走势类型既是趋势，又是向右的横盘形态。盘整走势类型的方向有向上、向右、向下三种可能。所以，就走势的方向来说，只有三种情况：上涨、下跌、横盘。例如，图2-8中，4-7走势和7-10走势其实是一回事，都是由三个线段组成的盘整，只是前者的方向性非常明确，而后者更多是呈横盘走势。

2.5 走势形态与走势必完美

在两种走势类型中，趋势的方向性不需要进行分析，而盘整的方向性存在多种可能。例如，a、b、c 三个连续线段，根据其高低点进行完全分类，有图 2-9 中的四种可能。

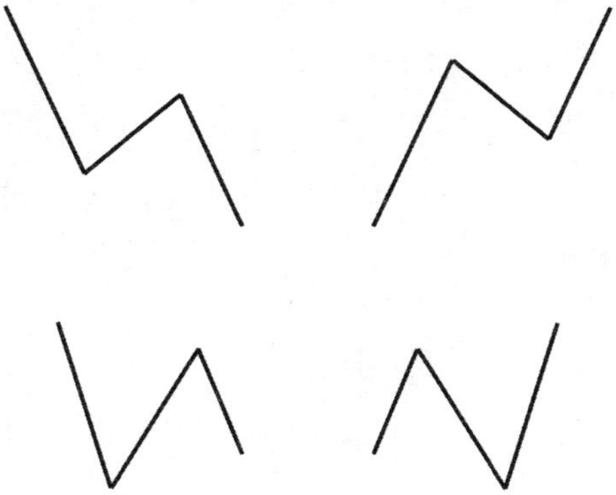

图 2-9 盘整走势分类

在图 2-9 中，上面一组是有着明确方向的盘整走势类型，对走势方向来说左边是向下，右边是向上。实际 K 线图中只要是由有方向的三段次级别构成的盘整走势类型，无非就是第一段和第三段距离中间重叠区间的长短有区别，形式是一样的。下面一组存在类似线段里面的特征序列包含关系，在分析走势类型时，是需要处理包含关系的，所以这两个图形就是横盘式的盘整走势类型。

因为所有级别的所有走势最终都要完成，所以对于走势的方向性（上涨、下跌、横盘）来说，一个上涨结束后只可能是下跌或者横盘，一个下跌结束后只可能是上涨或者横盘，一个横盘结束后只可能是上涨或者下跌。而所有级别的所有走势类型，都可以拆分成为上涨、下跌、横盘三者的互相连接。

需要注意的地方在于，这里说的上涨、下跌、横盘只是针对走势的方向而言，与走势是盘整走势类型还是趋势走势类型无关。如果是按走势类型来说，就会存在盘整+盘整还能成立的情况。例如，图 2-10 中 a+(bcd)+e 的走势结构，其中 a、b、c、d、e 五段都是同级别走势段，bcd 走势构成独立的中枢，线段 a 从底部上涨到中枢位置，线段 e 创了新高。随后的线段 f 下跌但未能回到 bcd 中枢内，线段 g 向上不能突破线段 e 的高点，线段 h 继续下跌到中枢区间内，再接着一个线段 i 上涨出新高，并发展成为一个新的五段结构，这是完全有可能的。这时 bcd 中枢和 f、g、h 三段线段存在重叠，显然不可能是趋势，然而也并不足以构成三个走势类型的重叠，因为线段 e 和 b-d、f-h 不是同级别走势，所以中枢扩展肯定不对。中枢扩张就更不对了，因为线段 f 与 bcd 区间根本就没有重叠，但 bcd 中枢明确地被线段 f 破坏了，这时只能把 a+(bcd)+e 看作一个盘整走势类型，而 f、g、h 三段线段又构成一个新的盘整走势类型。对于走势方向来说，这就是上涨加下跌的组合。

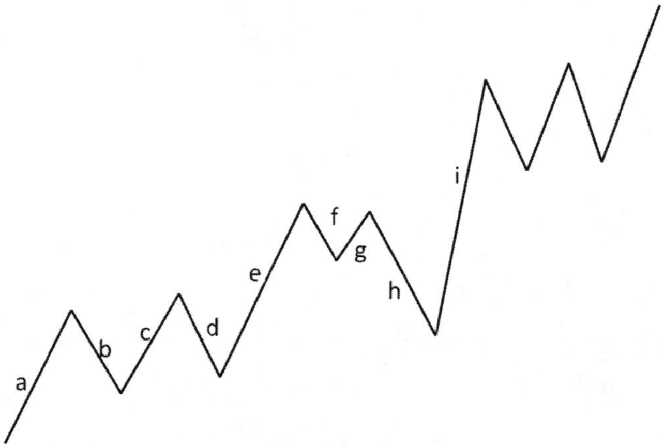

图 2-10　“盘整+盘整”的走势类型

所以站在走势方向的视角上，横盘结束后只能转化为上涨或者下跌才可以成立。同样地，所有走势最终都要完成，而某一个方向的走势结束后，只能转化为另外两个方向的走势之一。这就是走势必完美。

以上的论述都是在同一个级别层面来讨论的，而走势必完美原理适用于任何级别的任何走势图。所以对于任意级别的任意走势类型来说，都必然有至少三段次级别走势类型。这三段次级别走势类型，可以是上涨趋势走势类型，可以是下跌趋势走势类型，也可以是盘整走势类型。例如，一个 5 分钟级别的走势类型，必然包含了至少三段 1 分钟级别走势类型，这是走势结构的确定性。而这些 1 分钟级别走势类型的形式，可以是趋势或盘整任意一种，这是走势结构的随机性。但这些 1 分钟级别走势类型也必然包含了至少三段 1 分钟级别线段。同时，该 5 分钟级别走势类型必然是它的上一个级别，即 30 分钟级别走势类型中的一部分。走势就是这样按照走势必完美，层层叠叠地不断递归、嵌套下去，这样一个高低级别整体视角，就是所谓的“立体走势”。

根据走势必完美，所有级别的所有走势类型都必然结束。但走势类型如何结束、何时结束，就和走势必完美无关了。走势必完美相当于一个简单的客观现实的描述。例如，人都是要死的，这是不可更改的客观事实。而走势类型如何结束、何时结束，就好像一个人的生命最终以什么形式、在什么时间结束一样，这是不可预计的事情。前者是确定性的，后者是随机性的，这种确定性和随机性存在于所有级别的所有走势中。

2.6 走势类型的破坏

“市场的波动，归根结底是在前后两个高低点关系构成的一个完全分类中展开的。”这些高低点就是上涨、下跌和横盘的高低点，它们相互连接构成走势图。走势类型根据中枢分成趋势和盘整，只是为了更好地分析这些上涨、下跌、横盘的结束。根据走势必完美，所有走势类型都必然最终结束，那么就存在一个结束方式的问题。

走势类型的结束有着和线段的结束类似的方式，但两者不是一回事。例如，在图 2-10 中，如果 f、g、h 构成的走势类型是线段，那么这部分仍然在原上涨线段中，不存在线段破坏的问题，但走势类型是可以独立存在的，这也可以看出线段和走势类型的区别。

走势类型只有两种：趋势和盘整。盘整有 a+b+c 和 a+(b+c+d)+e 两种结构，而走势类型如果次级别只有 a、b、c 三段，那么走势段 d 一定与 b、c 构成一个当下的中枢。所以，趋势面对的是两个中枢，而盘整走势类型无论呈什么形态，面对的都是一个中枢。趋势的两个中枢之间可以用缺口连接，盘整的结构也完全可以是横盘形式的中枢，即 a+(b+c+d)+e 之中的 a 段和 e 段完全可以不存在。例如，a+(b+c+d)上涨结束后，没有继续创新高而是直接下跌，这是完全可以的，并且实际走势中很常见。

对于只有一个中枢的盘整，根据中枢的演化就可以知道，该中枢被破坏后，该盘整走势类型就结束了，这种破坏可以是向上破坏也可以是向下破坏。在图 2-10 中，走势段 f 就构成对 bcd 中枢的破坏，这个破坏意味着原 a-e 的盘整走势类型结束。

盘整走势类型结束后，只有两种可能：第一种，继续向上去构造中枢。例如，在图 2-10 中，如果 h 不能回跌到 bcd 中枢的震荡区间，那么第二个同级别中枢就形成了，走势类型成为趋势，原来的盘整是该趋势的未完成形态。第二种，产生新的走势类型。这个新的走势类型可能包含了原盘整中枢的破坏段，也可能不包含。包含了的情况就是如图 2-10 所示的那种，不包含的情况就类似线段的第一种破坏了，走势段 f 下跌到 bcd 中枢区间内，并且走势段 h 继续创新低。在这种情况中，虽然 b、c、d、e、f、g、h 几个走势段有重叠区间，但 e 明显创了新高，而后续的 f、g、h 构成的走势明显在下跌，那么从走势段上来讲，它们就是代表两个方向的两个走势类型。产生新走势类型的情况，就类似于图 2-6 中的 1-4 走势和 4-9 走势。

对趋势来说，两个或更多互不重叠的同向中枢是其主要特征。以两个中枢的上涨趋势为例，显然要破坏这个趋势，首先要破坏两个同级别中枢的特点，也就是不能继续向上生成新中枢。对于不能向上新生中枢的情况，只可能是向右的同级别盘整产生，或者一个具有明确方向的同级别走势类型被划分出来，并且一定回到第二个中枢内。如果不能回到第二个中枢的话，就相当于又生成了一个同级别中枢，与前面的推论矛盾。

趋势有一种特殊情况，a+A+b+B+c 的标准趋势形态中（A、B 是同级别中枢，a、b、c 分别是次级别或次级别以下级别走势类型），c 段很长，然后出现一个更大级别中枢，而没有任何一个次级别走势类型回到中枢 B 区间内。在这种情况下，其实该趋势是三个中枢，第三个中枢在那个新的更大级别中枢中，是该更大级别中枢的第一个次级别走势段。

所以，**盘整走势类型的结束一定以中枢被破坏为标志，而趋势走势类**

型的结束一定以最后一个中枢后不能顺着原趋势方向新生同级别中枢为标志，也就是被同级别走势类型回拉最后一个中枢区间内。

对于刚接触缠论的人来说，这节内容可能理解起来会有点困难，这是行文顺序决定的。走势类型不清楚，对买卖点就不可能清楚，而对买卖点不清楚也就不可能完全理解走势的破坏问题，但走势的破坏又是和买卖点相关的。这就好像前面的中枢和走势类型相互定义造成的问题一样，其实理论上是很清楚的，只是需要把一些点串起来整体理解。

走势类型后，就可以接着探讨买卖点的问题了。

2.7 三类买卖点

a、b、c 三段连续的走势，可以慢慢发展成为 a+(b+c+d)+e+(f+g+h)+i 这样一个趋势（后面将由 b、c、d 构成的第一个中枢称为 A，由 f、g、h 构成的第二个中枢称为 B）。走势类型中的盘整和趋势，最基础的就是 a+A+b 结构和 a+A+b+B+c 结构两种，因为都有一个独立的中枢以提供分析的视角。

这两种基本走势类型结束的那个点，就是第一买卖点，但买卖点后的走势演化，在两种基本走势类型中是不同的。

在 a+A+b 结构中，假设为上涨，b 段向上突破中枢 A 的区间，这时假设该盘整走势类型结束了，b 段的顶点就是该走势类型的结束点。随后的演化，c 段一定与 b 段同级别，并且一定会出现，这是走势必完美保证的。而且 c 段一定不是上涨，否则 b 段根本就没结束。所以，c 段一定是横盘或者下跌，而如果 c 段的低点未能回到 A 区间内，则意味着该盘整走势类型被破坏，后面可能演化为上涨趋势或者出现新的走势类型。所以，对于盘整来说，当前第一个中枢结束后，存在多种可能。

在 a+A+b+B+c 结构中，该趋势的结束，意味着后面的走势一定会破坏该趋势的最后一个中枢，也就是与趋势中中枢同级别的走势回拉到最后一个中枢的震荡区间（包括震荡高低点）。所以，对于趋势来说，它的结束点后的走势演化是确定的。

所以缠论理论上将下跌或上涨趋势的结束点定义为第一类买卖点。而盘整的结束点，只是类似于该第一类买卖点的推广运用。

通过走势必完美可以知道，当某级别趋势结束后，一定有新的同级别走势类型出现，而新的同级别走势类型一定至少包含三段次级别走势，经过这样的逻辑推论可知：**在新的同级别走势类型的次级别第二段走势结束后，一定有第三段走势，这第二段走势的结束点，就是第二类买卖点。**例如，在一个5分钟级别的下跌趋势中，最后的c段是该趋势的结束点，也就是第一类买点，那么后面一定会走出5分钟级别的横盘或者5分钟级别的向上走势类型，盘整和趋势都有可能，但一定不可能是向下发展。而这5分钟级别的走势类型，一定至少包含了三段1分钟级别走势类型，显然第一段是向上的，第二段可能是横盘或者下跌。而第二类买点的意义就在于：第二段结束后，一定有第三段，并且第三段不可能是下跌，只能是横盘或者上涨。

中枢破坏的那个次级别走势的结束点，就是所谓的第三类买点。通过前面的分析知道，a+A+b结构的第三类买卖点出现之后，只可能有三种情况：走势发展为趋势，或者发展成中枢扩展，或者出现新的走势类型。而a+A+b结构在第三类买卖点出现之前，a段和b段只算是围绕中枢震荡的次级别走势。

由此可知，标准趋势的第一类买点之后，只存在三种可能：反向趋势、最后一个中枢的扩展、更大级别盘整。

第一种情况，反向趋势。

显然，当前下跌趋势结束后，必然转化为其他同级别走势类型，并且不可能和原趋势方向相同，那么就只可能是同级别的盘整或者反向趋势。其中，盘整可能是向上，也可能是横盘，但反向趋势不存在横盘问题，方向是明确的，这是第一种情况。

第二种情况，最后一个中枢的扩展。

以两个中枢的下跌趋势为例，第二个中枢要被破坏，就必然还有该中枢的第三类卖点。也就是说，完整的c段是包含第二个中枢的第三类卖点的。该趋势结束后，与趋势同级别的走势类型一定回抽到中枢区间，那么原趋势的第二个中枢、包含第三类卖点的c段和新的走势类型，这三者形成扩展，如图 2-11 所示。

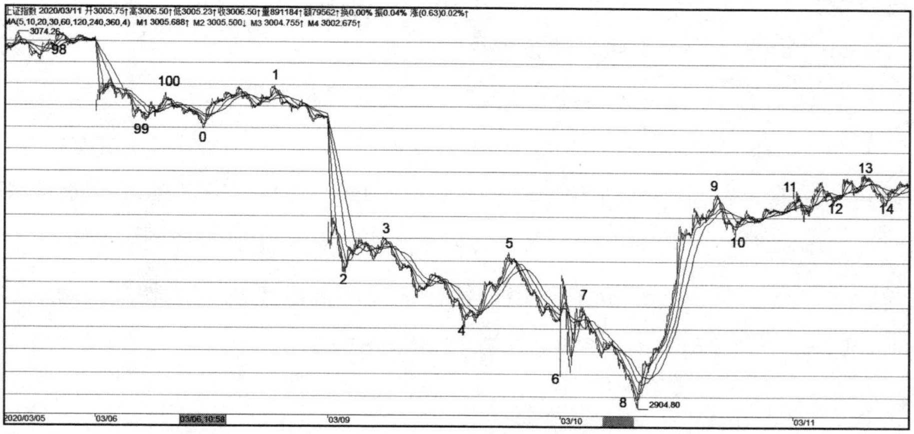

图 2-11 最后一个中枢的扩展

在图 2-11 中，数字之间的分段规则是按走势类型来划分的。98-8 是一个趋势，包含两个中枢 99-1 和 2-5，5-6 是 2-5 的离开段，6-7 是回抽段，构成第三类卖点，后面 8-11 完成同级别走势类型。这时 2-5 中枢、5-8这个包含了第三类卖点的 c 段和 8-11 这个新的走势类型，共同构成了一个更大级别中枢，这就是最后一个中枢的扩展。用图形线段表示可能更加清楚，如图 2-12 所示。

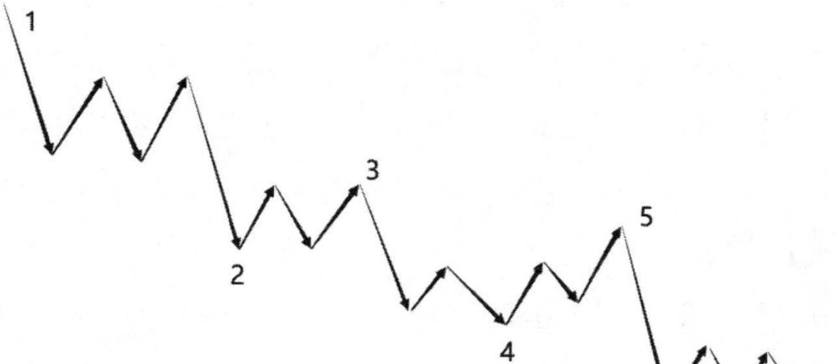

图 2-12 最后一个中枢扩展的线段图形

在图 2-12 中，1-4 是下跌趋势，3-4 是包含了 2-3 中枢第三类卖点的 c 段，4-5 是新的走势类型。根据中枢演化中的扩展定义，2-3、3-4、4-5显然是一个被扩展了的更大级别走势中枢。在这种情况下，1-4、4-5、5-6三段走势处于同级别，也就是 a+b+c 结构。

第三种情况，更大级别的盘整。

在图 2-12 中，5-6 是新的下跌走势段，这样其实走势可以被分为1-4、4-5、5-6 三个同级别走势类型。如果 5-6 结束后，后续的走势又回到 4-5 区间，这时三个同级别走势类型发生重叠，更大级别盘整也就是更大级别中枢形成。其实也就是 1-4 是一个 5 分钟级别下跌趋势，然后从 4开始震荡出一个 30 分钟级别中枢。该种情况的标准走势图形如图 2-13 所示，(1-2)+[(2-3)+(3-4)+(4-5)]，即 a+A 结构。

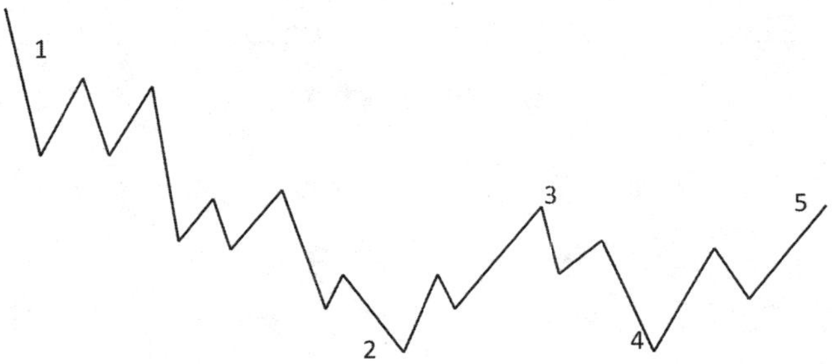

图 2-13　更大级别的盘整

第二种情况和第三种情况有本质的不同，通过图形就可以直观地看到。在扩展的情况中，更大级别中枢是取了前面下跌趋势的两段走势；而更大级别盘整，就是“趋势+更大级别盘整”，该中枢后面可以通过第三类买卖点来向上或者向下选择方向。换言之，扩展意味着三段走势是在一个更大级别的走势中的，而“趋势+更大级别盘整”意味着趋势和盘整都是独立的走势。

由于趋势的最后一个中枢的级别扩展，在理论上等同于更大级别盘整，所以第二种情况和第三种情况有类似之处，从第一类买点发展出来的都是更大级别盘整。但二者之间又有着本质的不同，这其中的区别要分清楚。

中枢和走势的各种分类和几何性质的演化过程清楚后，就可以进一步结合走势结构和走势能量，进行实用领域的探讨。

3

背 驰

3.1 背驰的定义

背驰就是背道而驰，两种事物的比较出现方向不一致的情况，在走势中，这两种事物就是走势方向和走势力度。

在有方向性的走势中，单边下跌当然就是卖方的能量在持续释放，而买方的能量不足以抵抗，单边上涨就是反过来的情况。最极端的情况当然就是某方能量瞬间释放，对另一方的能量是压倒性的，那就是跳空。把上涨中多方的能量假设为 100，空方的能量假设为 0，那么这种跳空就会发生；如果多方的能量是 51，空方的能量是 49，那么走势一定不会出现快速上涨的情况。因为买单和卖单都是持续增加的，增加的卖单必须要被买单吃掉才能实现价格的上涨，这时的上涨就会出现速率较慢的情况。后者这种上涨很慢的情况，与前者跳空的情况相比，就是走势的背驰。

此外，背驰的级别与走势的级别有关，一个持续了几十年的年线级别上涨趋势，与一个持续了半天的线段级别上涨趋势，二者没有比较的意义，因为后者对前者来说只是某根 K 线里面微乎其微的一部分走势。这样一层一层级别地分析下来，显然只有同级别的走势进行背驰的比较才有意义，所以严格意义上的力度对比，面向的是两段同级别走势类型。

走势力度的比较基础，是某一个价格区间的前后走势，例如，2020 年春节后上证指数的日线上涨，与 2005 年 998 点之后的日线上涨就没什么比较意义，因为相隔那么长的时间，无论筹码还是市场都已经发生了很大的变化。一般两段同级别走势类型中间有一个中枢，或者有一个不同方向的同级别走势类型时，这两段走势类型适合比较背驰。例如，a+A+b 的上涨结构中，a 和 b 是可以用来比较背驰的，中枢 A 就相当于一个当下固定的价格区间；类似的 a+b+c 上涨结构中，a 和 c 段比较力度，中间的 b 就是一个同级别走势类型，b 是盘整还是下跌都一样。

在图 2-11 中，3-4 就是 1-2 的背驰段，从图中可以看出，前者的下跌力度明显比后者小得多。这种走势力度的衰减就是所谓的背驰。此外，还有图 2-7 中的 8-9 是 6-7 的背驰段。这两处的背驰都很明显。

在图 3-1 中，36-37 是 34-35 的背驰段，38-39 既是 36-37 的背驰段，也是 34-35 的背驰段。对于 35-38 中枢，38-39 就是 a+A+b 结构的 b 段，34-35 就是 a 段。这种走势结构出现的背驰，被称为“盘整背驰”，38-39 是该走势的盘整背驰段。

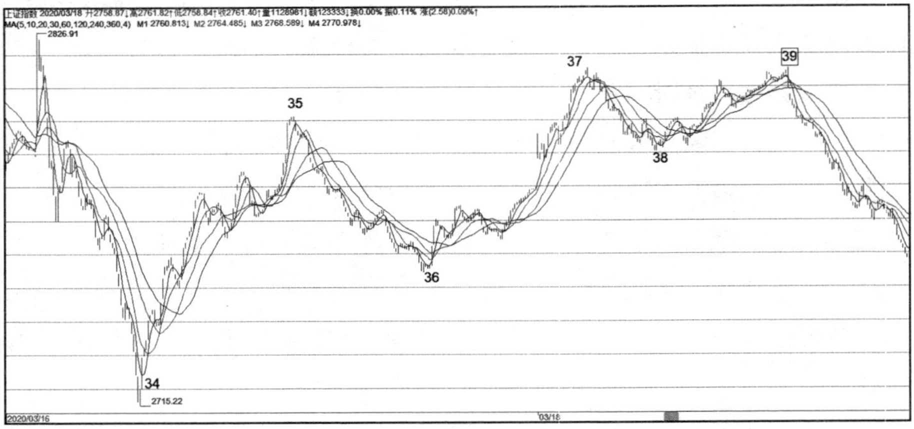

图 3-1　盘整背驰示意

图 3-1 不是按照线段的标准进行划分，而是按走势类型来进行划分的。前者有标准的定义来确定高低点，后者往往没有太严格的定义，存在一些主观选取的情况。

背驰的情况和走势类型一样，有盘整背驰和趋势背驰的分类，前文所讨论的第一类买卖点，就是上涨趋势的顶背驰或者下跌趋势的底背驰情况。

3.2 背驰的判断

假设有一个已经存在的某级别中枢，那么围绕该中枢的震荡都可以比较背驰，最典型的就是 a+A+b 结构出现 b 段是背驰段的情况。这种背驰的判断还可以进一步推广应用，例如，中枢前面是 5 分钟级别下跌，后面是 5 分钟级别上涨，也可以比较力度，观察的结果就是如果 5 分钟上涨的力度比前面下跌的力度弱，一般都不能上涨到前面下跌的起点。类似的比较同样适用于 V 形反转，当后面的力度比前面弱时，如果要回到起点，就必须走出比前面走势更大级别的走势。

所谓力度，就是单位速率，即平均速度。同样是涨 10%，用了 5 分钟时间和用了两周时间，力度是完全不同的。一般可以把空间除以时间得出平均速率，用平均速率来比较大小，小的自然就是背驰段。

更加便捷的办法是通过均线或者 MACD 指标来辅助判断。但必须强调的是，背驰是 K 线走势的背驰，和任何指标都没有关系，这就好比测量一个人的高度，你可以用米尺来量，也可以用寸尺来量，这些工具就是均线和 MACD 指标，用什么工具都不影响这个人的高度。换到走势上，就是指标的背离不等于走势的背驰，在一些特殊的走势上，完全可以呈现指标在不断背离、但走势仍然不断下跌的情况，这在小级别走势不断延伸的走势中是最常见的。

对于均线，可以利用 5 日均线和 10 日均线的相交面积来观察走势力度。

在图 3-2 中，2-3 这种 5 日均线和 10 日均线缠绕在一起的情况，一般都是中枢引起的，随之呈现的就是 MACD 的黄白线回抽到零轴附近。观察 1-2 和 3-4 的 5 日、10 日均线的相交面积，可以直观地看到后者的面积更小。而 MACD 指标由于计算方式的原因，红柱子和绿柱子体现的就是长短均线之间距离的变化。所以，用 MACD 来观察走势力度，就是通过柱子的面积和黄白线的高度来进行辅助判断。在图 3-2 的内部结构中，3-4 段有着同样的走势，可以用同样的方法去进行观察，如图 3-3 所示。

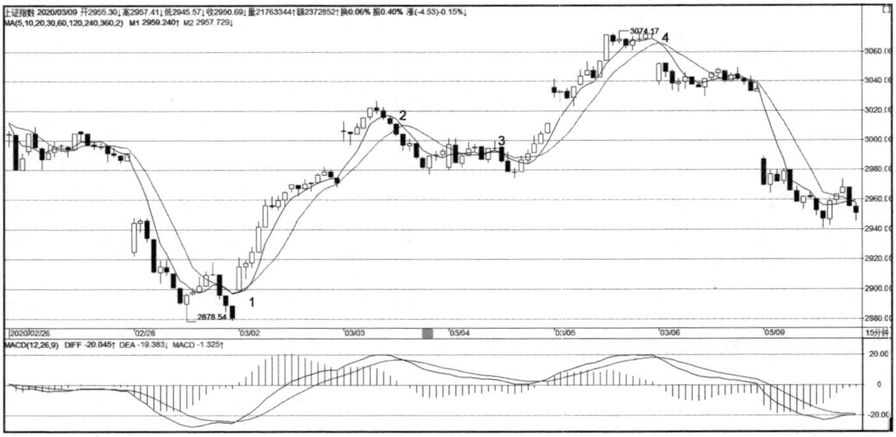

图 3-2　用均线观察走势力度

图 3-3　区间套背驰

图 3-3 就是图 3-2 中 3-4 段的更小级别走势结构，可以发现 5 日均线和 10 日均线的向上相交部分有 4 个，依次比较一个比一个小，这也很直观地体现在 MACD 的红柱子面积和高度上。在图 3-2 中，3-4 是盘整背驰段，而在图 3-3 的 3-4 走势段中，第三个 5 日均线、10 日均线相交区间后也是背驰段。这种在背驰段里面出现背驰段的情况，就是区间套背驰，出现在顶部就是区间套顶背驰，出现在底部就是区间套底背驰。这种情况的出现通常意味着 3-4 走势的结束。

最标准的背驰，一定是符合区间套的。在完美的情况下，可以从年线级别的背驰段向下递归，一直追溯到 1 分钟级别走势的区间套背驰点，这个 1 分钟级别的顶底背驰，就是该年线级别走势的顶或者底。而一旦出现两个或更多级别区间套背驰的情况，转折几乎是百分之百的。

3.3 走势、级别、划分

这节内容主要对前面讨论过的内容进行一个梳理，同时对前面涉及的一些关节点进行扩展性的讨论。由于走势和中枢存在定义上的嵌套关系，所以在一些基础性的内容体现出来之后，从整体上进行一次总结和梳理，会有助于从整幅地图的视角上理解某个细节。

3.3.1 走势

缠论的核心就是走势必完美，而走势必完美对于固定级别来说包含三项原理。

（1）该级别的走势必然可以被分解为同级别的上、下、平走势的连接；

（2）任何一类方向的走势都必然会结束；

（3）结束后必然只能转化为其他两种走势中的一种。

在多个级别系统中看走势必完美，从第一条可以推论出：**任何级别的任何走势段，在完成时，必然包含至少三段次级别走势，同时某固定级别的有重叠区间的连续三段以上完成的走势也将叠加出更高级别的走势**。这是原理，属于对走势客观规律的总结。

因为走势必完美的必然性，才有了任意级别、任意走势拥有至少一个中枢的必然性。因为连续三段完成的走势类型，只要有方向，则开始的那一段和结束的那一段必然是同方向的，这样的连续三段完成的走势类型必然有重叠区间，该重叠区间就是中枢。

根据中枢对某级别某完成的走势类型进行完全分类，可分为只有一个中枢的走势和有一个以上中枢的走势。这样的推导也是合理的，因为走势必完美决定了任何完成的走势必然有至少一个中枢。只有一个中枢的走势，可以定义为盘整走势类型；有一个以上中枢的走势可以定义为趋势走势类型；而多个中枢存在重叠的情况，其实就是更大级别的盘整。由此，走势必完美中的上、下、平走势，就只可能由盘整走势类型和趋势走势类型来实现，其中趋势分为上涨和下跌。

盘整走势类型和趋势走势类型被定义了之后，就可以根据二者围绕中枢的定义，对该走势类型被破坏的方式进行分类，也就是盘整的第三类买卖点和趋势的中枢级别走势类型回拉至趋势最后一个中枢范围内这两种。盘整被破坏后有三种走势分类（趋势、新走势类型、原中枢扩展），而趋势只可能有一种，所以趋势的结束点被定义为标准的第一类买卖点。

第一类买卖点之后，就是趋势结束后的三种分类（反向趋势、最后一个中枢扩展、更大级别盘整），那么根据走势必完美可以推论第二类买卖点，也就是构成新的同级别走势的次级别走势第二段结束点。根据走势必完美，该级别新的走势类型必然有至少三段次级别走势类型，那么第二段的结束点就是第二类买卖点，后面必然有上涨走势或者下跌走势，即便是横盘也会有高低点出现。

3.3.2 级别

级别，即走势中的中枢级别，其实就是该段走势中，多空双方对某个价格的暂时认同区间。例如，在下跌中，多方认为该回升了于是买进，空方认为价格还没跌到位就继续卖出，这时就会有中枢出现。在走势能量视角中，其实就是多空纠缠的区间。而所谓的级别，就是这种纠缠的复杂程度。

一个中枢出现之后，只有两种可能：保持或者被破坏。保持的情况，就是次级别走势始终围绕这个中枢区间进行震荡；而破坏的情况，就是第三类买卖点，这个定义也是根据中枢的定义来反推的。自然，震荡多了，中枢级别会上升，但中枢震荡的状态是未变的。根据中枢的定义，三段完成的走势类型重叠区间就构成了高一级别的中枢，所以连续九段次级别走势类型有重叠区间的情况，就可以被拆分为三段盘整走势类型。

理论上，虽然七段次级别走势类型重叠出来的中枢，和三段次级别走势类型重叠出来的中枢相比级别是一样的，但是不意味着两者就完全是一回事。在“下跌+盘整+上涨”的同级别走势连接中，盘整还可以是八段次级别走势类型，显然在级别上这与九段次级别走势类型的中枢更加接近，但并不能算作高一级别的中枢。这种定义的方式，是理论搭建的需要，对实际结果没有任何影响。在理想情况下，三段次级别和四段次级别也可以分为两个级别，那就相当于三段到九段之间存在七个子级别系统，操作起来太过烦琐。实际上，定义的级别已经足够应付绝大多数情况了，所以不需要划分得太细致。

缠论反映的人们对走势的认知过程，**走势是客观存在的，并不会因为人的定义而有任何改变**。理论的作用就是更加清晰地描述走势，方便人们更好地解读客观存在的走势，并以此指导具体操作。

3.3.3 划分

走势的划分，一般都是同级别划分。但走势类型的划分有个麻烦的问题就是如何选取开始点和结束点，例如，一个盘整走势类型的开始点到结束点下跌了 80%，这是明显的下跌，但后面又跟着一个盘整，上涨了 5 倍，并且这两个盘整走势类型的中枢都没有第三类买卖点，同时各自的中枢区间还有重叠。如果站在更大级别的视角中，这种情况可能就是一个大盘整的一部分，但在本级别的视角中，明显就是两段走势，根本就不需要第三类买卖点去区分。

从理论上来说，走势的结束和能量的衰竭有关。例如，向上的动能不足，就是背驰。背驰也是因为有了走势必完美原理才可以被定义，围绕某个价格区间的走势力度，显然要有至少三段次级别走势类型才具备背驰的比较基础，这三段中间有个重叠区间，第一段和第三段就是围绕这个重叠区间向外离开的走势。这其实有点像航天火箭发射过程中要考虑的三类宇宙速度，第一速度是要脱离地表，也就是一个上升走势开始向上运动的第一阶段，然后遇到地心引力也就是中枢区间，那么再次向上脱离中枢区间就需要有比第一阶段上涨更大的力度支撑才行，也就是飞行器以更高的速度摆脱地心引力的过程，如果这个阶段的速度比第一阶段还小，那么肯定摆脱不了。在这种情况下，力度不够当然就会被拉回到中枢区间内，除非有个再次加速的过程，也就是第三类买点后以更大力度上涨最终摆脱背驰。

所以，对于走势的划分，一般参考两个方面：第一个是高低点，也就是开始点和结束点；第二个是背驰点，也就是走势力度衰灭的地方。对于实际应用而言，如何根据当下的走势，进行更加合理、更加有利于分析分类的走势段选取，就显得很重要。

在图 3-4 中，26-37 是明确的上涨趋势，但第二个中枢 33-36 后面并没有第三类买点，36-37 明确向上创新高，后面的 37-38、38-39、39-40 三段与 33-36 中枢又重叠在一起。根据走势来划分，37-40 既可以是一段独立的走势类型，也可以是 33-36 中枢的延续，分解时就存在如何选取的问题。而这部分内容是不太好精确定义的。从走势类型的划分开始，唯一性就不确定了，同一段走势，在当下可以有好几种划分的可能，这就是走势的多义性。

图 3-4　走势的划分

3.4 走势的演化过程

有了前面的内容，对走势的演化就可以进一步推导，目的是明白在理论框架中，一个走势是怎么生长出来的。例如，在 a、b、c 三段完成后，走势如何逐渐生长为盘整或者趋势，又如何结束。

假设当下是一个日线级别下跌趋势的底背驰点（日线的次级别是 30 分钟，再次级别是 5 分钟，再次级别是 1 分钟，再次级别是 1 分钟线段，日线上的推演在 1 分钟级别以上的所有级别走势类型都适用），也就是第一类买点，根据走势必完美，后面必然是日线级别走势类型，而日线级别走势类型必然至少有连续的三段 30 分钟级别走势类型。把第一段 30 分钟级别走势类型设为 1-2，后面的同级别走势类型都按这种数字形式来表达，那么 2-3 显然就是构造第二类买点的过程，并且 1-2 肯定是向上的，但 2-3不一定向下，完全可以是横盘，由于横盘也是从高点开始到低点结束，所以高低点连起来也可以说是向下。

第二类买点后，3-4 肯定是向上的。当然 3-4 也有可能是横盘，如果是横盘，那就意味着 1-2 上升，2-3 横盘，3-4接着横盘，同样是三段走势类型，这种情况比较少见。一般情况向上 3-4 段完成后，1-2、2-3、3-4中的 3-4 走势段就可以与 1-2 走势段进行背驰的比较，显然存在背驰或者不背驰两种情况。

在背驰的情况下，如果 1-2、2-3、3-4 的级别一致，那么 4-5 必然回到 2 以下位置，与 2-3、3-4 共同构成日线级别中枢 A，使走势成为日线级别的 a+A 结构。还有一种情况就是这三段到 4 位置就结束，然后又开始新的下跌，就是下跌趋势后发生最后一个中枢扩展的情况。

级别一致的情况在前文中有过讨论，三段次级别构成的中枢和七段次级别构成的中枢理论上级别一样，但两者肯定是不同的。4-5 回到 2 位置以下这种情况，a、b、c 三段的级别差别越小，发生的可能性越大。

对于不背驰的情况，4-5 一般是回不到 2 位置的，但走势不可能永远这样不背驰地向上走，所以一个三段次级别重叠的独立中枢是必然出现的。也就是说，除非三段次级别走势类型完成后马上结束，否则走势一定会演化为 a+A 的结构。如果出现 1–2、2–3、3–4 向上而 3–4 不是背驰段，并且 4–5 和 2–3 没有重叠的情况，后面 4–5、5–6、6–7 又构成一个中枢，这时就可以把 1–2、2–3、3–4 当成一个次级别走势类型 a，把 4–5、5–6、6–7 作为一个独立的中枢 A，如图 3–5 所示。

图 3–5　走势演化为 a+A 结构

在图 3–5 中，a_1a_2、a_2a_3、a_3a_4 是 a+b+c 结构的上涨，然后出现了 a_4a_5、a_5a_6、a_6a_7 构成的中枢，这时就可以把 a_1a_2、a_2a_3、a_3a_4 作为走势 a 来处理，结构为 a+A。

但 a+A 向上结构，在（1–2）+［（2–3）+（3–4）+（4–5）］后，走势也可以随时结束。这里分两种情况：第一种是 4–5 和 2–3 对比是背驰段；第二种是 4–5 的力度更大。在第一种情况中，走势至少是中枢震荡，也就是说 4–5 完成后继续出现 5–6，但仍然在该中枢区间内。对于第二种情况，要么这个中枢是喇叭形的，要么从 4–5 开始走新的走势类型。一般地，如果中枢震荡一直持续，那么每一次震荡中的次级别段都会是前面的背驰段，直至该中枢被突破，突破就可以向上或者向下了。

对于 4–5 向下突破的情况，如果 4–5 向下跌破中枢区间，然后 5–6 又回不到 3 位置，那么这个 a+A 结构就结束了。如果是 6–7 向下突破，那就是 7–8 回不到中枢则该结构结束。总之，单一中枢的情况，因第三类卖点结束。

对于 5-6 向上突破的情况，a+A+b 结构就出现了，b 段有两种分类：比 a 力度小和比 a 力度大。在 b 段是 a 段背驰段的情况中，必然有 6-7 走势段向中枢 A 回拉。回拉的结果就有回到中枢区间和回不到中枢区间两种，前者对应中枢震荡的延续，后者对应的就是第三类买点，理论上将后一种情况称为盘整背驰转第三类买卖点。

在向上过程中，b 段力度比 a 段大的情况，后面也必然有 6-7 段向中枢 A 回拉，只是这种情况下的回拉一般都不会回到中枢 A 区间内，但同样构成第三类买点。随后，7-8 走势段继续向上，7-8 的力度再和 5-6 比较，分为存在盘整背驰和不存在盘整背驰两种情况。在盘整背驰的情况下，8-9就回来和 6-7、7-8 构成第二个中枢 B；在不存在盘整背驰的情况下，走势就继续向上直到盘整背驰为止再出现第二个中枢 B。两个中枢出现后有两种情况：两个中枢有重叠区间和两个中枢没有重叠区间。对于前者，如果 b 段含有中枢 A 的第三类买点，那么中枢扩展就发生了，整个走势就不是日线级走势，而是周线级别；如果 b 段不包含对中枢 A 的第三类买点，那么就是两个走势，如图 3-6 所示。对于后者，就是标准趋势里包含两个中枢的情况。

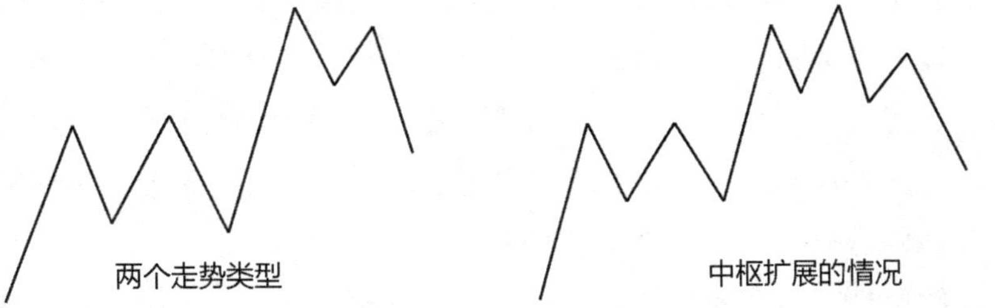

图 3-6　走势演化为 a+A+b+B 结构

对趋势的第二个中枢来说，和第一个中枢的分析一样，可以从第二个中枢处结束该上涨趋势，也可以继续向上延伸出包含第二个中枢 B 第三类买点的 c 段。对于理论上的标准情况，在包含中枢 B 第三类买点的 c 段中，如果 c 和 b 相比是背驰段，并且 c 的某一个向上段也是 c 内部的背驰段，那么区间套顶背驰就成立了，该趋势从该顶背驰处当下就可以判断结束，这种区间套的判断同样适用于 a+A+b 结构中用来判断 b 段的顶点。需要注意的是，以上的分析适用于任何级别的走势，例如，该日线级别趋势结束后，在第一类买点后的三种情况分类中，除了上文提到的最后一个中枢扩展和反向趋势，还有更大级别盘整的可能，更大级别的盘整，其实就是更大级别 a+A 的情况，而对于中枢 A 里面的三段次级别走势类型的每一段内部结构，同样依从上述的演化过程，这些都是走势必完美的应用。下一节用一个具体走势的实例，来模拟当下走势的生长，同时在各个关节点串联前面的各个知识点。

3.5 走势实例

最小级别走势类型的划分，除了按线段划分外还有其他方式，例如，根据走势必完美的原则按走势类型来划分。在这些不同的标准里，线段是最明确的，走势类型是容易有歧义的，存在一些主观选择的因素，并且不太好精确定义，更取决于分段的人对走势的理解程度。

如果从 1 分钟标准线段递归，每次都一直递归到日线级别走势类型，这样走势类型看多了，自然就知道一个走势类型应该是什么样子，这时就可以直接在走势图上划分走势类型，而不用再去划分线段了。很多人喜欢去弄一些走势类型划分的标准、技巧之类，虽然看似可以简化这个程序，但是对于理解走势的本身并不能起到正面作用，反而会因为这种取巧，丧失了在递归过程中去体会走势本来的机会。

从线段递归上来的走势类型和直接划分的走势类型对比，前者最明确但有些古怪的线段并不一定能体现走势的本来，后者没有太过明确的定义但更能体现走势的本来。在本节图例中，走势段都是按照走势类型来划分的。

走势从一个顶背驰处开始，走势是 1 分钟 K 线走势，如图 3-7 所示。

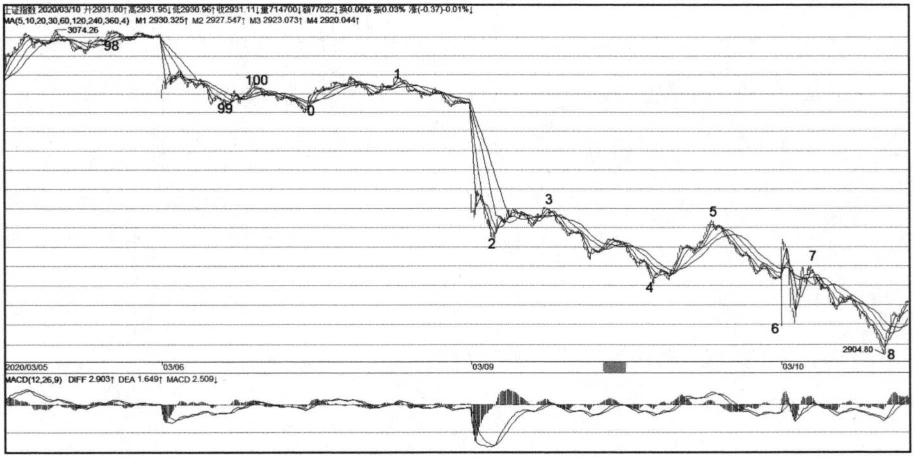

图 3-7 上证指数 1 分钟 K 线走势（98-8）

在图 3-7 中，98 位置就是前面上涨的顶点，设前面的走势已经完全结束。98-99，一个内部的盘整背驰出现了，99 前面的一小段下跌和 98 后面的那段跳空相比，明显盘整背驰，MACD 也提示了这一点，属于 a+b+c三段的结构，所以一定会有回升，于是有了 99-100 走势段。99-100走势段与 99 之前的那一小段下跌相比，力度显然偏小，一般这种情况不会回到下跌的起点，而该段内部的三段也显示盘整背驰，所以有了 100-0 的下跌。这时，98-99 是第一段，99-100 是第二段，100-0 是第三段，第三段相比第一段也是盘整背驰，所以有了 0-1 走势段。这里 100-0 走势段中，0 位置并不是一个明显背驰点，但在更大级别的背驰发生后被拉回，这在实际盘面中是经常发生的，完美的区间套底背驰其实并不常见。

0-1 中的顶背驰就很明显了，在图 3-7 中，98-0 是 a+b+c 式盘整背驰状态，0-1 就是回拉并与 100-0 和 99-100 走势段构成独立中枢 A 的过程，也就是 a+b+c 向 a+A 结构的演化过程。在 0 位置有两种可能：第一种是图 3-7这种构成独立中枢；第二种是 98-0 走势段结束，从 0 开始向上延伸出新的上涨，上涨的充要条件就是必须突破 100 位置并且回抽站稳，相当于对 98-0 这个中枢的第三类买点。现实中并没有出现第三类买点的情况，所以继续回来中枢震荡。1 位置截至收盘，力度就已经比 100-0 要大了，没有出现盘整背驰的情况，所以这里要等待。

从图 3-8 中被放大后的走势可以看出，100-0 的内部结构分为三段，中间 MACD 的黄白线向零轴回抽了一次，而 1 后面的走势也是三段。把 100-0 的三段算成是 a、b、c，把 1 后面的三段算成是 a_1、b_1、c_1。a_1 出现的时候，MACD 的绿柱子、5 日 10 日均线的相交面积已经比 a 段大了，后面的 c 段也是一样，所以 1 后面的走势不可能是 100-0 的背驰段。

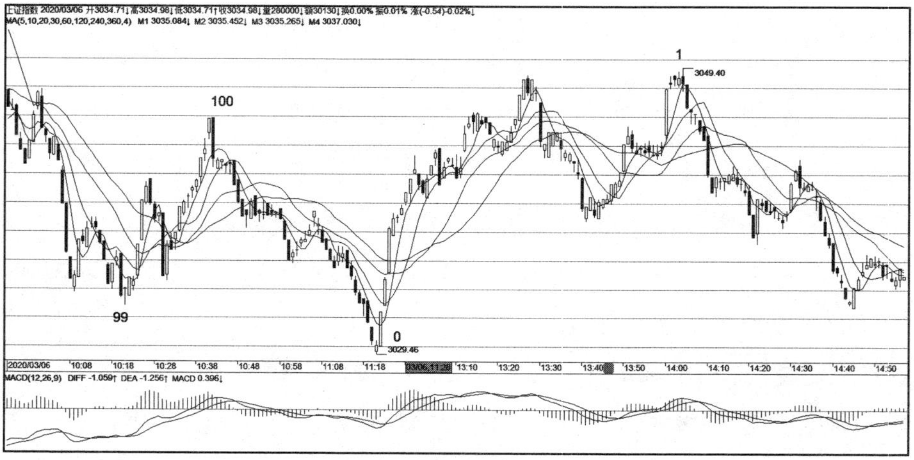

图 3-8　走势内部结构（100-1）

回到图 3-7 中，1-2 是一个新的走势段，从 98-2 这段走势可以看出，一个 a+A+b 结构的走势出现了，其中 a 段是 98-99，中枢 A 是 99-1，b 段是 1-2，b 段与 a 段相比不是背驰段，所以这个下跌按理论来说必然是下跌趋势，后面还有与 99-1 同级别的中枢会产生。1-2 中跳空后，向上回抽了一小段，然后又创新低到 2。和 98-99 类似，2 是这一小段走势的底背驰点，所以有了 2-3 的回升，2-3 这个走势段的三段次级别内部结构到 3 出现盘整背驰，同时构成 99-1 中枢的第三类卖点，后面继续下跌。

3-4 和 1-2 比是盘整背驰段。3-4 的内部也是三段次级别走势段，第三段是盘整背驰段。在第三段中同样有三段次级别走势，第三段也是盘整背驰段。这是标准的区间套底背驰，所以 4 这个位置是完全可以当下把握的。同时，1-4 构成的包含 99-1 中枢第三类卖点的 b 段出现底背驰，这意味着第二个中枢要出现了。4-5 上来，因为 a+b+c 式的盘整背驰回到 2 以上位置，在 5 位置出现顶背驰，然后有 5-6。对于 5-6 来说，要比较的就不是 3-4 了，因为 2-5 中枢已经出现，首先应该围绕中枢来比较背驰，所以要比较的是 1-2 走势段，盘整背驰回到 7 位置，6-7 是横盘，这里就出现问题了。由于 2-3 和 4-5 存在重叠，所以这是出现的第二个中枢，在这种情况下 1-2 就是 b 段，2-5 就是中枢 B。但 b 段如果要包含 99-1 中枢的第三类卖点，就应该算到 4 位置，也就是 1-4 是 b 段，从 4 位置开始计算中枢到 7 位置。也就是说，现在存在两种走势结构的可能，并且这两种都是对的，第一种是（98-99）+[（99-100）+（100-0）+（0-1）]+（1-2）+[（2-3）+（3-4）+（4-5）]，第二种是（98-99）+[（99-100）+（100-0）+（0-1）]+（1-4）+[（4-5）+（5-6）+（6-7）]，分别如图 3-9 和图 3-10所示。

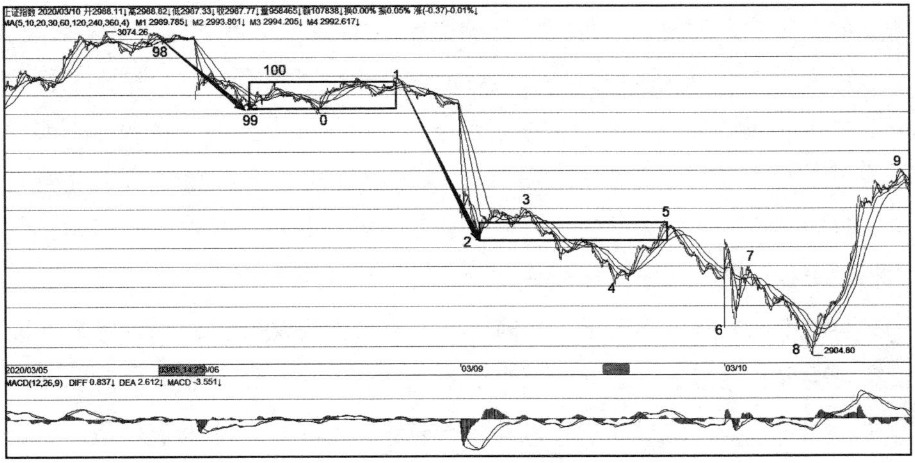

图 3-9 第一种划分方式

这两种分解都是正确的，这种时候就是看哪种分解对走势的分析更加有利。在图 3-9 中，7 这个第三类卖点的位置就很重要，实际走到 7 位置的时候就知道要防止这个第三类卖点后出现更大力度的下跌。在图 3-10 中，从 4 位置开始预判第二个中枢出现的时候，就知道 6 位置必然会回抽到 4 位置以上。两种分析的结果综合起来看，就是在 6 位置出现的时候就

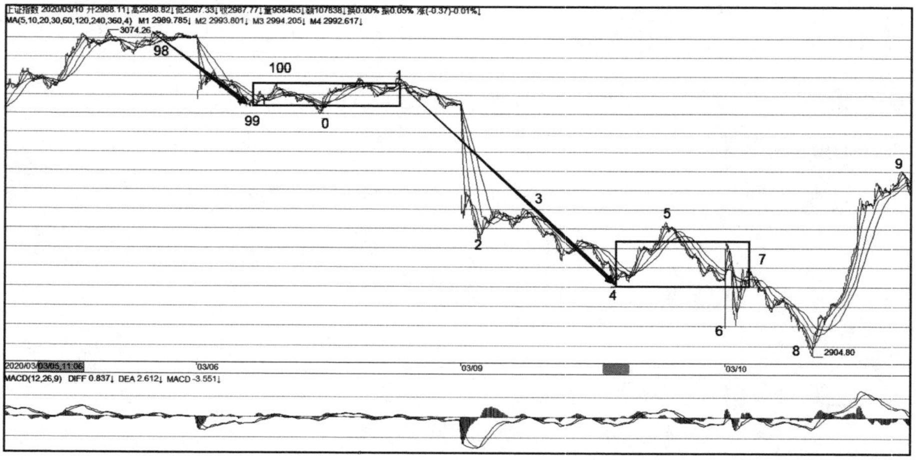

图 3-10　第二种划分方式

应该知道，会有一个向上的 7 位置出现，并且 7 位置是在 4 位置以上，但如果不能超过 2 位置就会出现 2-5 中枢的第三类卖点，所以 6-7 段出现顶背驰的位置就很重要，力度不够还有新低。如果 7 位置能够超过 2 位置，那么后面的下跌出现第二类买点的可能性就很大了。有了这个结论，再看 6-7 之间内部结构中的三段次级别走势，在第三段向上的力度明显不够的情况下就知道还有下跌，并且这个下跌很可能构造出该趋势的第一类买点。这里涉及一个经验的问题，那就是上涨趋势或者下跌趋势中超过三个中枢的极少，两个中枢后出现底背驰的是绝大多数情况。7-8 出现后，一个完整的下跌趋势就出现了。与前面比较背驰的方法一样，7-8 是 5-6 的盘整背驰段，同时 5-8 也是 1-4 的盘整背驰段，一个下跌趋势底背驰就出现了。如果能够多个级别联立起来分析的话，这时看 5 分钟 K 线图，下跌趋势底背驰是很明显的，如图 3-11 所示。

在图 3-11 中，98-8 这一段 1 分钟级别下跌趋势，两个中枢处的 MACD 都有明显向零轴回抽的过程，一般情况下中枢都会有这样的特征。a 段出现绿柱子，中枢 A 把黄白线和绿柱子拉回到零轴附近，b 段再次下跌出绿柱子并把黄白线从零轴拉开，中枢 B 再次把黄白线和绿柱子拉回零轴附近，然后再下来绿柱子的长度和面积都明显缩小，并且黄白线不创新低，这是非常标准的下跌趋势底背驰呈现出的指标特征。下跌趋势后，出

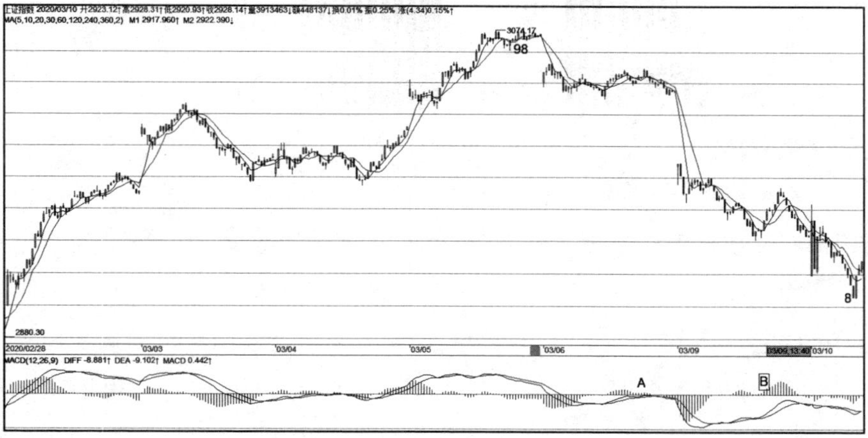

图 3-11　5 分钟 K 线走势（98-8）

现三种可能：最后一个中枢的扩展、反向趋势、更大级别盘整。无论哪一种可能，都必须先完成最后一个中枢扩展，也就是 8 位置开始的走势必然至少拉回到 6 位置以上。结合到具体走势分析，8 位置在 2904 整数位，出现一定力度的反弹是极有可能的，如图 3-12 所示。

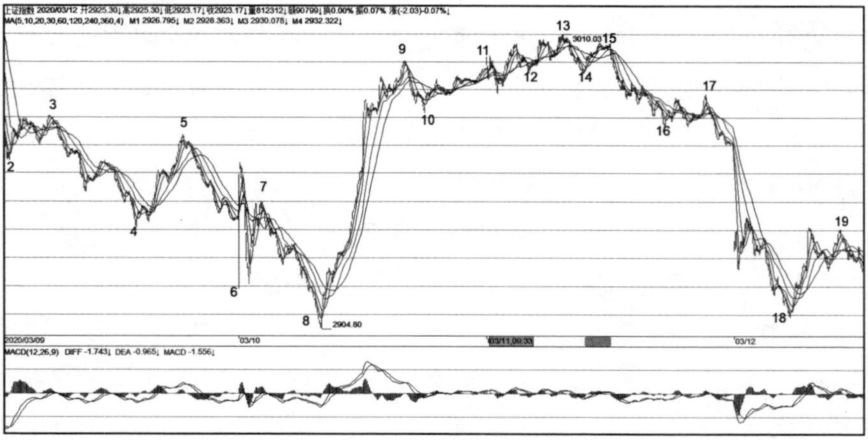

图 3-12　1 分钟 K 线后续走势（8-19）

8-9 段，出现顶背驰前都应该持仓，并且因为 98-8 是 1 分钟级别下跌趋势，所以 8-9 只可能是新的走势类型的第一次级别段，根据走势必完美，后面至少还有两段才能结束。8-9 内部的顶背驰是比较明显的，后面下跌段9-10的内部结构也出现小的底背驰，所以10位置就是第二类买点，后面继续向上到11位置，a+b+c结构出现，c段是盘整背驰段。由于8-9的力度足够大，所以一般这种时候都可以继续等中枢A的出现，后面走势继续震荡向上，直到13位置出现顶背驰，这时又一个区间套顶背驰出现了。8-9相当于a，9-12相当于A，12-13相当于b。b段是背驰段，并且内部三段结构出现盘整顶背驰，所以13的位置也是可以当下判断出来的。后面下跌到14位置，又回升到15位置，不能创新高，并且没有明显的力度向上，15位置就可以作为第二类卖点来看待了。所以，从8位置介入后，这一段上涨有两个位置可以离开，分别是13位置这个第一卖点和15位置这个第二卖点。16-17显然是第三类卖点，对应的中枢是12-15，后面下跌的剧烈就很符合缠论了，18位置是17-18走势段的底背驰，回升到19位置，刚好在跳空后的高点处受阻也很符合技术理论。

接着后面的走势，19-20是17-18的盘整背驰段，所以后面出现中枢一直到23位置，这时15-18就是a段（或者13-18），18-23就是中枢A，在当下就要注意b段的下跌了。走势到22的时候，就可以进一步向上递归走势类型。其中，98-8是1分钟级别走势类型，8-13是新的1分钟级别走势类型，13-22是第三段1分钟级别走势类型，三段1分钟级别走势类型a+b+c结构出现。目前看c段是背驰段，但并没有完成确认，还存在继续向下延伸的可能。但22位置那个区间套底背驰，如果级别不是1分钟，而是30分钟的话，就可以操作一把了。23位置后继续下跌到24位置，然后回升后再下跌到26位置，其中26位置属于小级别底背驰后出现大级别反转的情况，也就是小转大。但25位置后面那个次高点到26位置的下跌中，通过K线就可以看出来内部结构有底背驰了。26位置不创新低，同时25-26是23-24的盘整背驰段，此时第二类买点就出现了，后面回升到27位置。而25位置就是18-23中枢的第三类卖点，13-24这个盘整走势类型明确被破坏，后面只可能是扩展、趋势、新走势三种可能。27位置回到18-23中枢震荡的区间，生成新中枢是不可能的，扩展也不对，因为24-27是明确的向上走势。所以，这里是一个新的走势，13位置开始下跌到低点24结束。这时在更大级别视角中，a+A出现了，即98-8为a段，8-27为5分钟级别中枢，如图3-13所示。

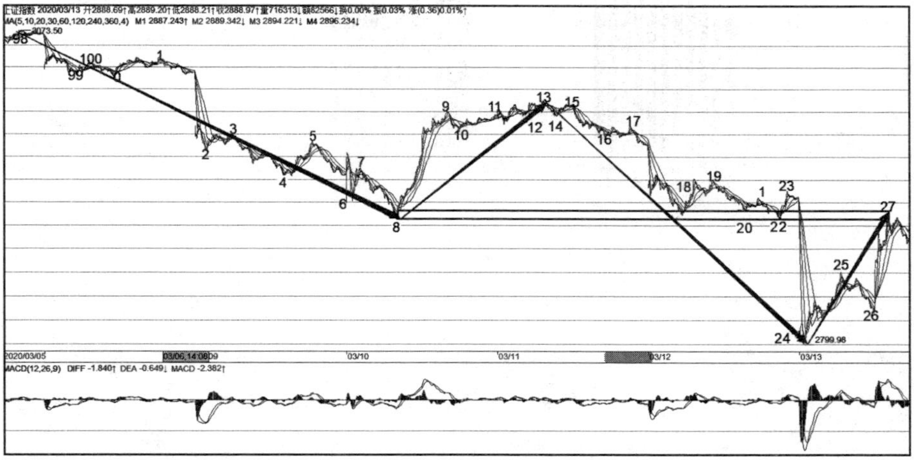

图 3-13　1 分钟 K 线走势（98-27）

到 27 位置时，24 位置开始的上涨并没有被确认结束，而 26-27 也不是盘整背驰段，这时在 27 位置出现 26-27 内部结构的顶背驰时，只能判断要出现 27-28 向下走势，但 24 位置开始的向上走势在当下是未结束的，这是要注意的地方。这时一个 5 分钟级别中枢是肯定出现了的，只是中枢区间要等 24 开始的向上走势结束后才能明确。仅从 MACD 红柱子来看，26-27 对应的红柱子面积比 24-25 要小得多，这种情况通常出现在剧烈而不能持久的走势中，而 27 位置又逢 8、18、20、22 这几个点位的阻力，在实际操作中是应该减仓的。

在图 3-14 中，28 位置从 27 位置顶背驰处下来，与 26 位置向 27 位置的上升相比明显力度不够，所以 28 位置的底背驰是比较好判断的。后面到 29 位置，一个类第二卖点出现，29-30 是 27-28 的背驰段，后面有 30-31。这时有两种可能：第一种，27-30 是 24 位置开始的向上走势段的中枢 A；第二种，28-31 中枢是 27 位置开始的新走势类型的第一个中枢。对于第一种情况来说，30-31 就是向上离开中枢的走势段；对于第二种情况来说，30-31 就是第一个中枢的次级别第三段。所以，当 31 开始的下跌出现比 29-30 力度更大的情况时，就必须要走人，这个时机在跌破 30 位置时出现，这是最后的离场机会。

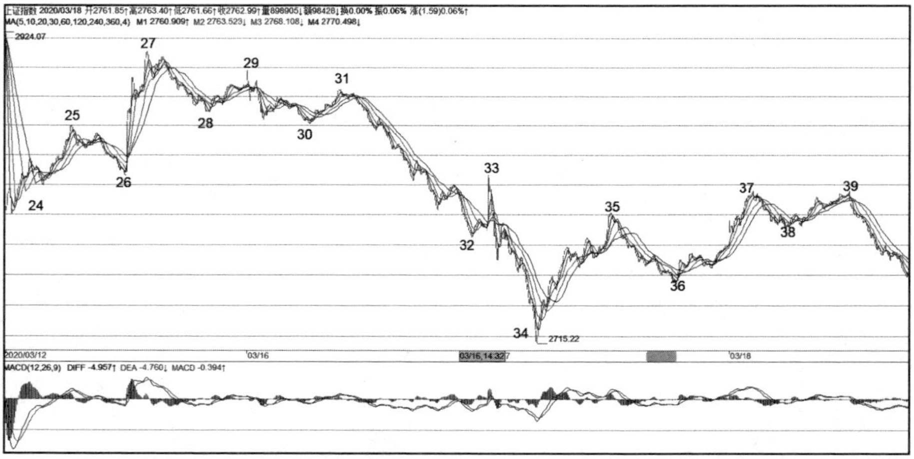

图 3-14　1 分钟 K 线后续走势（24-39）

24 位置开始的向上走势到 30 位置，在实际操作中是很有迷惑性的，因为这很容易让人联想到 a+A+b 结构向上的走势，但要注意的是 23-24 并不是背驰段，24 位置开始的向上完全是小转大的结果。如果懂得更多点，用 8、18、20、22 一线的压力来做辅助判断，那就更加有把握些。此外，在中枢视角中，8-13、13-18、18-23 是可以看成一个 5 分钟级别中枢的，23-24 相当于是离开段，而 24-27 就是回抽段，虽然 27 位置最终突破了 18 位置，但突破的空间极小，这种情况是可以作为第三类卖点来对待的。31 位置开始，一直下跌到 32 位置都没有出现底背驰，32 位置后面有一个很小级别的第二类买点，后面回抽到 33 位置，构成 28-31 中枢的第三类卖点，后面继续下跌到 34 位置。34 位置有个盘整底背驰，该盘整背驰比较的是 31-32，1 分钟图上并不明显，5 分钟图上就比较明显了，如图3-15 所示。

在图 3-15 中，31-32 对应的 MACD 绿柱子拉回到零轴一次，后面 33-34的下跌对应的绿柱子面积、长度和 31-32 对比就明显小了，但黄白线还继续创新低，指标的这种情况对应的往往是次级别出现背驰。图 3-15 中由于32-33走势的时间和空间都比较小，所以并不太明显。实际划分中，24 位置开始的走势也可以划分到 29 位置结束，因为 26-27 是足够力度的上涨，28-29 可以看成这段上涨的延伸，只是这样一来，33 这个第三类卖

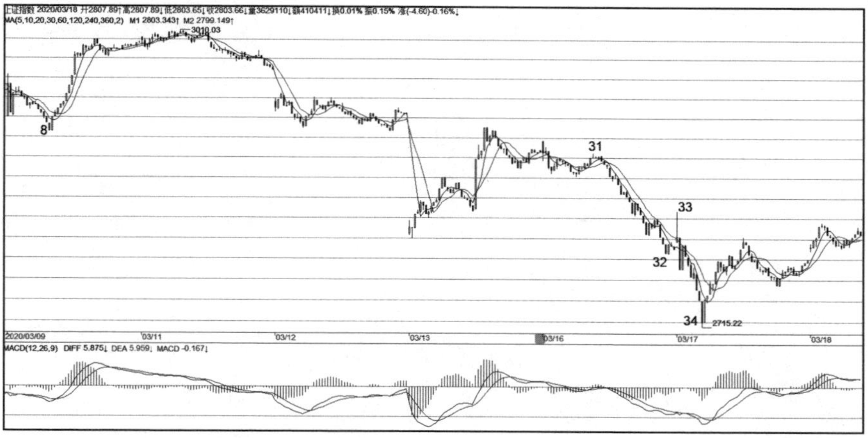

图 3-15　5 分钟 K 线走势（31-34）

点就被分割没了。所以，理论分解是理论分解，实际走势是实际走势，无论如何分解，28-31 这个横盘都不会有任何变化，而 33 位置就是试图向上拉回到横盘区域而不能。

到 34 位置为止，虽然 27 位置开始的下跌还没有确认结束，但从 98 位置开始的走势已经可以被看作 5 分钟级别的 a+A+b 结构了，其中 b 段还未确认结束。按理论来说，34 位置作为 27 位置下来的 a+A+b 结构中力度更大的 b 段的底背驰点，应该在这附近出现第二个中枢，后面的 34-37 中枢就在意料中了。该中枢震荡的具体表现形式为 34-39 的 a+A+b 结构，其中 b 段是背驰段，b 段内部结构中又出现顶背驰，区间套顶背驰成立，所以 39 位置是可以被当下判断的顶点。同时，对于 8-27 这个 5 分钟级别中枢，27-34 是次级别离开段，34-39是次级别返回段，39 同时构成 5 分钟级别第三类卖点，后面的大幅下跌就很符合缠论了。

以上走势，取自上证指数 2020 年 3 月 5 日至 18 日 K 线图。

4

买点辨微

4.1 第一类买点辨微

按照严格的理论标准，第一类买点必须是下跌趋势的最后所产生的区间套底背驰点，而且该趋势的最后一个中枢必须有第三类卖点来确认该中枢的结束，否则创新低的次级别走势段只能当成试图向下离开中枢的一段次级别走势。而实际走势中，特别标准的走势并不多见，更多的是标准走势以外的各种变种，所以本章内容中所说的第一类买点，是一个更加广义范畴的第一类买点，如果要定义的话，那么就是背驰段的结束点。

所有的背驰段都是盘整背驰段，即使是下跌趋势或者上涨趋势，最后的背驰段也是和中枢前面的一段同级别走势类型比较，所以对于盘整背驰段可以给出四类基本结构。

第一种，横盘式 a+b+c 结构。即类似一个独立中枢的走势，a 段的起点和 c 段的终点与中枢的距离都不大。

设横盘形态的 a+b+c 结构，a、c 段为下跌，b 段为上涨，其中 c 段是背驰段，那么当 c 段的内部结构出现底背驰时，一定有 d 段向上，并且 d 段一定能完成与 c 段同级别的走势类型。这样的买点比较适合较大一点的级别，例如，在 30 分钟 K 线图或者日线 K 线图上出现。因为这种类似中枢震荡的背驰段所引发的上涨很可能并不足以突破 b 段的高点，甚至一个很弱的上涨构成对 b 段的盘整背驰就掉头向下。如果级别比较小，那么可能的上涨空间就比较小，并且还有一个隔日交易的问题，当天走完了掉头向下就会很被动。所以，这种买点一般要求至少是 30 分钟级别，这里说的级别指的是该种图形是在 30 分钟 K 线图上出现的，一般 b 段会把 MACD 拉回到零轴附近。具体情况如图 4-1 所示。

图 4-1　横盘式 a+b+c 结构

在图 4-1 中，1-2、2-3、3-4 三段走势构成 a+b+c 结构，其中 3-4 是 1-2 的背驰段。注意 MACD 的特征，MACD 跌破零轴出现绿柱子后，随着 2-3 段回到零轴上方出现红柱子，然后再随着 3-4 段下到零轴下方出现第二次绿柱子，第二次提示背驰的发生，从走势上也可以直观看到这个背驰。图 4-1 中 1 和 3、2 和 4 两个高点和两个低点的高低差并不大，属于横盘式的，这种形态也叫作双回抽。双回抽的操作是另外一回事，重点是看这种形态出现在高级别图形的哪个阶段，并不是出现这样的图形就可以不问缘由地下单，包括后面要讨论的各种单独的图形，都不可以独立地作为操作的准则，而是要在整个系统里面起作用，这是要强调的地方。

第二种，下跌式的 a+b+c 结构。b 段几乎是个横盘，a 段和 c 段的趋势比较强，而 c 段是背驰段。例如，a 段从 10 元下跌到 5 元，b 段从 5 元回升到 6 元，c 段从 6 元下跌到 3 元，而 c 段是 a 段的背驰段。这种情况下，在 c 段内部结构出现买点的时候一定有回升，如果 a 段与 c 段的复杂程度相近，则回到 b 段起点的可能性极大，如图 4-2 所示。

在图 4-2 中，1-2、2-3、3-4 走势段的结构就属于有明确方向性的 a+b+c结构，其中 1-2 段的内部结构也是同样的 a+b+c 结构，如图 4-3 所示。这种结构的买点，通常情况下都会回到第一段的低点，实际走势中偶

图 4-2　下跌式 a+b+c 结构

尔也会遇到不回去的（小级别偏多，或者 a 段和 c 段的中枢复杂程度差异较大），但一个向上的 d 段是一定有的，并且，即使回不去的情况，d 段的高点通常也在 a 段的低点附近。

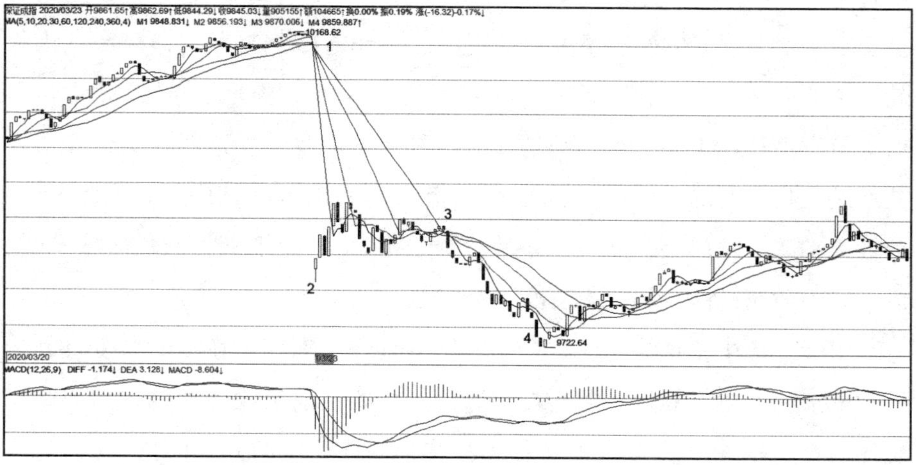

图 4-3　1-2 段的内部结构

第三种，a+A+b 结构。例如，a 和 b 段都是 5 分钟级别走势类型，而 A 是一个 30 分钟级别中枢。这种情况的 b 段结束点后，一定有 c 段向中枢 A 进行回抽。根据 c 段的高点分类只有两种可能，第一种是回到 30 分钟级别中枢区间内，第二种是回不到30分钟级别中枢区间内。前者意味着中枢震荡或者生成新的走势类型的第一次级别走势段，后者意味着第三类卖点。一种比较特殊的情况就是c段以横盘的形式出现，对于操作者来说，这种情况是必须迅速离场的，具体原因会在第三类买卖点辨微中讨论。

如果c段的回抽能够回到中枢A的震荡区间，根据顶点与中枢的关系，可以分为两类：顶点在中枢区间内和顶点在中枢区间上。显然后者的力度更强。b段是背驰段，并且c段不能回到中枢区间，这显然是第三类卖点，其后的d段一定是下跌的，即使是横盘也会在c段高点开始，在最后一个次级别走势段的低点结束。一般来说，这种情况的d段都有明确下跌方向，这时的d段和b段就可以比较背驰了。这种盘整背驰转第三类卖点的情况，同样会构成一个买点，那就是d段相对于b段是背驰段，这方面的分析在前文中详细讨论过。

第四种，下跌趋势产生的背驰点。在a+A+b+B+c结构中，c段是b段背驰段的情况，属于标准意义上的第一类买点。根据c段的走势结构分为两种情况：c段包含对中枢B的第三类卖点和c段不包含对中枢B的第三类卖点。对于c段的两种情况，套用第三种a+A+b结构就可以解决，因为趋势中的b+B+c结构其实和第三种情况的a+A+b结构是一样的。

所有下跌产生的买点，都是以上四种结构产生的。这四种结构其实往往都是互相嵌套的，例如，在30分钟级别的a+A+b结构中，a可能就是5分钟级别的下跌趋势，而b可能就是由三段5分钟级别构成的a+b+c组成，其中30分钟中枢A就是第一种情况。

实际操作中，走势往往会有小级别的延伸，例如，在不断发生背驰之后中枢震荡，再不断产生第三类卖点，就可能让前半段还背驰的走势段在延伸后不背驰（所谓“背了又背”往往是因此产生的）。此外，在很多情况中，并不一定有严格意义上的区间套背驰而发生转折，所以在实际操作中往往会把第一类买点买在离低点还有些距离的地方，也就是买早了的情况。因此，我们需要更多条件的叠加。例如，第一类买点发生的走势段，同时又是高级别走势的第二类买点或者第三类买点。这种多条件叠加的方式，在实际操作中是很重要的。

4.2 第二类买点辨微

根据走势必完美，任何级别的任何走势类型都至少要完成三段次级别走势类型，所以有了第二类买点。对于一个下跌趋势来说，标准的第一类买点后必然有与下跌趋势同级别的新走势类型回拉至趋势的最后一个中枢区间内，而这个新的走势类型必然包含至少三段次级别走势类型，所以第二段次级别走势类型的结束位置（第二类买点），后面一定有与第一段、第二段级别相同的第三段走势类型，这第三段走势类型多数是上涨，也可以是横盘，即使横盘也会有高点出现。

可以发现，构成第二类买点的走势类型，其结束点一定是某种结构的第一类买点，只是小了一个级别。例如，一个日线级别的下跌趋势，第一类买点后出现的第二类买点所对应的走势类型是30分钟级别，构造该第二类买点的第二段30分钟级别走势类型的第一类买点（或者类第一类买点）就是30分钟级别的买点。

这样才可以把某级别的第一类买点与高级别的其他买点叠加起来，这在技术上是最优解，而不是在某个固定级别中去寻找买点。这种两层或者更多层买点嵌套的形式，就是前面讨论过多次的区间套买点。前面说的区间套大多数是针对第一类买点，例如，某个第一类买点同时是日线、30分钟、5分钟、1分钟级别走势类型的第一类买点，但这里说的是某级别其他买点构造过程中产生的次级别第一类买点。

设日线级别下跌趋势后出现第一类买点，那么首先要有一个30分钟级别的上涨，当然这个上涨也可能是横盘。在这第一个30分钟级别的上涨结束后，第二段走势类型的可能形态只能是下跌或者横盘，第三段走势类型必然是上涨或者横盘。但根据趋势的结束所推导出来的结论，这个新的走势类型有一个起码的高度，那就是最后一个中枢震荡的低点。

理论上，一般要考虑到所有情况，也就是完全分类，但实际走势中，趋势的第一类买点后，新走势类型的第一次级别走势段一般都是向上的，并且在大多数情况下，第一次级别走势段的高点就在前趋势最后一个中枢的震荡低点以上。

另外，第二类买点和走势是否创新低没有关系，这种第二类买点的低点比第一类买点还要低的情况比较罕见。一般这种新的走势类型都是横盘居多，这种横盘在趋势结束后的三种分类中，对应的往往是最后一个中枢扩展。

同时，第二类买点倒过来，换成上涨趋势后，就是第二类卖点，两者逻辑是一样的，如图 4-4 所示。

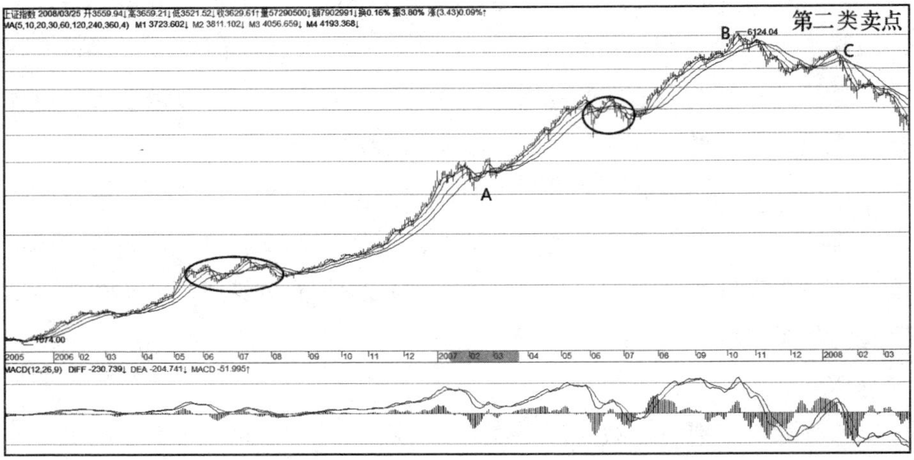

图 4-4　第二类卖点

图 4-4 是 2005—2007 年的大牛市中一个日线级别的上涨趋势，其中 A 位置是第一个中枢的第三类买点，B 位置是该趋势的结束点，而 C 位置就是该趋势的第二类卖点，整个行情自 B 点和 C 点之后又是一个新的下跌趋势。对于卖点来说，趋势后一个不能再创新高的次级别上涨一般都构成第二类卖点。但在理论上，第二类买卖点不是按是否创新高或新低来判断，而是看是否盘整背驰。a+A+b+B+c 结构日线级别下跌趋势后，d 段上来，e 段横盘或者下跌，如果是横盘那一定比下跌的 c 段的力度要小，也就是肯定构成背驰段。e 段如果是下跌，那要比较的就是 c 段的力度，如果构成盘整背驰，那么背驰点就可以看成第二类买点。这样一来，首先在结构上该次级别走势结束后一定先回升出一个高点；其次构成第二类买点的第二次级别走势段还是 c 段的背驰段；最后该第二次级别走势段还有 30 分钟

级别的第一类买点并且在这个第一类买点后必然有新的 30 分钟级别走势类型，也就是第二类买点后的走势段，该走势段必然有至少三段 5 分钟级别走势类型，那么第二段 5 分钟级别走势类型如果构成 30 分钟级别走势类型的第二类买点，则一定是盘整背驰段。

上面一段文字看起来比较绕，但其实是实际操作中最好的介入点。相比第一类买点有时候会遇到小级别延伸的情况，第二类买点有更多的条件来叠加属于右侧交易，确定性更高一些。

显然，除了趋势背驰后的第二类买点外，a+A+b 结构中也可以出现第二类买点，这就属于类似情况的推广运用。如果日线级别 a+A+b 结构下跌，c 段回抽构成第三类卖点，d 段再下跌，构成 b 段的背驰段，那么 d 段的第一类买点就可以作为日线上的第二类买点来看待。推而广之，一个线段下跌中，第一次笔破坏肯定是向上笔，可以记为 n，那么 n+1 笔肯定是向下，并且可以与 n-1 笔比较背驰与否。如果背驰，那么从 n 笔开始，向上延伸出一个线段的可能性就很大了，再配合本级别和高级别的顶底分型，就可以应对大多数转折的情况。

只是在笔的使用中，要注意 K 线走势是否适合在本级别用笔来分析，像图 4-4 就比较适合，但有些走势并不适合，这些在后面涉及具体应用的内容中详细讨论。

一般地，第二类买点多出现在更小力度的下跌或者横盘中，下跌的情况比较好处理，根据本级别的盘整背驰和次级别的第一类买点就可以解决，横盘的情况中有一种特殊的走势值得注意。它往往会出现在弱势的走势延伸中，那就是第一次级别段回升，第二次级别段横盘，第三次级别段继续横盘，这样三段次级别完成后就可以直接下跌了。所以，如果是横盘的情况，就一定要注意横盘持续的时间，横盘总是不突破就要小心了。回升加横盘的走势组合构成的第二类买点，往往是介入的极佳时机，实际走势中所谓主升浪通常出现在大级别的第二类买点之后，例如，上证指数 2019 年 1 月 31 日之后、2005 年 12 月 5 日之后。在走势的辨认中，横盘构造的第二类买点往往容易与第一个中枢 A 混淆，因为中枢其实就是个盘整，并且在大级别走势中，第一个中枢后的主升浪也非常常见，但在理论上是两回事。

在缠论原文中曾举过贵州茅台在周线级别走势的例子。经过2003年9月26日第一类买点后，周线级别的第二类买点出现在第一次下跌的低点(图4-5中因为复权的原因第二类买点在次高点，其实并没有，前复权后那里就是20040604之后的最低点)，而不是在图中的A位置，图中的A位置其实是第一个中枢A的第三次级别走势段低点，而不是第二类买点。通过图4-5应该对这两种情况有一个直观的了解，第二类买点必须是第一次级别下跌的低点，与中枢的结束点不能混淆了，中枢的次级别三段完成后完全可以直接下跌的，也就是a+A的情况。而中枢的结束，就是第三类买卖点出现了。

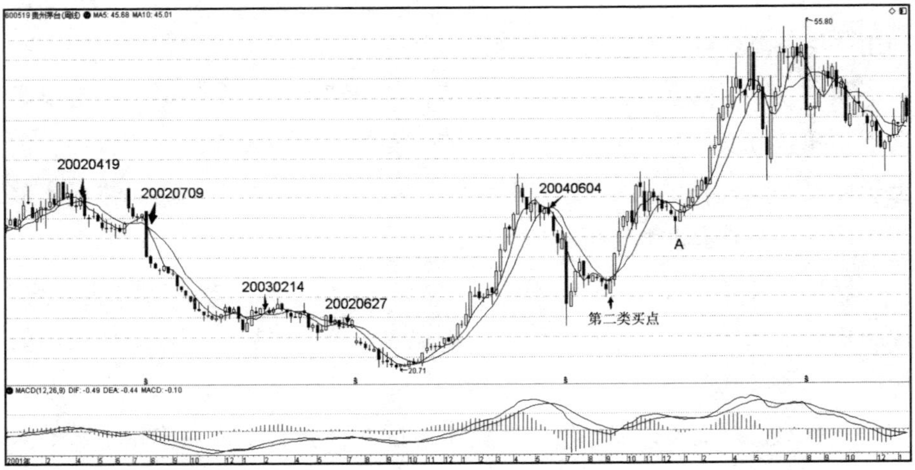

图4-5 第二类买点的混淆

4.3 第三类买点辨微

前文是在线段的基础上去讨论第三类买卖点，一个线段突破中枢，再一个线段不能拉回到中枢区间就是第三类买卖点。但线段是纯几何的，与走势类型有着明显的区别，在实际操作中我们要面对的更多是由走势类型构成的图形，对于走势类型的分析需要区分具体情况。

走势类型只有两种：盘整和趋势。虽然盘整走势类型不一定就是横盘，完全可能有明确的方向，但是从中枢的角度来说只可能有这两种情况，所以一切仍然围绕中枢展开。

设一个日线级别 a+A 结构，其中 A 是日线级别中枢，那么无论该中枢的次级别有多少走势段，这些走势段都必然能够被拆分为 n 段 30 分钟级别走势类型的来回震荡。以第三类买卖点的定义来分析，一个 30 分钟级别走势类型向上或者向下突破中枢区间，然后再一个新的 30 分钟级别走势类型不能回到中枢区间，则第三类买卖点成立，那么在离开段和返回段究竟发生了什么，内部结构有哪些变化，就是理论上必须探寻的事情。

无论如何，离开段和返回段都是完整的走势类型，且必然满足以下两个条件。

（1）30 分钟级别离开段和返回段必须是完成的走势，这是第三类买卖点的前提。

（2）离开段如果不能确认结束，返回段就无法确认开始，这是必然的。

那么，所有的条件都必须从 30 分钟级别的离开段开始讨论。

设该日线级别 a+A 结构是向上的，当 30 分钟级别走势类型 b 段向上离开日线中枢 A 的过程中，b 段至少完成三段 5 分钟级别走势类型，即 b_1、b_2、b_3 三段，这是走势必完美原理保证的。

这时有两种情况。第一种情况，从 b_3 开始新的 30 分钟级别走势类型，因为 b_3 是向上的走势段，所以 b_4 一定是下跌或者横盘，并且一定跌破 b_2 的高点，否则说明这段上涨仍然在延续，与假设矛盾。而只要 b_4 跌破 b_2 的高点，则 b_2、b_3、b_4 三段 5 分钟级别走势类型必然有重叠区间，该重叠区间在 b_4 的当下就是 30 分钟级别中枢。所以，无论离开段如何演化，该离开段的中枢必然会被重叠出来。即使从 b_4 开始一直向下发展，最终发展为新的 30 分钟走势类型，在 b_4 的当下，后面的走势还没有出现的时候，b_2、b_3、b_4 构成的中枢仍然是成立的。如果 b_4 能够回到日线中枢 A，并发展出新的三段走势，则中枢 A 显然被扩张了；如果回不到中枢 A，则 b_4 构成离开段的 30 分钟走势类型第一个中枢的第三次级别走势段，就是第二种情况。

第二种情况，b_4 回抽与 b_2、b_3 构成一个独立的 30 分钟中枢然后继续向上。与第一种情况中的 30 分钟中枢相比，第二种情况中的中枢构成离开段的一部分，而第一种情况中的中枢是 b_1、b_2、b_3 构成的 30 分钟走势类型的后两段与新的 30 分钟级别走势类型的第一次级别段组成的。

所以，离开段的 30 分钟中枢是必然出现的，也就是说，无论离开段如何演化，一个 a+A 结构都首先出现。

前文在对走势类型的讨论中，对盘整和趋势的结束有明确的定义，对于 a+A 结构来说，其结束的明确标志就是第三类买卖点。如果出现了第三类卖点，那么该离开段已经结束，后面是新的走势类型，这个新的 30 分钟级别走势类型仍然分为盘整和趋势两种情况，那就要到返回段里面去具体分析。而出现第三类买点时，后面三种分类是很清楚的，即新的走势类型、原中枢扩展、延伸出上涨趋势。

出现新的走势类型，意味着离开段为 30 分钟级别 a+A+b 结构，其中 b 段不包含对 A 的第三类买点，而后续的走势类型跌破 30 分钟 A 中枢。例如，30 分钟级别的 a+A+b 结构中，b 就是个 5 分钟级别走势类型，只是 30 分钟中枢 A 的离开段，然后 c_1、c_2、c_3 构成新的走势类型，其中 c_2 是中枢 A 的第三类买点，而 c_3 跌破中枢 A 区间。这时，由 c_1、c_2、c_3 组成的新的走势类型，就构成原日线中枢的第三类买点，如图 4-6 所示。

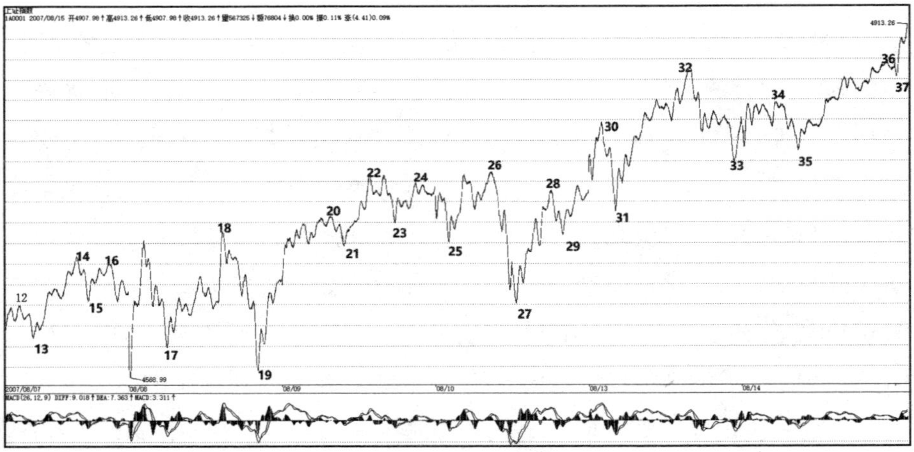

图 4-6　新走势类型构成第三类买点

图 4-6 是缠论原文解盘中用过的实际图例，图中 16-19、19-22、

22-27构成5分钟级别中枢，27-32构成该中枢的a+A+b结构的次级别离开段，其中b段不包含对1分钟中枢28-31的第三类买点。后面的32-35是新的走势类型，其中33是28-31中枢的第三类买点，35位置是该新走势类型的盘整背驰点并且在16-27中枢之上，与图3-6中的左图是一回事。

如果30分钟级别离开段a+A+b结构中的b段包含对中枢A的第三类买点，然后再三段返回，类似图3-6中右图的结构，那么就不能认为返回段的结束点是第三类买点，因为这时已经发生了中枢的扩展，被扩展后的中枢级别为日线级别，和原来的日线中枢是同一个级别，当然不能认为是第三类买点。

上面两种情况中，前者是明确的第三类买点，后者就是原文中所说第三类买点不能是“盘整+盘整”的情况。其实，两种情况都是由“盘整+盘整”构成，只是理论中的盘整要结束就必须有第三类买点确认，在理论中完整的“盘整+盘整”结构必然导致中枢的扩展，但前者的情况是不存在扩展的，这需要仔细观察走势内部结构。

在图4-6中，观察16-27中枢的第三类买点、28-31中枢的第三类买点是不需要这样详细去分析的，只要能划分出次级别走势段，并且33位置在28-31中枢之上就可以了。如果本来要观察的就是28-31中枢第三类买点，那么必须观察其内部结构。

a+A+b结构的离开段还有一种情况，就是b段产生对中枢A的第三类买点后，以非背驰的力度继续向上，而将离开段延伸为上涨趋势。这种情况下该离开段根本还没有结束，当然就谈不上返回段的分析。

在离开段是趋势的情况中，根据趋势结束的定义，必须有与趋势同级别的走势类型回拉至该趋势的最后一个中枢区间。对于原日线级别中枢而言，一个a+A+b+B+c结构的上涨趋势离开段，要构成日线中枢第三类买点的返回段，跌破中枢B的最高点是充要条件。这种结构中有两种情况，第一种是c段不包含对中枢B的第三类买点，第二种就是c段包含对中枢B的第三类买点。对于中枢视角来说，第一种情况其实就是中枢B的震荡延续，而第二种情况就是中枢B的扩展。以这样的结论来分析，这两种情况都不是原日线级别中枢的第三类买点，因为前者趋势还没结束，后者已经产生日线级别中枢，这就是前面内容重点讨论走势形态与走势类型的原因。

在图 4-7 中，2-5 是 30 分钟级别中枢，5-6 是离开段，并且呈上涨趋势，6-7 段回抽至该趋势的最后一个中枢区间，构成第三类买点，所以有了第二天的跳空上涨至涨停，开盘高点后的次高点就是第二类卖点了。该第三类买点的离开段和返回段内部结构如图 4-8 所示。

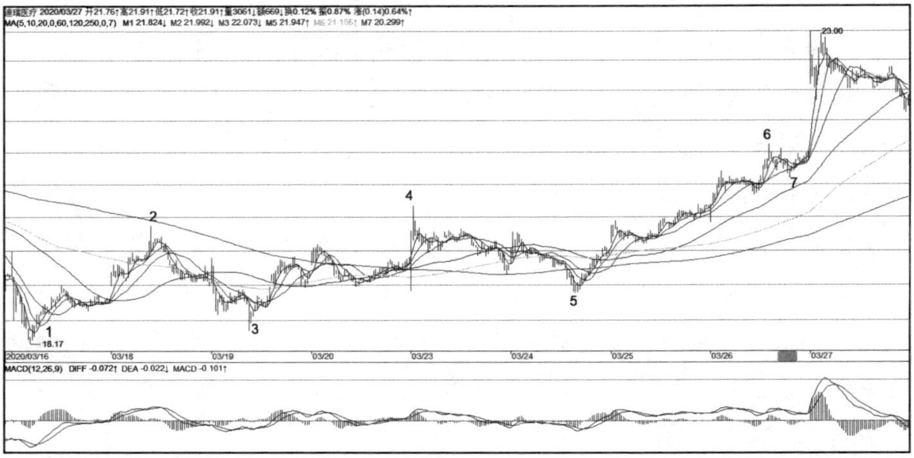

图 4-7　第三类买点示意

图 4-8　第三类买点离开段和返回段内部结构

a+A+b 结构出现扩展的情况与 a+A+b+B+c 结构出现扩展的情况，从扩展的角度来讲是一回事，无论扩展与否，这两种情况都是两个走势段的连接，虽然经过扩展处理后中枢级别上升，但是不妨碍这两个走势段的划分。

对于趋势离开后的第一种情况，即 c 段不包含中枢 B 第三类买点，三段次级别走势类型 d_1、d_2、d_3 出现后，中枢 B 与 d_1、d_2、d_3 构成六段走势类型的重叠，显然再有三个次级别走势段，该中枢就要升级了，这时的 d_3 结束位置就是第三类买点，这就是原文中所说的第三类买点往往以趋势第二个中枢出现为标志的情况。原文是这样描述的："趋势+盘整中的趋势中的价值中枢，与盘整中的价值中枢的级别是不同的，后者更高。"

c 段包含中枢 B 第三类买点的情况，一般是指趋势背驰后的最后一个中枢扩展。在趋势后的三种分类中，扩展的情况其实是被划分为三段走势类型的，在分析趋势构成的离开段中，这种扩展的视角一样。而 a+A+b 结构的离开，与趋势离开的分析之所以不同，其原因就在于离开段和返回段的走势能量不同，显然趋势离开段的离开意愿与能量更大。

其实，在实际分析中，只要能划分出两段次级别走势类型，对于判断第三类买点就完全足够了，本节的内容只是在纯理论推演的基础上去分析几种分类的可能。此外，可以推导出一个结论：第三类买点就是中枢后新走势类型的第二类买点。这个结论很多人不容易接受，其实逻辑上很简单。日线级别中枢其实就是日线级别盘整走势类型，而该日线级别走势类型的结束就是第三类买卖点，根据走势必完美原理可知，一个走势类型结束后一定会转化为同级别的其他走势，对于中枢也就是横盘走势来说，结束后只能是新的同级别上涨或者同级别下跌走势，而这个新的日线级别走势类型必然包含三段次级别走势，所谓第三类买卖点其实就是新的日线级别走势类型的第二次级别段的结束点，也就是该新的走势类型的第二类买卖点。

本章内容稍微复杂了一些，所以对第三类买点总结如下。

（1）中枢的次级别离开段必然是完整的走势类型；

（2）走势类型分为盘整和趋势两种；

（3）离开段不结束，则无从谈起返回段；

（4）盘整的结束标志是第三类买卖点，趋势的结束标志是中枢级别走势类型回拉至最后一个中枢震荡区间；

（5）离开段无论最终发展为什么结构，都必然首先出现 a+A 结构；

（6）中枢的第三类买点，就是与中枢同级别走势类型的第二类买点。

4.4 小转大、均线、MACD

本节内容主要有两部分：第一部分，小转大的理论探讨；第二部分，在三类买卖点清晰了之后，就走势和均线、MACD 的关系讨论一些普遍情况。

4.4.1 小转大

日线级别上涨趋势只要包含两个互不重叠的日线级别中枢就可以构成，a 段、b 段、c 段可以是 30 分钟级别或者 30 分钟以下任何一个级别的走势类型，极端的情况就是最低级别的缺口，那样的话这个趋势就是两个孤零零的中枢。这种极端情况的趋势仍然会结束，那么在这种没有次级别背驰的情况下，走势的转折是如何发生的，就是小转大要研究的问题。

假设一个实盘中经常会遇到的情况，设 a+A+b 结构，b 段与 a 段相比不背驰，这种情况在日线上经常遇到。b 段内部结构底背驰后，第一段回升一般是比较缓慢的，然后就是和 A 同级别的中枢，接着就是所谓的主升浪。这样的情况太多了，而且通常会出现从主升浪顶点开始直接下跌，以日线级别的下跌走势回跌到日线中枢区间，这种情况就是小转大造成的。

在图 4-9 中，1-2 就是 a 段，2-3 是中枢 A，3-4 是 b 段，b 段的力度明显比 a 段大，b 段还是个上涨趋势，从 4 位置开始就出现了与 1-4 同级别的下跌。小转大就是这种 b 段不是背驰段，但从 b 段内部结构的顶背驰开始延伸出同级别相反走势类型的情况。

首先要说明的是，理论上没有严谨的证明过程来提示必然小转大的信

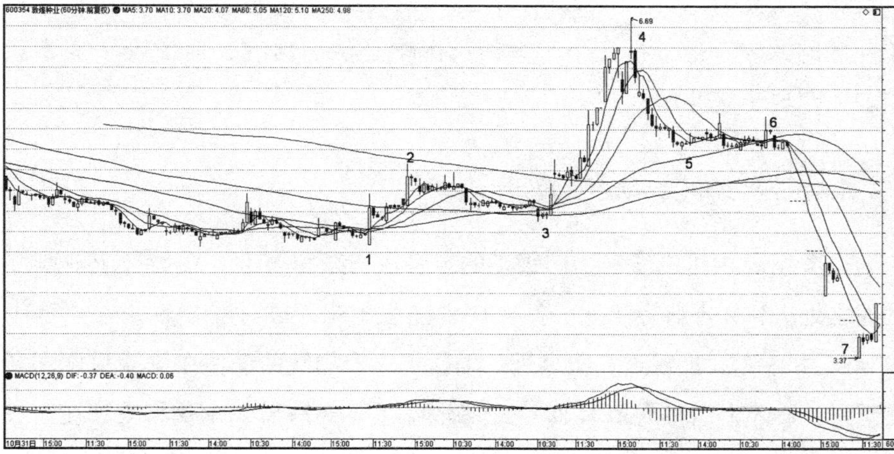

图 4-9　小转大示例

号，这是和前面的三个买点不同的。对于图 4-9 的小转大，b 段无论是什么级别的走势类型，都可以划分出中枢，哪怕 b 段是跳空上涨一字板，然后跳空下跌一字板，那跳空上涨一字板的地方就是最低级别中枢。显然，如果要实现更大级别的下跌，那么这个中枢必然要被跌破，而且走势要继续向下延伸并扩展级别，必然有这个中枢的第三类卖点，或者转折向下的第一个中枢出现第三类卖点，并且在这两个第三类卖点后出现非背驰力度的下跌。

如果图 4-9 中的 b 段是 15 分钟级别上涨趋势，那么从 b 段顶点开始，要出现小转大走出 60 分钟级别走势类型，就必须首先出现 15 分钟级别走势类型，这是走势必完美保证的。而第一段 15 分钟级别走势类型，必然至少包含 c_1、c_2、c_3 三段 5 分钟级别走势类型，其中 c_1 和 c_2 与 b 段最后一个 15 分钟级别中枢的关系只有两种：c_2 回抽不到 15 分钟中枢区间内、c_2 回抽到 15 分钟中枢区间内。但 c_3 一定是下跌的，也就是说 c_1、c_2、c_3 一定构成新的 15 分钟级别中枢。对于 c_2 回抽不到 15 分钟中枢区间内的情况，也就是 b 段产生最后一个中枢的第三类卖点，要想实现小转大就必须在该第三类卖点后以更大力度下跌，然后慢慢扩展出来 60 分钟级别中枢。对于 c_2 能回抽到中枢区间内的情况，根据 a+b+c 和 a+A+b 结构各自的演化过程，一个 15 分钟中枢的第三类卖点是必须出现的，卖点后以更大力度下跌，然后慢慢扩展出60分钟级别中枢。需要注意的是，上述分析在小转大的情况中必然会出现，但出现了并不意味着一定要出现小转大。

4.4.2 均线、MACD

在图4-9中可以发现，同级别的走势在均线和MACD的特征上有很多共通之处。1-2走势段上来，MACD也随之上来，红柱子出现。在走势中段MA5和MA10出现过一次靠近的动作，这个均线的动作在3-4里面同样出现过。2-3中枢将MACD回拉到零轴附近，并跌破MA60均线。在4-7走势中的5-6中枢有着同样的特征，MACD回拉零轴，围绕MA60震荡。但这种方法只适用于对走势的大致判断，如果从小级别递归到大级别次数多了，这样的方法配合K线的走势，很容易在大级别就判断出内部结构大概是什么样子，这段走势是什么级别。

在图4-10中，1-4走势段里，2位置和3位置都发生过MA5向MA10靠近的动作，这两个地方就可以作为该走势段的中枢来看。从图中还可以看到，2位置的K线碰到了MA20，而3位置就差了一点，但2位置的中枢是下跌的，3位置的中枢是横盘，所以即使前者碰到MA20而后者没有，它们也仍然是同级别中枢。以这样的视角来看，1-4走势段就是次级别的上涨趋势，其中4位置出现明显的顶背驰，更何况4后面的几根K线出现了一个次高点，也就是第二类卖点。

在图4-10中，4-6走势段与1-4走势段也是同级别的，虽然5位置看起来K线数量比较多，但是仔细观察构成中枢的几根K线可以发现，后面的几根K线属于b段的一部分，所以这里K线的重叠情况要分开，5-6显然不是背驰段，所以6位置是小转大转折上来的。6-8用这种方法就很好判断了，这段走势还是1-4的盘整背驰段，一个区间套顶背驰出现在8位置。而8-13走势段中，10和11出现MA5和MA10接近的动作，由于导致均线变化的反弹K线和中间下跌K线三者之间有重叠，所以虽然均线的特征和前面的2、3、5、7一样，甚至K线还没接触到MA20均线，但这里却有了一个更大级别的走势中枢，那么12位置就是第三类卖点，13位置就

图 4-10 走势和均线、MACD 的关系展示

是第三类卖点后的背驰式下跌，构成一个第二类买点。

一般在一个趋势中，如果两个中枢都是横向发展为盘整的，那么这两个同级别中枢所对应的均线都是同一根。前提是中枢级别一致，如果第一个是三段次级别，第二个是七段次级别，那就不一定了。而向上或者向下奔走型的中枢和盘整型的中枢，即使级别一样，也不一定会对同一根均线有同样的反应，这是由中枢的形态造成的，和均线、MACD 并没有多大关系。所以，用均线的靠近、MACD 的回抽零轴来判断中枢，只是一种较为方便的辅助性方法，真正要观察的、起作用的还是 K 线图本身。

4.5 中阴走势

所谓中阴，就是走势在满足了走势必完美之后，还没有选择方向的阶段。一个完成的走势类型，其基本结构是三段次级别走势类型，而当这三段次级别走势类型都完成了之后，会有多种演化的可能。

根据走势必完美，任何级别的任何走势类型都至少要完成三段次级别走势，在这三段走势完成后，在向 a+A 盘整走势类型结构以及趋势走势类型结构演化的过程中，自然就会有在当下看来既可能仍然在一个走势内，也可能在这个走势已经结束的阶段，这个阶段就是中阴阶段。

例如，日线下跌趋势结束后，三段 30 分钟级别走势类型上来，记为 a、b、c 三段，c 段创了新高，随后 d 段回抽与 b 段有重叠，但 d 段的力度比 b 段要大，并且跌破 b 段的低点，这时候就是典型的中阴阶段。在 d 段走势延续的当下，该 d 段既可能是 a、b、c 三段后仍然在该日线级别走势类型中的次级别走势段，也可能是新的日线级别走势类型的第一次级别走势段。

中阴的走势一般都对应着横盘，也就是中枢震荡。在第二类买点的讨论中，笔者提到过一种“上涨+横盘+横盘”的类似第二类买点的结构，该结构中的“横盘+横盘”状态，就是中阴阶段，后续的走势向上、向下、继续横盘都有可能。

缠论原文中给出了两个解决方法。第一个解决方法是用 BOLL 指标来看中阴大致结束的时间，也就是中阴对应的 BOLL 通道收敛的阶段，方向的选择就很快了。第二个解决方法是干脆把中阴当成盘整，利用次级别乃至次次级别的中枢震荡的方法去解决。对于后者，需要有一定的操作级别，例如，中阴如果出现在 5 分钟级别，那可能这个中枢震荡的区间会很狭窄，次级别的走势震荡也就没有太大意义；但如果是日线的中枢震荡，次级别乃至更小级别的操作意义就有了。

在图 4-11 中，98-8 是 1 分钟下跌趋势，随后 8-11 完成最低线段的次级别走势要求，并从 9 位置开始中枢震荡到 14 位置，这 11-14 的部分就属于中阴阶段。因为理论的最低要求走势都已经走完，但从 8 位置开始的 1 分钟级别走势类型明显还不可能确认结束。在 14 位置，就存在向上突破、向下突破、继续中枢震荡这三种可能。而在更高级别的走势图中，BOLL 通道指标的表现，就是通道变窄一段时间后开始收口，见图 4-12 中的 A 位置所对应的走势位置。

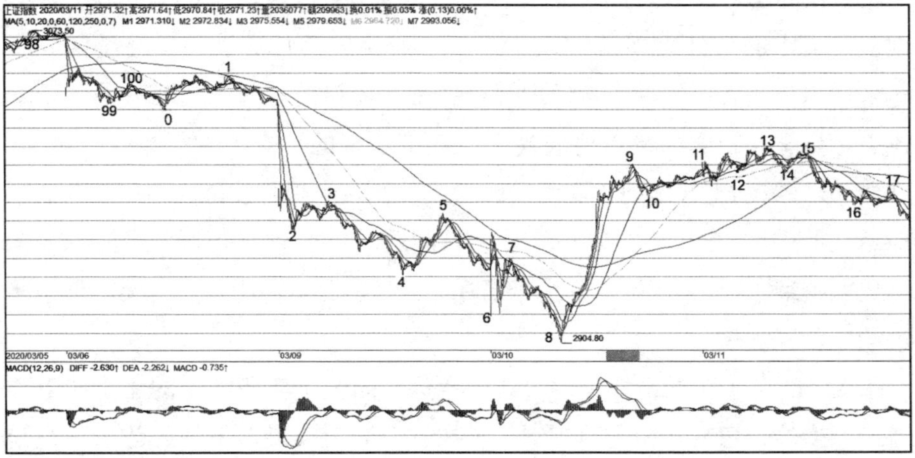

图 4-11　中阴走势示例

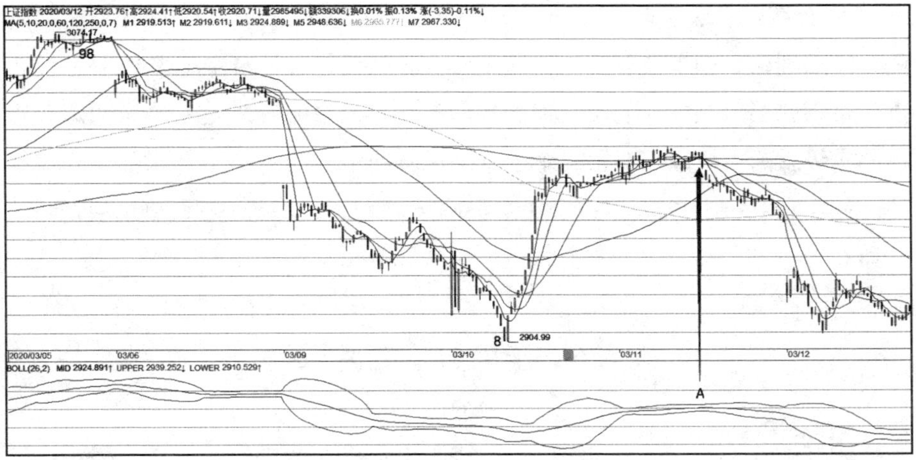

图 4-12　用 BOLL 指标判断中阴走势

在具体操作中，中阴走势特别是小级别的中阴走势是最难处理的一部分，小转大可以用其他辅助条件来帮助决策。如果仅从技术上下手，由于中阴存在于每一个转折的开始阶段，那么更难准确地把握。

所以，任何操作都不能仅从技术面入手，必须有其他条件的配套搭建体系，这就是前文所说的三个以上的独立系统。此外，单独一个级别层面上的技术，很多时候存在各种不确定，因为并不是所有走势都能符合理论上的标准走势和标准区间套。当下的完全分类可以解决大部分问题，但有时候分类中的条件出现的时候，往往已经偏离最佳的进场、出场区间很远。所以，真正有用的、能够发挥理论最大能量的是对固定品种的各个级别分配资金与筹码的量，根据各个级别上出现的买卖点进行操作。例如，在30分钟级别走势出现中阴阶段的时候，在该中阴阶段进行中枢震荡的同时，5分钟级别的资金与筹码就对应操作了，30分钟级别所对应的资金和筹码就继续等30分钟级别的信号出现，这样就无所谓中阴，也无所谓小转大的问题了。

对于走势的中阴阶段来说，这段走势是向上走势段产生的还是向下走势段产生的，意义是相同的。例如，在一个向上或者向下的趋势中，该趋势第二个中枢处于中枢震荡阶段，按趋势的定义，两个互不重叠的同级别顺向中枢都已经完成，但第二个中枢还在震荡，这也属于中阴的一种情况。对于趋势来说，在常规的a+A+b+B+c结构中，c段并不是必然出现的，按照理论，如果要有c段，那么c段必然要包含针对中枢B的第三类买点，否则如果只是中枢的次级别走势创新高，也只能看成是一个试图离开中枢的次级震荡。所以，对第二个中枢来说，向上、向下乃至扩张都是有可能的。在实际走势中，也往往能够见到在趋势第二个中枢后就反转的情况。

4.6 走势分析的两翼

所有建立在缠论上的走势分析，都离不开一个中心点：走势必完美。根据走势必完美的推论，首先任何级别的走势必然包含至少一个该级别中枢，其次任何级别的任何走势类型都必然最终完成，最后任何周期的走势图都可以分解为n段同级别走势类型的连接。

那么在打开一幅走势图后，首先要做的是两件事。第一，辨识各个主要高低点之间的中枢；第二，根据各个主要高低点拆分走势类型。前者对应围绕中枢的分析，后者对应围绕走势类型的分析。对图形的所有分析，都从这两方面来，这需要对图形具备一定的敏感度，一幅走势图打开马上就知道用哪种方式来分析更便捷，或者两种方式都适合。

在 2020 年 3 月的上证指数上，就有一幅两种方式都适合的走势图，两种方法都不影响当下的分析，如图 4-13 所示。

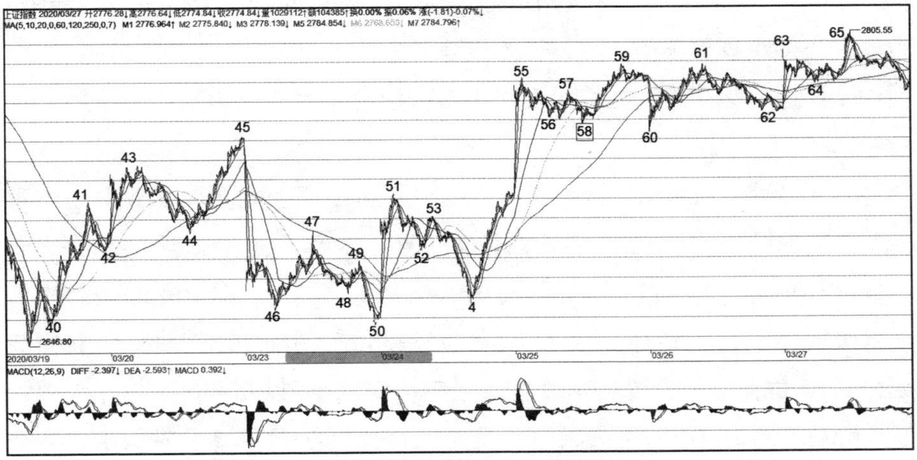

图 4-13 走势图分析示例

在实际分析中，一般将某个已经存在的高低点假设为前面走势的结束点，也就是说之前的走势就不管了，这取决于分析的级别。

在图 4-13 中，设前面是一个已经完结的下跌走势，按走势类型分解，40-45 是第一段 5 分钟级别走势类型，45-50 是第二段、50-59 是第三段、59-62 是第四段、62-65 是第五段。其中，40 位置前面一定有 5 分钟级别走势类型，这个前面的 5 分钟级别走势类型与 40-45、45-50 三段构成 30 分钟级别走势中枢。在中枢视角下，50-59 显然是上涨趋势，那么 62 位置就是第三类买点（这个第三类买点就是缠论原文中所说“趋势第二个中枢构成第三类买点时，第二个中枢的价值中枢比第一个中枢大的情况”），62-65 就是第三类买点后的上涨段，该段与离开段 54-59 构成盘整背驰，所以 65 是一个区间套顶背驰点。这种情况一般都会拉回到中枢的震荡区间，也就是 55 位置。

同时，40-54 明显是个中枢震荡区间，所以其中的走势可以进行如下组合：40-43、43-46、46-51、51-54，这样 40-54 就是 30 分钟级别中枢。在该视角下，55-58、58-61、61-64 就是第二个 30 分钟级别中枢，那么整段走势就是 30 分钟级别上涨趋势，其中两个中枢之间的连接段并不是 5

分钟次级别，而是1分钟级别，54之后的走势可以看成是试图向上离开中枢的次级别段的一部分。在该视角下，对于1分钟级别来说，62-63、63-64、64-65三段1分钟级别走势类型的重叠区间是不能被有效跌破的，也就是不能出现第三类卖点，否则该趋势有结束的可能。特别是在65位置后面下跌走势力度更大的情况下，小转大极易发生，因为这已经是第二个中枢了。

从5分钟级别来说，58位置的30分钟中枢区间底部不能出现第三类卖点，否则趋势马上宣告结束，后面是新的30分钟级别走势类型。把40-54作为30分钟中枢，54位置之后拆分5分钟级别走势类型，作为该30分钟中枢的次级别离开段，一直拆分到65位置（55-58是5分钟级别中枢，并且震荡延伸到62位置，64位置是该中枢的第三类买点，所以62-65可以作为包含了5分钟级别中枢第三类买点的b段），那么后面只要有5分钟级别走势类型不跌破51位置就可以构成30分钟级别第三类买点，但这种**离开段的中枢延伸复杂的第三类买点，后面走势出现扩展的可能性大增**。

对于走势类型的分析，由于图4-13中已经被拆分为5段同级别走势类型，所以当下走势段与前面一个同方向走势段比较背驰就行了。由于47是41-44中枢的第三类卖点（实际上重叠了一丝的空间，这种情况一般都可以作为第三类买卖点来处理），52位置是46-49中枢的第三类买点，所以40-45、45-50、50-59都是明确完成的走势类型。而55-58中枢没有第三类买点，那么就可以把后面的走势进行同级别拆分，将59-62作为新的5分钟级别走势类型处理，而不是作为55位置开始的中枢震荡处理，62-65也是一样。

51-54和45-50比较背驰，盘整背驰出现，买入；然后54-59与40-45比较背驰，没有盘整背驰，继续等；62-65和50-59比较背驰，盘整背驰出现，卖出。这种一段一段比较的方式，就是按走势类型来分析。

根据走势必完美，任何级别的走势类型首先要完成前三个次级别走势段，这时就可以按照走势类型的方式进行分析，并且可以一直持续到中枢出现之前。第一个独立的中枢出现后，如果该中枢还没有被突破，那么中枢内的次级别走势类型仍然可以按照走势类型来分析，但次级别走势段的内部结构就可以围绕中枢来分析了。当独立中枢出现，并且明显出现了b

段后，就可以围绕中枢来分析了，而对 b 段内部结构的观察可以继续在更小的级别进行同样的分析。当然这样分析的基础，是能够把走势图划分为 n 段同级别走势类型，像图 4-13 中把 50-59 和 59-62 划分为两段走势类型一样，这种分解方法就是同级别分解。

4.7 同级别分解

从前一节内容可以发现，一段走势图在不同的视角下可以有不同的组合，出现不同的结构，这就是走势的多义性。但多义性并不意味着随意性，在一个明确的下跌趋势中就不适合把其中的中枢再进行拆分。例如，图 3-13 中，8-9 虽然理论上确实是 4-7 中枢的次级别走势段，但把 4-7 中枢纳入 8-13里面，把 4-13 作为一个上涨趋势就不合适了。但像图 4-13 中的 59-62 走势段就可以被拆分出来，作为与 50-59 同级别走势段来处理。

走势在不同的组合中，会对当下提示不同的意义，这些意义从理论上来说都是有效的，只是无论如何组合，都仍然会在理论的框架内。总的来说，对当下走势如何拆分与组合，决定着结构的清晰程度和对后面分类范围的缩小程度，一个好的分解能够让当下的分析更加高效。

由于走势必完美所决定的任何级别任何走势图都可以被拆分为 n 段同级别走势类型的连接，所以对于走势的处理可以完全按照同级别分解来进行。在同级别分解过程中，有些大小级别走势的处理也是按照同级别的原则进行拆分的。例如，在日线趋势中进行 30 分钟级别走势类型的同级别分解，连接两个中枢的 b 段只是 1 分钟级别走势类型，但在对走势进行组合的时候，总能把这个 1 分钟级别走势类型和前后的走势段组合为 30 分钟级别走势类型的一部分，这也是走势的多义性在同级别分解中的应用。

图 4-14 至图 4-18 是一整段走势，数字之间都是 1 分钟级别走势类型。图 4-19 就是整段走势在 5 分钟 K 线图上的体现，其中一些重要的高低点都在对应的位置标记出来，以便对照。该段走势是上证指数 2020 年 3 月 6 日至 31 日收盘后的走势。

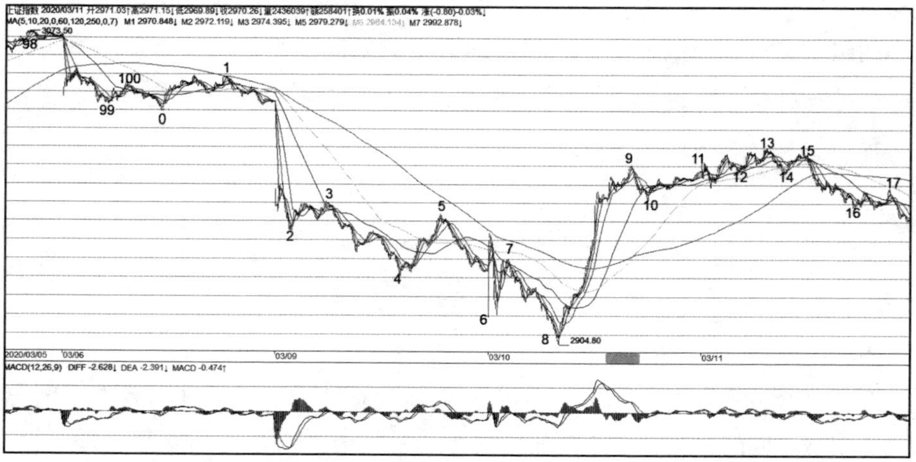

图 4-14 上证指数 1 分钟 K 线走势（1）（2020 年 3 月 6 日至 31 日）

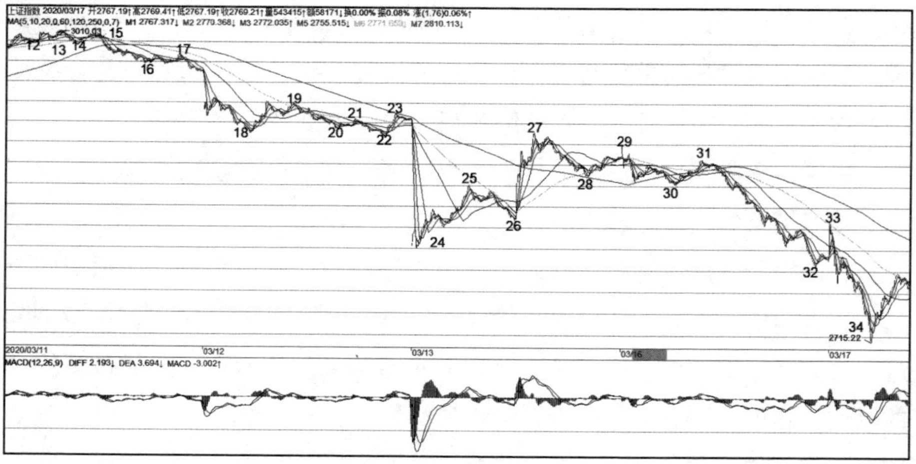

图 4-15 上证指数 1 分钟 K 线走势（2）（2020 年 3 月 6 日至 31 日）

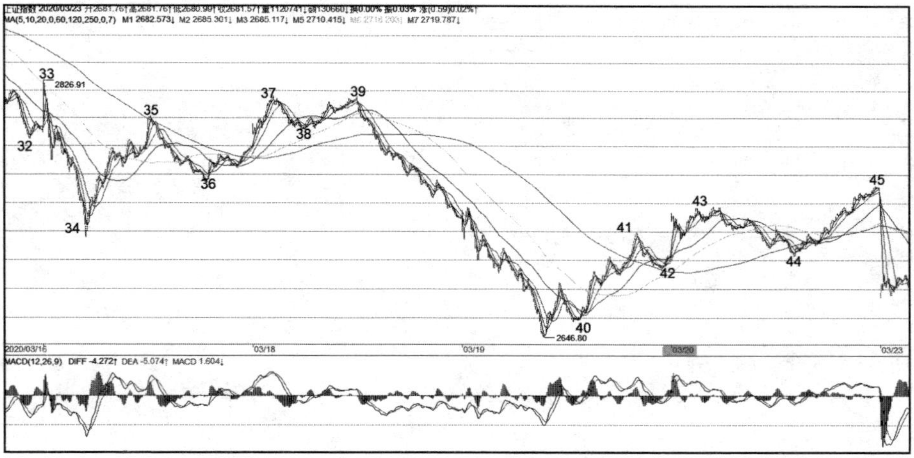

图 4-16 上证指数 1 分钟 K 线走势（3）（2020 年 3 月 6 日至 31 日）

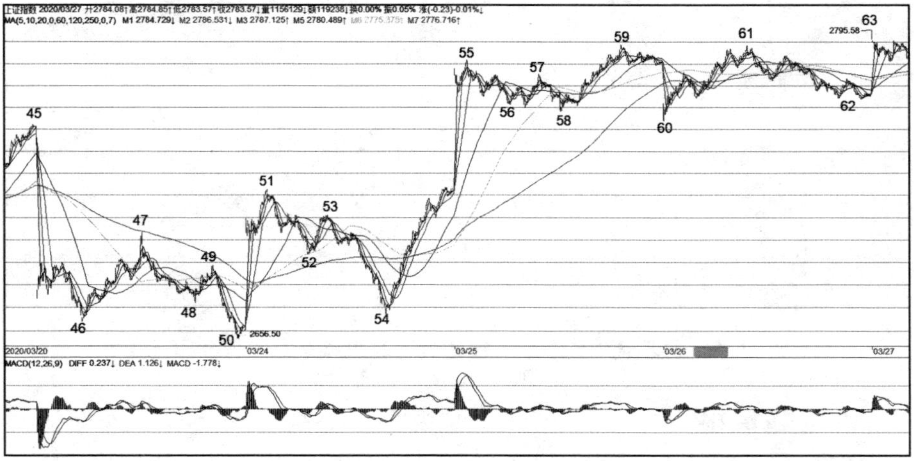

图 4-17 上证指数 1 分钟 K 线走势（4）（2020 年 3 月 6 日至 31 日）

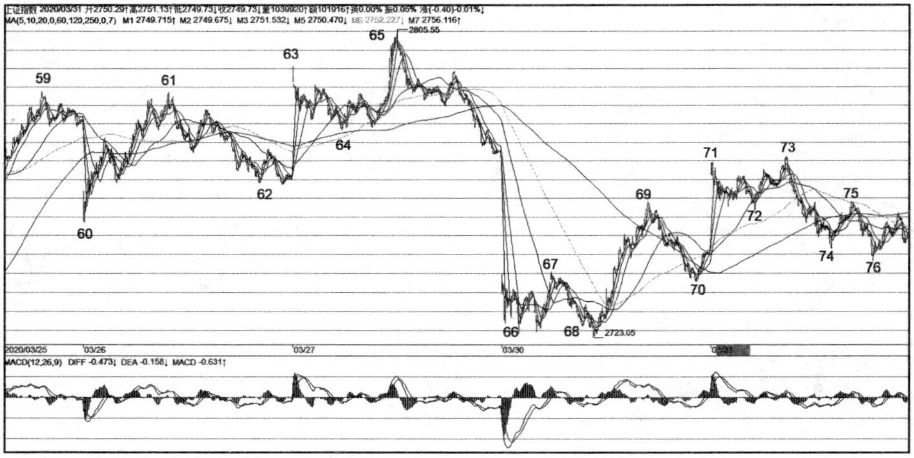

图 4-18　上证指数 1 分钟 K 线走势（5）（2020 年 3 月 6 日至 31 日）

图 4-19　上证指数 5 分钟 K 线走势（2020 年 3 月 6 日至 31 日）

在图 4-14 中，98-8 是一个 5 分钟级别下跌趋势，其中 2-5 和 5-8 都可以拆分为 5 分钟级别走势，在这个明确的 5 分钟级别下跌趋势中，这两段是不需要拆分的。8-13 是 5 分钟级别上涨盘整走势类型，后面的13-14、14-15 仍然在 9-12 的中枢震荡中，最好拆分开，因为 8-13 就已经是一个明确的 a+A+b 结构的走势，其中 b 段没有第三类买点，而 15 位置比 13 位置要低，13 位置也是明确的顶背驰点，并且 13 位置后是明确的下跌走势，所以 14 位置、15 位置都被组合到后面的走势类型中。

和98-8一样，18-23不适宜单独拆分。但如果16位置低于19位置，而25位置高于22位置的话，就可以把13-26拆分为三段5分钟走势类型了。24-27包含对18-23中枢的第三类卖点，所以13-24盘整走势类型的结束是明确的。27位置高于22位置，所以这是一个新的走势类型。

在同级别分解中，由于走势被拆分为同级别的走势段，因此可以依次比较背驰。把13-24和98-8进行比较，后面这段5分钟级别下跌是不背驰的，所以在同级别分解的视角下，24-27这个5分钟级别上涨就不用关心，只有在后面出现一个5分钟级别背驰段的时候，才考虑介入。

27-40其实是一个5分钟级别下跌趋势，28-31中枢和34-37中枢没有重叠，完全符合趋势的定义，但这里就最好拆分成两个走势类型，第一个是27-34，第二个是34-37（或者34-39）。同时，27-34和13-24比较背驰，盘整背驰成立，34位置还是内部结构中1分钟级别盘整背驰点。

以上部分，8-27有重叠区间，所以8-13、13-24、24-27是30分钟级别中枢，在进行同级别分解的过程中是不管高级别中枢的，只论相邻两段同向同级别走势段盘整背驰与否。

34-39相对于24-27是盘整背驰段，内部还有区间套顶背驰，所以离开继续等背驰段。在后面的走势中，由于39-40只是1分钟级别走势类型，因此该5分钟级别走势类型从37算起，到40位置结束，也就是最低点后面那个第二类买点处，如图4-16所示。

37-40不是盘整背驰段，所以40-45与执行5分钟同级别分解的操作无关。后面45-50是37-40的盘整背驰段，内部还有区间套底背驰，所以买入。后面的51-53这里出现不创新高的盘整背驰，但对比5分钟K线图就可以发现，与40-45、34-39、24-27、8-13相比，这里的级别明显不够。其实，同样的情况也发生在40-45走势段中，43位置虽然是盘整背驰点，但在5分钟K线图上，MA5和MA10都还没有交叉过，所以可以判断走势还没有完成，43-44和44-45出来之后，才在图形上跟上前面同向走势的级别。

50位置开始的趋势延伸到59位置，然后59-62、62-65分别是后两段同级别走势，并且出现盘整顶背驰。后面65-68不是背驰段，所以在5分钟级别的视角下，68-73就不在考虑范围内，这完全是65-68这个5分钟级别走势的内部结构出现背驰引发的。但73位置之后再出现65-68的盘整背驰段，就又可以介入了。

在更大级别的同级别分解视角下，如30分钟级别，同样的图形就可能有不同的处理。例如，59-62就可以作为50-65这个5分钟级别趋势的一部分，因为64位置明确是55-62中枢的第三类买点，如图4-20所示。这就涉及同级别分解中，高低级别走势的不同处理问题。在上文的5分钟级别分解中，是不允许出现中枢延伸和中枢扩展的，延伸的情况就像59-62作为单独的走势类型拆分处理，扩展的情况就拆分为三段走势类型。但在次级别的处理上，是可以允许延伸和扩展的，例如，在30分钟级别的分解中，50-65就可以作为5分钟级别趋势来处理。这样的好处在于：对30分钟级别走势类型的分解，在更高周期的K线图中更加清晰。

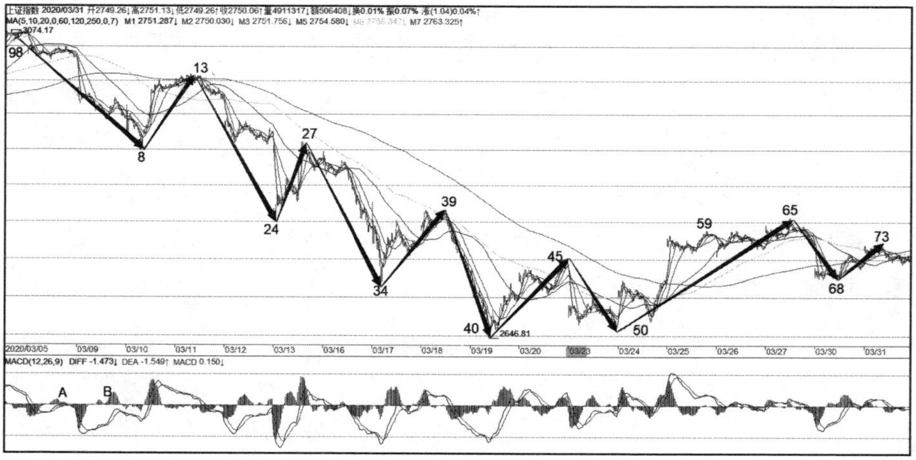

图4-20　上证指数30分钟K线走势（2020年3月6日至31日）

在图4-20的30分钟同级别分解视角中，8-27是中枢A，39是第三类卖点。40可以作为98-40走势段的结束点，后面40-45作为新30分钟级别走势类型的a段，45-68作为30分钟级别中枢A，这样68-73显然是中枢震荡的一部分，也可能是一个不能创新高的b段。这里也是前文讨论的中阴阶段。

对于前者，45 位置和 68 位置就很重要。如果走势要继续向上，则 45 位置是必须站稳的，这就是 54–55 中跳空突破 45 位置后的走势高低点一直围绕 45 位置这一线展开的原因。而后者则意味着 73 位置开始要走出新的 30 分钟级别下跌或者盘整，那么 73–74 就是该 30 分钟级别走势的第一个次级别走势段，完全可以等 5 分钟级别走势类型出现后再说。所以，73 位置后面的走势一旦突破 45 位置向上，则回抽站稳的机会就是第三类买点；如果是向下，则可以等待一个 5 分钟级别走势类型完成再说。这样就可以为当下的操作提供明确的触发条件。

其实，对于 30 分钟级别的分解来说，目前还只有 40–65 构成的第一段和 65 位置开始向下的第二段，其中第二段还没有确认完成，所以仍然不具备介入条件。该介入条件至少要等 73–74 走完后，去比较 65–74 走势段与27–40 走势段的力度。

另外一种分解，就是把 98–24 作为第一段 30 分钟级别走势类型，24–39作为第二段，39–50 作为第三段，50–73 作为第四段。其中，39–50 明显是盘整背驰段，45–50 又是区间套背驰点，这里才可以介入。在该视角下，68 就是第二类买点，而该 30 分钟级别走势类型还未能确认完成。

在图 4–20 中，以 30 分钟级别分解的视角，24–39、39–50、50–73 这个扩展出来的日线级别中枢就不用理会了，除非把分解的视角放在日线级别上，进行日线级别的同级别分解。在 30 分钟级别视角下，这里作为三个 30 分钟级别走势类型来处理。很明显，固定级别的同级别分解，其优点和缺点都比较突出，优点在于对过去的走势可以进行更加清晰的划分，缺点在于当下的该级别走势的结束问题并不那么容易把握。例如，在 50–65、65–68、68–73 这三段 5 分钟级别走势类型构成的 30 分钟级别走势中，明显进入了中阴阶段，这与 39–50 这种明确的区间套底背驰情况不同。而中阴阶段的处理，一般都可以按照中枢震荡的原则来把握，所以更好的选择是进行分区操作。例如，按 30 分钟同级别分解的同时，在 5 分钟级别上匹配一定量的资金，两个级别同时进行，这样的效率是最高的。在 50–73 中阴阶段中，50–65 就可以用 5 分钟级别的同级别分解来把握其中的高低点，而 30 分钟级别的资金或者筹码就等 30 分钟级别出现明确信号再说。

4.8 理论部分的梳理

笔的定义，相当于定义了最小级别波动的能量单位，并且只有多空两种。做多能量的释放过程就是向上一笔，反之就是向下一笔，显然分型和中间K线是对这种能量释放过程的两次确认，排除了偶发因素的干扰。

线段在定义上同样有排除偶发因素干扰的考虑，至少三笔才能成段，由于开始的一笔和最后的一笔一定是和线段同方向的，所以这也是两次确认。相较笔而言，线段显然更加复杂一点，这种复杂程度其实就是级别。所以在线段的定义中，线段只能被线段所破坏，而不是被多空交织能量更简单的一笔所破坏，在线段的层面上，一笔就可能是偶发的因素。

线段同样不存在横盘，只有向上和向下，其本质就是升级版的笔，这也是从理论上来说线段级别不可操作的原因。一个线段在系统中就被看成一个能量块，没有内部结构。

此外，笔和线段并不一定要用在1分钟K线图上，这是由分析的视角决定的。如果要分析日线级别的走势，那么完全可以把5分钟K线图当成最小级别，1分钟的图就不用看了，因为在日线级别的走势中，1分钟上的误差几乎不会对结果构成什么影响。对于实际操作而言，太过于精细的分析并不必要，况且级别越小，偶发因素对走势的影响就越大。所以，这是出于性价比的考虑，够用、不麻烦最好。

笔与线段之上就是走势类型，因为所有走势段都是某个级别的某种走势类型，所以在最小级别的划分上，也完全可以用走势类型的方式去划分。走势类型就要考虑内部结构和顶底背驰了，线段并不需要。破坏才是线段被确认的标志，走势类型却不一样，能量释放完了就结束了，而能量释放完的标志就是区间套背驰。所以，对走势类型的划分，就是用高低点和顶底背驰结合，并且注意一下高低点之间走势的级别。

因为有了走势必完美原理，所以走势有了可以比较背驰的基础，无论围绕一个中枢还是围绕一个走势类型，被围绕的既是市场合力犹豫的地方，也是多方认为再上去有点困难、空方认为再卖出可能会吃亏的地方。

说起来是多方和空方，好像市场中只有两种意志，其实多方的买多理由可以有千万种，空方当然也是同样，只是无论什么理由如果不能表现在客观现实上，对客观现实来说都是无用功，所以这里说的多方和空方，是市场无数个买卖理由支配的分力综合起来的合力。

同样，因为走势必完美，第二类买点和第三类买点才可以被理论推导出来，也可以推出第三类买点其实就是第二类买点的结论。而背驰也有了被精确定位的可能，那就是区间套。但完美区间套的走势其实并不多见，理论有理论所需要的前提，而缠论中对这前提的出格就是小转大。

小转大的成因，无非就是某股多方能量或者空方能量的突然爆发，打破了原来两方的相对平衡，所以一般都会发生在突发消息之后，或者某一股分力的能量足够大的时候。突发的利好或者利空，导致大量的一致性交易，而分力能量足够大的情况，就是在某个级别上该分力有能力去破坏原先多空能量线性的变化。

毋庸置疑，所有理论及理论的推演，都是为了更加精确地去描述走势能量的波动现象，也就是多空能量的释放与纠缠现象。在能量的视角下，所有理论定义都会有更加鲜活的诠释。

5

走势能量概述

5.1 认识走势能量

走势能够向上或者向下，是因为多方或者空方的能量占优造成的，这种能量在盘面上是客观存在的现实，并且每时每刻只要有成交，就会在走势上刻画出无可更改的能量轨迹。理论的意义，就是把这多种级别的能量集合体进行最小单元上的定义，并且通过几何的力量将整个走势图中会发生的情况统一起来，所以理论其实并不能直接指导操作，理论只能帮助你去理解走势能量所揭示的意义。

买和卖，背后的心理成因只有两种，那就是对收益的期望和对损失的恐惧。操作者需要做的是跟随这种由期望和恐惧杂合起来的能量方向，自己是一定不能参与进去的，因为操作者的参与就是在影响这股能量合力。换言之，绝大多数人的操作，是被走势所影响，从而把自己裹挟到这种情绪中。这种操作中把自身排除在外的要求，就是缠论原文所说的零向量。

走势是合力的结果，这合力的内部有多股不同的力量，这些力量在任意当下都可以分为多和空两种，而任何一方的能量都由多股不同力量的分力构成。这些分力在每一个当下的集合，就是当下的走势变化。

显然，分力结构越均匀，走势越容易标准化，这也是指数容易走出标准图形，而小市值个股的小级别走势突变情况比较多的原因。理论有自己的作用范畴，该范畴就是分力结构的均衡性，而均衡性体现在分力的多少，以及分力分布的均匀度、复杂度上。如果有一个品种中的某一支分力能量特别大，那么很容易走出不那么符合理论标准的突变走势。

合力的能量，是理论分析的最终目的。在能量的视角下，任何图形都不再是死板的几何结构，而是一个充满变化的生命体。而对走势能量的理解程度，也决定了最终操作的优劣程度。在此视角下，所有股票技术图形方面的理论，要去诠释的都是走势能量的问题。例如，“头肩底”的突破无非就是盘整区域突破后的站稳，“老鸭头”就是在大能量突破后以更小的能量回抽，均线相关的所有理论指导就是用均线来辅助测量向上和向下的能量大小问题，古老蜡烛图的K线形态和多根K线的组合更是走势能量对前面K线的反应，阻力位和压力位也是用过去的某个被合力多次认可的位置来测量当下的走势，趋势线、百分比线以及黄金分割线属于人为设定一个阻力或者压力线来对当下走势的能量进行测量。

缠论范畴的所有现象都可以用走势能量的视角去剖析，甚至对理论的应用达到一定阶段之后，眼中只有对走势能量的感觉，对理论本身反而淡化了，这时候才有点缠论操作者的样子。

5.2 分型中的能量元素

分型的三根K线就可以体现出合力对顶和底的认同程度，也就是能量。第二元素到顶部或者底部，这是第一次确认，第三元素相当于二次确认。而第一元素、第二元素、第三元素的组合方式和K线长短等表现，就是市场合力对第二元素极限值的态度。同样地，这个态度如果不能体现在走势上就都是零。

图5-1用字母标记了五个分型。

顶分型A，其第一元素是最高点那根K线向左数第二根，第二元素是两根K线经过包含处理后得来的，第三元素是个很长的阴线。这种分型是典型的弱分型，属于最坏的那种。第一元素的力度并不怎么大，然后第三根K线以阴线完全包含掉第二根K线，第三元素只有一次向第二根K线底部上攻又被空方压下来的上影线，转折信号是很强的。

顶分型B，第一元素是长阳，第二元素连第一元素的1/3都没跌破，并且有明显向上的上影线，第三元素也只略微跌破第二元素的低点。这种分型构成一笔中第一个顶分型的时候，往往都是中继。但这种有重叠区间的分型，其实在小级别都会构成一个中枢，所以后面的上涨力度就

图 5-1 分型中的能量元素

很重要，图 5-1 中从 B 到 C 的上涨明显是盘整背驰。

分型 C，第一元素同样是长阳线，第二元素跌破了第一元素的一半位置，第三元素向上的能量显然不足，而低点同样跌破第一元素的一半位置。这属于弱势分型的一种，出现在中继分型 B 后面，并且出现在背驰段中，见顶的可能性就很大。

分型 D 也属于比较弱的一种分型，该分型由四根 K 线构成，第二 K 线与第三 K 线存在包含关系，包含后的第三元素跌破第一元素的一半。

分型 E 和分型 A 属于同一种性质，大幅跌破第一元素的最低点。

由此可见，分型的背后是走势多空能量对某个位置进行争夺的结果。顶分型的第一元素有其高点和低点，并且一定是上升 K 线，这是多头的第一次上攻，止步于最高点。第二元素的最高点根据定义是一定高于第一元素的，这就是多头的第二次上攻，同时空头的能量制造了第二元素的最低点，以及第二元素的上影线。在空头能量比较大的情况下，可能就是高开一点后就没有再出现过更高的位置，那就是平头阴线。与此同时，第二元素的低点是一定高于第一元素低点的，这可以看成多头在低点以上位置的阻击。第三元素的高点一定低于第二元素的高点，所以在第三元素中，多头处于劣势的地位，因为连新高都没有了。而第三元素的低点就决定了多方和空方谁更占优势，如果第三元素不仅跌破第二元素的低点，甚至连第一元素的低点都跌破了，那么显然空方的力量对多方是压倒性的。

在这三个元素中，第一元素的一半位置和第一元素的最低点，都是比较关键的地方。第二元素跌破第一元素的一半位置，而第三元素都不能收回，那显然多方的力量太弱。如果第三元素对第一元素是包含关系的话，那么显然多方的力量更差，更有甚者，第三元素的高点与第二元素的低点存在跳空。而下影线象征着多方力量反攻都不能回到第一元素的最低点，这就属于最差的情况了。

多方和空方能量的综合体现就是走势本身。不管多方的买单和空方的卖单来自何种分力，只观察买单和卖单制造出来的客观结果就好。其实对于背驰来说也是一样的，哪怕是对于所谓庄家，如果第一段拉升没有出货，那么力度就会很强，而经过中枢后的第二次拉升如果边拉边出，哪怕买单和第一次一样多，但卖单多起来，走势也必然会出现背驰的情况，这是无论什么力量都改变不了的事情。虽然在按理论处理分型的包含关系的时候不管上下影线和阴阳线，但对于K线所代表的意义来说，上下影线和阴阳线是多空能量对比的客观体现。一般分型中小阴小阳的那种包含，意味着走势的犹豫，而阴线对阳线的包含则更多意味着空方的占优。顶分型就是多方有过三次努力，而空方也有过三次攻击，结果空方获胜；底分型就是反过来的情况。根据笔的定义就可以知道，某一方的获胜属于第一阶段，而第二阶段就是获胜后该方能量的释放，那就是一笔了。

5.3 笔、线段的能量

前面讨论过，方向性的走势类型相当于一个能量释放的过程，而相邻两段同向或者不同向的走势类型都是可以比较背驰的。反过来推论，要比较背驰就要有两段同级别的、有方向性的走势类型。由于走势必完美的关系，一个级别的走势类型最终都可以被拆分为n段更小级别走势类型的组合，那么如何将最小级别走势类型的多空能量进行规范，使其都在同一个级别区间范围内，就是笔和线段存在的意义。

所有 K 线图被划分为笔之后，每一笔的能量值相等（实际上不可能完全相等，而是每一笔的能量值都在某个范围内，被视为同一类），这种相等的意义就是单次的多空释放。一个向上笔就可以算作单次的向上能量释放，一个向下笔就可以算作单次的向下能量释放。

线段就是由笔叠加出来的更大级别的能量释放过程，也就是单次的向上能量释放过程或者单次的向下能量释放过程。每一个按定义被划分好的线段，级别是一样的，就是线段的能量值相等。

由线段叠加出来的中枢，同样用能量值的范围来划分级别。例如，三个线段的重叠区间和五个线段的重叠区间，就在同一个能量值范围内，但超过九个线段的重叠区间就是更大一个级别的能量值范围。

显然，线段与线段之间也是可以比较背驰的，只是因为线段在理论上被看成没有内部结构的能量段，所以区间套就没法定义。因此，在由线段递归出来的系统里面，能够被操作的最小背驰段的区间，就是某个盘整背驰的线段，该线段在小级别上空间跨度可能比较大，但在向上递归两个级别以后，这个线段的空间跨度就会小很多。例如，1 分钟线段在 1 分钟 K 线图上看是很长的一截，但在 30 分钟 K 线图上可能只是两根 K 线。这个盘整背驰线段的空间跨度，就是线段级别系统中的操作精度最小值。

对于线段来说，破坏有两种形式。第一种，笔破坏后延伸出标准线段的情况意味着明确的反向能量释放，该反向能量释放打断了原线段的能量释放过程。第二种，例如，图 1-29 中的左一就属于在 C 位置经过底部的酝酿之后再次确认向上，有两次确认的过程。而图 1-29 中的右一，相当于反向线段的第一笔破坏连前面线段最后一个特征序列都没碰到，说明反向能量释放的力度很弱，后面的 7 位置又再次升破 5 位置，说明原线段的上涨动能并没有消失。

图 1-32 中的区别就非常明确了。在图 1-32 中，左一的 9-10 笔明确在前一个向上笔的下方，说明反向能量释放的力度很强，因为 8-9 笔明显跌破了 7-8 向上笔的底部很多。右图的 9-10 完全被 7-8 包含，这种情况说明 8-9 笔对原线段的能量释放并没有构成什么破坏，而 9-10

还能继续向上就属于向上线段的最后延伸过程。所以，图1-32中的左图线段分界点是8位置，而右图是10位置。

在图1-30中，左一的图中2-3是一笔，这就是线段完成的定义不能是笔破坏的原因，因为一笔的破坏很可能是偶发因素造成的，并不具备持续性，所以后面3-4属于原向下线段的延续。在右图中，3-4未能创新低，而是在2位置以上继续向上延伸线段，在这种情况下，前面1-2线段显然是被打断了。

如果真的能够很好地理解能量的释放与打断这种视角，那么有没有线段的定义都不影响对线段的划分，而对于线段的划分也只有到了一眼看过去就能分段的时候，才是对这部分理论的真正掌握。

另外，在线段中需要再次重复的是：在图1-32中，1-2、3-6、7-8构成特征序列底分型的情况，3位置要么假设是两个线段的分界点，要么真的是两个线段的分界点，所以1-2特征序列和3-6特征序列分属于两个线段，是不用处理包含关系的。但这种包含关系并不影响底分型的成立，这种特征序列的底分型和笔中的底分型不能有包含关系的情况有区别，只要最低点出现分型特征就可以了。而3-6和7-8是不能有包含关系的，因为这两个特征序列属于同一线段的组成部分，有包含关系就必须处理了。

在能量视角下，新笔和旧笔的区别也很明显了，左右分型之间的独立K线是必然的，否则没有这一笔的能量释放过程。在旧笔中，中间K线和左边分型的第三元素、中间K线和右边分型的第一元素是不能存在包含关系的，也就是说这种能量的释放要有非常明确的方向性。而在新笔中，这种包含关系是被允许的，也就是放宽了对能量释放标准的要求，允许以时间换空间的方式来体现能量的释放。

这节内容和前一节内容都是在解决笔和线段的问题，再向上一步，就是中枢的级别问题。

5.4 中枢的级别

由于任何级别、任何走势类型都必然包含至少一个该级别中枢，而该中枢的级别就是该走势类型的级别，所以对走势中枢的级别、走势类型级别的讨论是一回事。

从能量的角度来看，中枢就是一个多空能量纠缠的空间。在该级别走势中，多方合力表现出来的就是不再继续以更高价格买进，但也不愿意以更低价格卖出，而空方合力表现出来的就是向下卖的单子都被不认同价格向下的多方单子吃进。换言之，这就是个多空双方合力相对平衡的区域，也可以认为是多空双方合力在当下都可以接受的价格。

这样就能够明白，为什么三段次级别重叠出来的中枢与五段次级别重叠出来的中枢相比，虽然理论上是在同一个级别，但是后者更大。因为对于后者而言，多空双方对中枢区域价格的共识更加稳固。这种多空能量共识的稳固程度，就是走势中枢的级别。

所以，并不存在大一个级别或者小一个级别的说法，不过是对同一段多空纠缠的空间有不同的称呼罢了。缠论原文在 2007 年 5 月 30 日之后的一些解盘中，在 1 分钟 K 线图上直接划分走势类型，最小级别走势类型被称为 1 分钟级别走势类型，连续三段有重叠区间的中枢就是 5 分钟级别中枢，含 5 分钟级别中枢的走势类型就是 5 分钟级别走势类型。随着笔和线段慢慢被定义出来，在 1 分钟 K 线图上划分线段，然后由线段递归出的最小级别走势类型就是 1 分钟级别走势类型，而该 1 分钟级别走势类型在 K 线图上的表现，就和前面按走势类型划分的 5 分钟级别走势类型相似。所以，它们并不是差了一个级别，而是在两处地方使用了两种不同的级别系统造成的，不过走势还是那段走势，走势本身并没有任何变化，只是被换了个称呼。

两个同级别的中枢，如果次级别走势数量差不多，例如，都是三段，那么这两个中枢在某级别 K 线图上就会有相似的特征，如持续的时间、对某条均线的反应、MACD 黄白线对零轴的回抽力度相似等。这种对中枢级别的判断方式只是一种便宜用法，对正常形态的中枢来说完全适用，所以可以在盘中根据这些特征来快速判断中枢级别，但并不意味着有同样特征的就一定是同级别中枢，同级别中枢的这些特征也并不一定完全一样。

一个在 30 分钟 K 线图上表现为窄幅震荡的 30 分钟级别中枢，对应的 MACD 的黄白线应该能够回抽到零轴附近。如果这个 30 分钟中枢不是窄幅震荡的形态，而是奔走型的，那么对应在指标上的特征就不同了，可能是离零轴有点远的两次回抽。

在图 5-2 中，1-2、2-3、3-4 构成一个 5 分钟级别中枢，递归的过程在前文中有详细分析。5-6、6-7、7-8 三段重叠出来的中枢级别也是 5 分钟级别。在图形上，前者就属于向下奔走型的中枢，而后者是一个窄幅的横盘（5-6 段趋势的第二个中枢与 6-7、7-8）。对应的 MACD，前者是对零轴的两次回抽并且振幅很大，后者就是平缓地向零轴回抽的过程。

图 5-2 两个同级别中枢在 K 线图上的特征表现

中枢意味着多空双方在该级别走势中都能认可的一个平衡区间，那么任何试图脱离该区间的运动，都必然受到该区间的引力阻止。例如，在下跌趋势的最后一段中，价格已经下跌了很多，于是有越来越多的交易金额认为再向下的空间已经不大了，所以开始陆续买入。而从该趋势顶部一直呈压倒性优势的空方交易筹码却越卖越少，一方面空方与多方一样觉得下跌了这么多该反弹了；另一方面固定品种的筹码是有限的，而在该级别走势类型的交易过程中，参与交易的筹码也是相对稳定的，所以卖方的力量必然越来越衰弱。

从最后一个中枢的多空暂时认可的区间继续下跌，多方的力量相对增加，空方的力量持续减少，这就是背驰的成因，也就是下跌速率减缓的原因。从背驰段来看，首先是大级别出现背驰段，例如，中枢是日线级别的，那么最后这段走势就是30分钟级别的背驰段，该30分钟级别的下跌走势的下降速率可以看出来减缓，这就是日线级别下跌的能量释放过程的尾声。但该30分钟级别的下跌也有自己的能量释放过程，所以可能一开始在5分钟走势段上并没有背驰，而是随着价格的继续下跌，逐步在5分钟级别上出现背驰，5分钟的次级别也是同样的过程，这样区间套底背驰就会发生。其次在该日线级别底背驰发生后，向下的能量从大级别到小级别的衰减过程结束，多方的能量从显著小于空方能量发展到二者差距不断缩小。最后在底背驰点达到平衡后继续变化，于是多方的能量开始超过空方的能量，回升开始。这也是第一类买点后的回升一般都会比较缓慢的原因，特别在大盘股或者大级别走势上更是如此。

随着价格的回升，该股当下的所有状态，包括各种技术面的特点、基本面的特点、政策面的特点，所有的分力因素影响了所有参与交易的分力能量，最终价格回升到某个位置开始横盘，也就是第一个中枢出现。该中枢就是该股当下所有合力在该级别走势段中的一个暂时的共识，多方认为向上有困难，空方觉得不急着卖，而合力大致相等并逐渐减少的买单和卖单就造成了横盘的出现，所以一般这种状态下都有持续缩量的过程（大多数情况，并不绝对，取决于是否有一股或者多股分力有目的地引导走势）。

随后，走势出现了变化，开始向上突破，也就是多方的能量在增加。这时如果向上的走势力度不够，则意味着市场的合力不太认同走势向上发展，背驰就会出现，被合力认可的区间产生吸引力，也就是向中枢的回拉机会出现，再往后发展就是看第三类买卖点的有无了。

如此一来，a+b+c结构的盘整背驰为什么会拉回到第二段的最高点或者最低点就能够理解了，因为b段区域意味着一个市场合力所认可的价格区间，但这种认可程度并不强烈，不然就应该出现独立的中枢了，这个中枢就在被拉回后出现。有些走势中，分析出来的明明就是同级别三段走势类型构成的a+b+c结构背驰，却并不能被拉回来。这种情况产生的原因可能是a段与c段从严格意义上来说并不是同级别，而且能量纠缠的复杂程度差异比较大，例如，三段和七段。或者在小级别上有能量比较强的分力，打破了合力的均衡，使原来多方和空方能量对比的线性变换变成了指数级变换。

同时，在能量视角下就可以知道，对于一个5分钟级别下跌结束后紧接着的回升，如果上涨速率不足以超过下跌的速率，那么该上涨不可能以下跌的同级别走势回到下跌起点，除非该上涨出现更加复杂的中枢后再突破才有可能。很多人对反弹没什么基本概念，其实当发现“V”形反转的回升力度比前面下跌力度小的时候，就知道如果要回到下跌起点需要什么条件，如果不出现这种条件会有什么结果，从而在操作上占据相对主动的位置。

5.5 第一类买点的能量分析

标准下跌趋势的第一类买点后必然有回升，并且至少回升到该下跌趋势最后一个中枢的震荡最低点，这在理论中是被严格定义的。但回升有力度的划分，有的能够走出“V”形反转，而有些走势只能制造一次扩展，并且扩展本身也有强弱之分。在最差的分类里面，第一类买点后回升到前趋势最后一个中枢的震荡最低点后，第二类买点又创新低，然后第三段再拉回来的最高点只是重叠了前下跌趋势最低点一个价位。如果按照某级别买点买入，等同级别卖点卖出，那在走势很弱的情况下很可能最低点与最高点之间并没有足够空间，而人的操作一般都会提前或者滞后一点，这样会进一步压缩盈利空间，很可能连手续费都不够。所以，一般情况下，在第一类买点介入后，首先要观察的是次级别第一段走势的强弱情况。

设标准日线级别下跌底背驰，第一类买点成立，根据走势必完美可以知道，后面必然有新的日线级别走势类型，并且该走势类型的最高点一定与前下跌趋势最后一个中枢震荡的最低点有重叠，这是理论保证的最低限度。

这个新的走势类型，一定先从第一段 30 分钟级别走势类型开始。前文讨论过“V”形反转的能量分析，即某级别走势下跌后，后续的同级别反弹如果与前面的下跌力度背驰，那么不可能以相同级别的上涨回到下跌起点。在趋势后的第一段次级别走势类型中也是如此，日线级别下跌趋势的最后创新低那段走势一定小于等于 30 分钟级别，而日线级别第一类买点后必然先完成一个 30 分钟级别走势类型，并且二者必然是“V”形反转的关系，因为第一类买点后必然有回升，这第一段 30 分钟级别走势类型是上涨还是横盘并不影响二者的反转关系。这时，走势能量的比较就已经开始了。

围绕日线下跌趋势的最后一个中枢进行能量值区域划分，中枢震荡最低点以下为第一类是最弱的，在中枢震荡范围内是第二类属于中等，在中枢区间高点以上为第三类是最强的。

显然，第一段 30 分钟级别走势类型，在区域划分视角下只有三种可能：以该 30 分钟级别走势类型的最高点算，在前日线中枢以下位置为最弱，在中枢区间最低点到中枢区间高点之间为中等力度，在中枢区间高点以上为最强。

在最弱的情况下，后续发展为日线中枢扩展的可能性就比较大了，而中等力度后续的三种分类都有可能，最强的情况就有可能出现第二类买点和第三类买点重叠了。

所以，在具体操作上，标准趋势的第一类买点是按次级别来操作的。

a+A+b 结构产生的盘整背驰也是一样，A 是日线级别中枢，b 段是盘整背驰，在产生买点的情况下，理论所支持的只有一个 c 段。首先看 c 段的力度与 b 段相比是否背驰，如果背驰则产生第三类卖点的可能比较大，那么 c 段同样是 30 分钟级别的走势类型，操作过程与趋势底背驰后的操作是一样的。

买点后的第一段次级别走势类型的力度，其实反映的就是合力对第一类买点价格的认可程度。由于第一类买点后第一段次级别走势类型完成过程中与第一类买点发生的瞬间，市场情况可能已经发生很多变化，而这些变化的因素又反映到操作者的具体操作中，所以当下次级别走势的强弱就是市场对买点价格的共同认知。

5.6 第二类买点的能量分析

严格的第二类买点必须在趋势的底背驰后出现，有时候可能没有第一类买点，但第二类买点是肯定有的。广泛意义上的第二类买点，其实就是某个盘整背驰段，该盘整背驰段与前面一个同向同级别下跌走势是不是第一类买点没有关系。例如，在中枢震荡中，一个盘整背驰段就可以当成第二类买点来看；一个不背驰的下跌后，同级别回升再同级别下跌却出现背驰段，那么这个下跌的背驰段也可以称为第二类买点。

中枢震荡中出现的买点按走势类型来分析就可以了，而标准趋势后的第二类买点出现的机会较少。对于大多数个股来说，一个标准的下跌趋势往往很久才出现一次，操作的机会也不可能只等下跌背驰出现，那么即使是短线，一年估计也操作不了几次。所以，一般意义上的第二类买点，起码是 a+A+b 结构之后出现的背驰段，例如，这种盘整走势类型出现第三类卖点后，再下去一个背驰的走势类型。

因为上涨走势结束后只可能转化为横盘或者下跌，所以第二类买点也只可能是这两种形态的走势类型。根据走势必完美，如果第一类买点后续的走势延伸出三段次级别走势，则有“上涨+横盘+上涨”“上涨+下跌+上涨”“上涨+横盘+横盘”“上涨+下跌+横盘”四种结构。其中，第三种和第四种比较少见，所以常规需要处理的图形结构是前面两种。

对于“上涨+横盘+上涨”和“上涨+下跌+上涨”而言，显然前者的第二类买点结构能量更强，这就是很多时候比较强势的上涨会出现在回升、横盘之后的原因。而后者较弱的第二类买点，通常会制造 MACD 黄白线的第二次回抽，也就是出现一个中枢后继续下跌。当然，这些都不是绝对的，只是普遍情况。

图 5-3 是比较极端的情况，后面的涨幅有点大，但意思是一样的。2. 27 位置是前面某级别背驰段的背驰点，然后回升到前面平台处，在 A 位置横盘，是比较典型的走势。

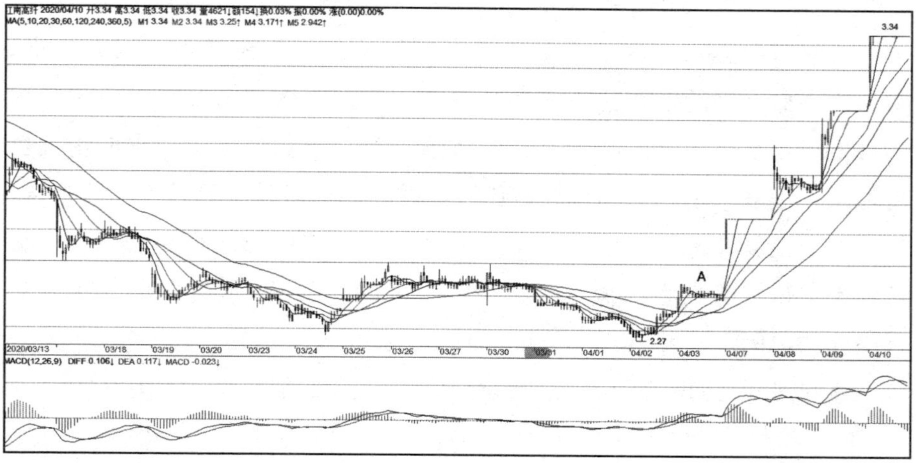

图 5-3 第二类买点的能量示例

那么，对于回升和回抽的组合来说，最强组合当然就是“趋势+盘整”，其中盘整以次级别 a+b+c 结构窄幅震荡最优；最差的自然就是 a+b+c 式“上涨+趋势下跌”构成的第二类买点。

对于横盘构成的第二类买点，最有用的其实是在周线上。而所谓的横盘，也并不一定就是水平横盘，有点下跌的窄幅背驰段也经常出现，例如，2019 年 8 月 9 日深科技的周线图。

显然，第二类买点的形态体现的是合力对前面低点的认同程度，以及在第一段回升高点后合力对当前价位的接受程度。下跌得少说明卖出的筹码与买进的筹码数量相当，或仅仅多一点；而下跌多则能量对比相反。所以，如果第二类买点是下跌的情况，后面的第三段往往也是前面上涨走势的背驰段，从而构成一个中枢。

在笔的系统里面，其实也是可以发挥第二类买点功用的。例如，在一个下跌线段中，一个向上笔造成第一类破坏，然后第二笔相对前面一个向下笔是背驰段，则一般都可以向上延伸出一个线段来，而第三笔的力度就可以与造成第一类破坏的笔来比较。在此基础上结合分型的能量分析，以及新的向上段与前面向下段的背驰比较，操作就会相对容易得多。如果对多空能量纠缠的空间多一点理解，就知道一般底部的几段都会构成“头肩底”的形态。

对于第二类买点出现的位置，如果前面的回升是最弱的，那么第二类买点除非横盘后转强，否则很难有较好的反转。在最强的组合里面，第二类买点开始的地方就在前面中枢的上方，而构成第二类买点走势段的最低点也在该中枢区间上方，那么第二类、第三类买点重叠的情况就出现了。一般来说，后续都会有比较好的表现，但强势一般都不可持久。如果回升段就非常强，那么后面的第三段要比它更强才行，否则一定会拉回来。这就是在实际操作中，中等强度的“回升+弱势”的回抽更适合操作的原因。

这种回升与回抽的力度比较，最有实战意义的就是第三类买点。

5.7 第三类买点的能量分析

中枢，其能量视角的本质就是多空纠缠的空间，这种纠缠越复杂，意味着多空双方的能量交错越均衡，也是始终不能突破的原因，这种复杂程度就是中枢的级别。最终多方胜过空方能量合力的时候，就会出现突破。由于中枢是由次级别走势类型震荡出来的，所以这种离开中枢的突破也应该有相应的级别才行，否则多空双方的合力纠缠程度不够，就不能认为是有效的突破。

显然，构成第三类买点的离开段，就是市场的合力终于从多空双方的相对平衡转向多方占优的状态，市场合力对价格向上运动的接受程度不同，就导致了离开段的走势结构不同。最弱的离开段当然就是 a+b+c 三段次级别走势，但在几何上由于 a+b+c 的结构必然在后续的走势演化中完成中枢的重叠，所以 d 段这种造成重叠的走势类型，有可能并不属于 a+b+c 三段次级别构成的走势类型的一部分，而完全可能是后一个新的走势类型的第一次级别段。

无论如何，离开段的走势类型都必然首先完成 a+A 结构，所以简单地说 a+A 结构是最弱的离开段也可以。这种最弱的离开段在大多数情况下以 a+A+b 结构出现，而该离开段的复杂程度，就是市场合力能量对价格当下向上运动的接受程度。这就是前文盘整离开+盘整返回不像趋势离开+盘整返回那样作为第三类买点的原因，离开段的力度不同，意味着市场的合力对价格向上运动的纠结长度，最干脆的就是跳空，而中枢对合力的引力越强，则离开段越复杂。

当离开段为 a+A+b 结构时，如果中枢 A 出现扩张的情况，一般后面基本上都会出现中枢扩展等复杂的演化。例如，在一个日线中枢里，30 分钟级别向上的 a+A+b 结构突破中枢区间，但在突破过程中，A 中枢不断震荡形成超过三个或者更多的次级别走势段，本身就意味着这 30 分钟向上突破的走势能量充满犹豫，反过来意味着日线中枢对离开中枢的走势引力很强。在这种情况下，即使后面的回抽段没有回到日线中枢区间形成第三类买点，也往往在第三类买点后去和前面的日线级别中枢形成扩展。

所以，最强的第三类买点结构，是趋势向上离开，然后三段次级别横盘构成返回，属于趋势顶背驰后的第一种情况，将趋势最后一个中枢扩展之后马上结束继续向上，如图 4-7 所示。和离开段的能量考量一样，返回段同样意味着合力对突破上来的价格的接受程度，这里就类似前文的第二类买点中的分析视角了。

离开段最强，返回段最弱，就是最强的第三类买点结构。有些离开段的最后一个中枢甚至都没有第三类买点，然后一个三段次级别横盘过去，相当于该趋势的第二个中枢又向后延伸了三个次级别走势段。这也就是缠论原文中趋势第二个中枢构成第三类买点的情况，只是两个中枢虽然理论上同级别，但后者其实更大，也就是价值中枢不同。所谓价值中枢，就是震荡区间×震荡时间。

在图 5-4 中，1-2、2-3、3-4 构成一个大级别中枢，其中 2-3 段的中枢明显扩张了一些。4-5 构成离开段，其中包含 A、B 两个中枢，而 5 位置和 6 位置所在的中枢按趋势来算应该是中枢 B 的扩张。按同级别分解来看，就是 A、B 两个中枢的趋势构成向上离开段，第二个中枢到 5 位置构成返回段，然后次级别三段横盘到 6 位置构成第三类买点，这样的形态就第三类买点的力度来说是最强的。

图 5-4　力度最强的第三类买点

只有在能量的视角下，才能理解原文中“实际操作中只要能拆分出两段走势类型就可以了”的含义，这个观点就是建立在同级别分解的基础上的。

但最强结构的第三类买点，对操作来说不一定是最好的，因为离开段太强的话，第三类买点后的走势要更强才能不背驰。对于强烈上涨的次级别趋势来说，更强力度的上涨就只能是跳空了，而这种极端的情况其实并不是通过图形就能把握的，还需要板块、指数、基本面等各个方面因素的助推。

通过能量的视角，盘整背驰转第三类买点也就很容易理解了。特别是对于个股来说，这种图形多数是人为的，在市场条件具备的情况下，对一个板块共同的向上推动是再正常不过的事情。在某个品种里面，无论有多少股势力，一旦让各方都能达成共识的情况出现，向上做多就是这些分力的共同选择。而向上突破一些之后，是需要回测的，回测的目的其实也是观察市场中其他部分的分力能量对这种突破的认可程度。这里更复杂些的还有测试合力中向下的分力能量大小，说白了就是抛盘的大小，也就是当前位置筹码的稳定程度。各种技术理论对这种突破后的回抽有五花八门的说法，其实原理都是一样的。

相对离开段非常强的情况，盘整背驰转第三类买点时，第三类买点完成后的走势力度发挥的空间更大。对于第三类买点的操作来说，一般这种离开段都是从中枢中最后一段次级别低点启动，不是很好把握，即使是盘整背驰段，也并不一定能够出现更大力度突破中枢的走势。但第三类买点后向上拉升的可能性就大多了，特别是在有其他因素配合的情况下，更大范畴的合力更强。

5.8 走势能量问题再分析

走势就是能量本身。但对于成千上万的K线组成的K线图来说，如果没有级别和走势类型的概念，解读起来就会是一种混沌的状态。股市的随机性太强，并且实际产生买卖交易的原因也无法量化。但最终交易是有痕迹的，并且只有买和卖两种可能，显然只有促成了交易的理由才是有效的。

市场每一个当下的单位时间内，都处于买与卖同时进行的状态。例如，5分钟时间内，买的总能量和卖的总能量经过每一个更小时间单位内的拉锯，最终形成一根5分钟K线。在5分钟时间单位里面，买的能量大于卖的能量，该K线就是上涨K线；反之就是下跌K线。

这些上涨K线和下跌K线彼此交织，走势就出现了。该段走势体现的就是这个时间范围内的多空能量对比，买方总能量相比卖方总能量越大，这段走势上涨的力度就越大；反之上涨力度就会小，下跌亦然，这就是我们比较背驰的基础。

上涨与下跌的走势在同一个价格区间来回震荡，意味着多空双方合力的相对平衡，这是一个双方都不占优势的价格区间。其背后的原因就是人的各种情绪，而这情绪归根结底就是贪婪和恐惧。例如，走势临近突破压力位的地方就会下来，一般都是前期高点附近，而跌破某支撑或者不跌破就会弹回来，一般也是前期高低点附近，箱体就这样形成了。在整段走势中，多空能量纠缠拉锯的复杂程度，就是该段走势的级别，或者是这段走势中多空双方认可度最大的价格区间。

在最完美的理论环境中，各级别分力之间的能量变化为线性的，于是区间套就会出现，因为卖方能量的减少是一个缓慢的过程，同时多方能量随之增加。如果有利好或者利空的消息刺激，或者其中某一股分力突然增加能量输出，那么小转大就会出现。但无论如何，随着时间不可逆的推移，该完成的级别仍然会完成，走势必完美同样是不可逆的最终结果。

利好与利空消息的刺激，相当于在原来的多空能量对比线性变换的过程中，原来没有参与交易的资金或筹码突然增加进来，短时间内加入了其他的分力。类似拔河时双方拉锯，一般都会慢慢地向某一方移动，但如果其中一方突然增加了 50 个人，那这种缓慢的过程马上会被打破而造成瞬间一边倒的局面。

走势的小转大就会出现不存在本级别第一类买卖点的情况，对于操作而言，这种时候只有后续出现的第二类买卖点可供操作，这是值得注意的。第一类买卖点并不是必然存在的，但第二类买卖点是必然存在的，第三类买卖点也并不是必然存在的。

某股分力能量瞬间输出的情况，就几乎是大资金势力所为了，例如，所谓的主力、庄家等，这个层面的分力结构其实同样复杂。很多第三类买点就是这部分力量的测试过程，短时间内突破中枢一定高度后，不再持续买进，而是让价格在更高的位置恢复原来的分力结构。一方面，如果没有其他力量介入的话，一般价格都会有一个回落的过程，这个回落的过程促使拉升的分力基本上不再出手，而是观察回落中空方能量的释放。如果拉升后的回落表现得非常缓慢，向下做空的能量不强，则意味着被突破中枢区域的稳定度高，在这种情况下才有继续拉升的盘面条件。另一方面，市场里面势力众多，被拉升标的除了这股拉升的力量之外，是否还有其他势力在其中，他们对目前拉升的态度如何，都会在这个过程中表现出来。所以，好的第三类买点一般都是缩量的，因为在拉升后的自由回落过程中，没有多少抛盘意味着被突破中枢的支撑力度强，向上是大势所趋，也就是该品种中所有参与者的共识，这样的条件下后面出现大幅的拉升就不足为奇了。2019 年 12 月的安洁科技（股票代码：002635）、2014 年 11 月 20 日附近的证券板块都属于这种情况，而 2019 年 5 月 27 日的敦煌种业（股票代码：600354）就属于双回抽的情况了。

所谓的双回抽，一般也是这种能量变化的产物，拉起一次后放手，任凭股价自由回落。如果空方能量表现得不够理想，但还可以再测试一次的话，就会再次拉起看第二次的空方能量释放过程。如果第二次的向下能量比第一次弱，那么盘整背驰和缩量都会出现。

由此就可以知道，以走势类型对走势进行划分，就是按照同一个级别的能量，把走势拆分为一段一段的走势类型。显然，拆分完的走势类型的高低点，要么是能量释放的衰竭点也就是背驰点，要么是小转大发生转折的顶点。

图 5-5 就是走势类型的划分，13 位置之后的走势还没有明确的结束，所以还要继续观察，但前面已经不可更改的走势，就可以被拆分为 12 段同级别的走势类型。再次向上递归一个级别，从 2 位置开始就是 2-5、5-8、8-11、11-14 四个走势段，典型的 a+A 结构。该结构后续的演化在前文相关章节详细讨论过，目前就是等 14 位置确认后，去面临 5-14 这个 30 分钟中枢震荡或者突破的分类。

图 5-5 走势类型的划分

当然这种讨论只是纯技术图形的探讨，实际中的突破与回抽等变化，与指数、消息面、政策、资金、板块等多个因素都有关系。在逻辑上，如果没有技术面的支持，这些共振条件就不会有太大的操作意义，但只有技术面而没有这些共振条件，技术也发挥不了应有的作用。

6

交易的艺术

6.1 操作的条件

交易的四个动作：买、卖、持股、持币。其中，买与卖的动作只要资金量不是非常庞大，一般都可以瞬间完成，所以更多的时间不是在持股中就是在持币中。前面所有理论部分的内容，都是为了更好地对应动作，也就是根据理论的分类，出现什么情况要执行什么动作，在情况没有出现之前保持持股或者持币的等待过程。

理论对于操作来说，最大的作用就是分类。对缠论来说，一切都是当下的合力。

所谓走势的合力，就是走势本身的多空能量体现，而在走势之外，还有其他因素的合力可以叠加。能量是会衰减的，并且这种衰减会依照级别的层次逐级递减，也就是区间套的过程。在几何的基础上，走势能量的衰竭有可以比较的对象，最终的衰竭点对应的就是买和卖这两个动作。

根据理论来推演，当下处于什么级别、什么走势类型的什么阶段，该阶段要完成必须满足什么条件，要发展为其他走势类型必然首先出现什么信号，这都在理论范围内。那么，持股和持币就根据这些当下的条件来调整，这样所有的走势情况都可以被完全分类，而分类后的每一种情况都对应着四种动作中的一种，这才是所谓的机械化操作。

对操作者来说，按标准来机械操作是最好的，但在执行的过程中要克服人本身的情绪弱点，所以仅仅有技术理论和操作规范是不够的，还必须把这些规范落实到人的具体动作上。在股市里面能长期生存的人之所以很少，就是因为能够战胜本能的人极少。

理论部分更多在同级别层面探讨推演，而对具体操作来说，单一的级别是不够的，三个级别的立体分析是基本要求。当然如果同级别分解，就在某个固定级别上操作，甚至就在固定品种上操作，那也完全可以，属于操作的一种方式，但并没有一种固定的操作模式可以适应任何市场环境。在大的范畴里面，我们会把市场环境分为牛市、熊市、震荡市三种，不同的市场环境中的主要操作模式是不同的，如果更细致地把三种市场环境匹配到30分钟级别上，变化就更多了。

尽可能地熟悉所有可行的操作方式，是学习者应该掌握的能力，但理论本身并不提供操作方式。对于操作来说，理论的最大作用就是可以在该理论基础上探索出多种操作模式。显然，一个能够包含所有市场环境下操作模式的理论是最好的，在这个意义上，缠论当之无愧。理论包含很多种原理、定理等内容，这些内容的叠加将延伸出很多操作模式，基本上包括了走势中所有值得操作的情况。

人，才是所有操作的根本。操作者要做的，就是在实践中不断探寻在什么样的市场环境下适用什么样的具体操作模型。例如，在指数震荡过程中，次级别走势的形态就决定了当下最适合的操作方案，因此具体买点的寻找就有一个可靠的标准来判断，而不是随机性的。

在本章内容里面，读者会发现很多与其他交易前辈相吻合的操作方法，如利佛莫尔的买涨方法、艾略特的买入方法，以及那些“头肩底”“双头”“双底”“黄昏之星”“三只乌鸦”之类的买卖形态。操作者不仅要在理论上知道是怎么回事，还能将这些靠经验总结而来的图形通过级别和走势类型精确化，弄清楚为什么有的形态就能成功而有的形态就会失败。

对于高低级别走势的配合，如原文所说，确实有些像交响乐。如果对市场的感受更加敏锐，就可以感受到不同板块、不同级别之间的此起彼伏，徜徉在这样的交响曲里，就是所有技术操作所追求的境界。

6.2 分型的图例分析

所有的顶一定由顶分型构成，所有的底也一定由底分型构成，这是确定的。反过来，底分型没出现，下跌就还未能确认结束；顶分型没出现，上涨就一定还未能确认结束。由于分型根据后续的走势发展有两种可能：中继分型、顶底分型，所以从分型的角度，一段上涨中还没有出现顶分型就可以不管，而下跌中还没有出现底分型就不存在抄底。

虽然有了底分型也并不一定见底，但见底是必须有底分型的，这就是抄底的逻辑。根据分型和笔的定义，一个向上笔能够延伸出来，必须突破底分型才行，也就是必须站稳底分型区间的上沿，顶分型反之。所以，该分型区间是否能够站稳，就决定了分型的性质。站不稳就是中继，站稳了就是一笔，而一笔不存在横盘，只有上、下两种方向，所以理论上盈利的空间，就是顶底分型之间的部分。

沪指 2018 年中的某段日线情况如图 6-1 所示。

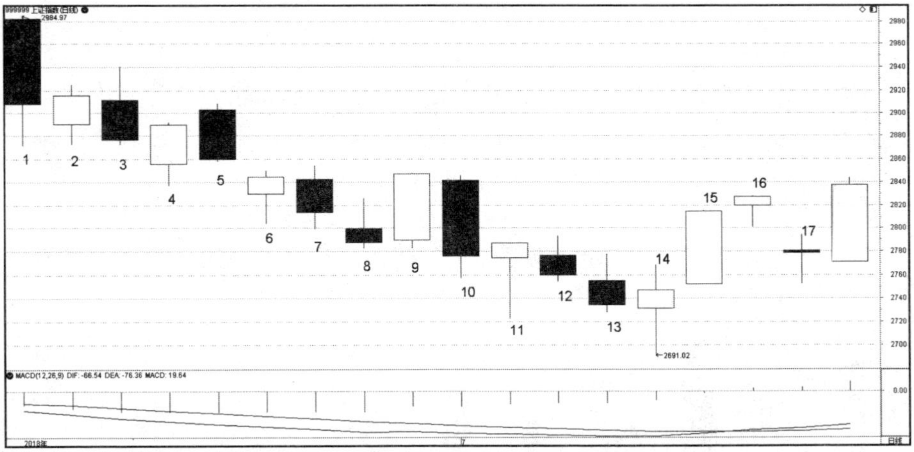

图 6-1 底分型抄底示例

1、2、3 元素不存在底分型。前面说过，底分型是向上笔首先要出现的条件，没有就不具备操作条件。这个底分型一直到 5 才出现。

3、4、5 构成一个日线底分型，那么如果要延伸出向上一笔，首先要突破 5 的高点，然后是 3 的高点。由于 5 是下跌的一个元素，并且第四个元素还没有出现，所以不用急，要等。

6 出现后，低开，创新低，3、4、5 不可能是底分型了，继续等。

一直到 9，一个新的底分型出现。7、8、9 构成一个标准的底分型，并且力度还可以，第一元素和第三元素的高点比较接近，由于第四元素还没出来，所以仍然不用急，要等走势突破7和9的高点之后回抽的那一段。

10出来，7、8、9底分型就可以忽略了，然后等11出现，没有底分型，12出现有底分型，13在向下跌但并没有创新低。在10和12两个元素的高点中，12这个高点都没突破，一个上影线被打回，所以可以再等等。

14出来，没有底分型。

15出来，一个强势的底分型出现了，该底分型的高点就是15的高点，次高点是13的高点，16突破了15的高点，还缺回抽确认。只有到了这个时候，才需要考虑是否要买入的问题，也就是底分型区间能否站稳的问题。一般来说，底分型的站稳，都伴随着小级别的第二类买点或者第一个中枢的产生。日线的底分型一般对应5分钟级别走势类型，而回升的力度，就可以与前面下跌的力度相对比了，在小级别上有了这些分析，对后续走势的演化就很好分类。

在上证指数2019年1月4日的周线图上，一个周线的底分型出现，最低点是2440.91，分型的上沿是2574.41，如图6-2所示。对应的日线级别走势是向上一笔的延伸，如图6-3所示。

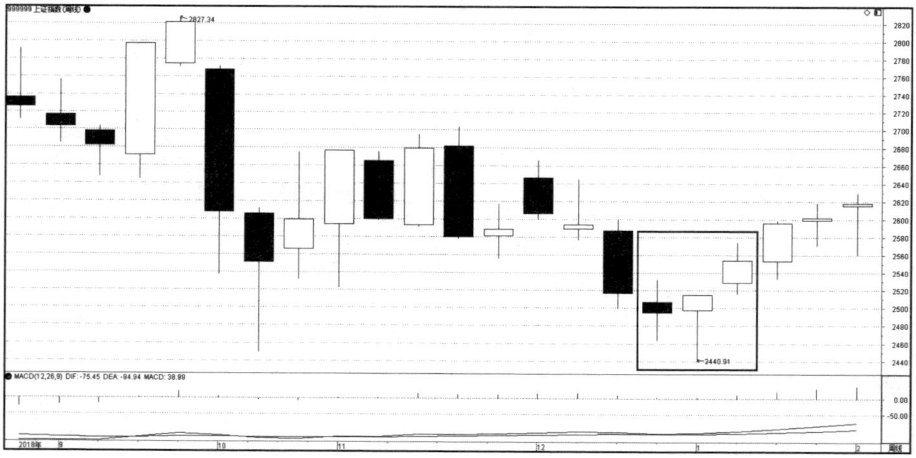

图6-2　上证指数周线底分型（2019年1月4日）

图6-3中的日线图与图6-2的周线图有着对应关系。K线1至K线28中，1-5是第一个周K线，也就是周底分型的第一元素；6-8是第二元素；9-13是第三元素。

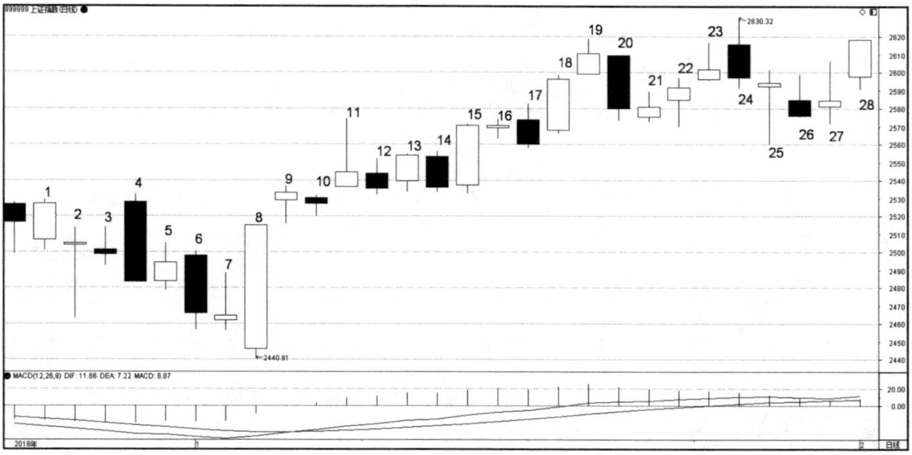

图 6-3 上证指数周线底分型对应的日线走势（2019 年 1 月 4 日）

显然，对于周线底分型来说，突破并且站稳分型区间上沿，就意味着要突破站稳由 K 线 11、K 线 12、K 线 13 构成的一个小级别中枢。并且从 8 开始，也就是从周线底分型第二元素的低点开始，日线上正在向上延伸出一笔，该笔的底分型上沿是 9 的高点，那么周线底分型的突破就意味着日线上一笔的延伸。这一笔从日线图中 13 位置到 17 位置出现一个典型的中继分型，然后到 20 位置出现一个顶分型。该顶分型所在的那一周，在周 K 线上属于对底分型突破后回试，收了十字星，但周线上并没有顶分型出现。此时在日线上，向上一笔还没有跌破 5 日均线，均线上的还没有出现 MA5 和 MA10 的贴近，显然还在上升过程中，第二类买点还没有出现（2440 位置是趋势底背驰点）。18-20 顶分型出现后，后续的 K 线也并没有向下延伸一笔，也就是该顶分型区间的低点都没有跌破。再后面的日线底分型出现在 25 位置，这时仅从日线图上就可以知道，从 8 开始的上涨中，一个 a+A 结构的走势出现了，而周线的一笔仍然在向上延伸中，同时在该次级别中枢的地方对周线底分型区间上沿相当于进行了两次回试。再结合次级别的走势，就可以很清晰地观察到这个中枢震荡的盘整背驰点，后面就是周线向上一笔的延伸，直到顶分型确认为止。这里对分型和笔的描述，涉及的其实就是原文中第 91 节和第 93 节《走势结构的两重表里关系》，原文内容可能有些复杂，我们尝试进行比较通俗的描述。

6.3 走势结构的表里关系

通过笔的定义就可以知道，任何当下的走势在笔的范畴里只涉及两个变量，第一个是在一笔的延伸中，第二个就是在分型的构造中，任何当下走势都不可能脱离这两种情况。原文中所分的两个相邻级别当下走势组合如表 6-1 所示。在表 6-1 中，向上笔用 1 表示，向下笔用-1 表示，顶底分型构造中的状态用 0 表示，分型确认后延伸为笔的情况用 1 表示。两个变量的组合就是表 6-1 中 30 分钟级别这一列的四种。5 分钟级别走势一栏，是相对 30 分钟的当下状态中，5 分钟图上可能发生的情况，两个级别一共是 16 种情况，在右边一列用序列数字表示。如果再加上一个级别例如日线级别，那就是 64 种分类了。

表 6-1　两个相邻级别当下走势组合

30 分钟级别			5 分钟级别			序号
向上一笔顶分型构造中	1	0	向上一笔顶分型构造中	1	0	1
			向上一笔延伸中	1	1	2
			向下一笔底分型构造中	-1	0	3
			向下一笔延伸中	-1	1	4
向上一笔延伸中	1	1	向上一笔顶分型构造中	1	0	5
			向上一笔延伸中	1	1	6
			向下一笔底分型构造中	-1	0	7
			向下一笔延伸中	-1	1	8
向下一笔底分型构造中	-1	0	向上一笔顶分型构造中	1	0	9
			向上一笔延伸中	1	1	10
			向下一笔底分型构造中	-1	0	11
			向下一笔延伸中	-1	1	12
向下一笔延伸中	-1	1	向上一笔顶分型构造中	1	0	13
			向上一笔延伸中	1	1	14
			向下一笔底分型构造中	-1	0	15
			向下一笔延伸中	-1	1	16

第一种情况，30 分钟向上一笔的顶分型构造中，5 分钟向上一笔顶分型构造中，也就是前后两个级别都出现了一个顶分型的情况，这对多头来说是个警示。显然 30 分钟顶分型的成立，5 分钟上必然会有向下笔的延伸，而目前 5 分钟只是一个顶分型。顶分型构造中则意味着该分型已经出现第三元素，该第三元素可能还没有结束，但第二元素的低点已经被跌破，并且当下的第三元素高点比第二元素的高点要低。这种情况下的次级别顶分型如果要出现，则必然在 30 分钟第三元素刚开始的时候，第一个 5 分钟 K 线就是 5 分钟底分型的第二元素，然后最基本的一笔上来到 5 分钟顶分型。除非 30 分钟第三元素是包含出来的，那可能在 5 分钟上不止一笔。这时要注意的就是该 5 分钟顶分型是否会让 30 分钟顶分型成立，对应小级别的走势就是第二类卖点是否成立，以及第二类卖点后的向下力度问题。

第二种情况，显然 30 分钟顶分型的第三元素是向上的 K 线，那就等待直至 5 分钟出现第一种情况为止，再回到第一种情况的分析。

第三种情况，一般从 30 分钟顶分型第二元素开始，已经出现了至少一笔，对应的是 30 分钟顶分型的第二元素和第三元素都是阴线的情况。这时要观察的是 5 分钟底分型是否能站稳，以及站稳后向上一笔会不会出现盘整背驰也就是第二类卖点，而站不稳就会到第四种情况。

第四种情况，5 分钟向下一笔延伸中，如果力度强的话，30 分钟顶分型就成立了。在 30 分钟的操作角度就应该严密监控其他卖点信号的出现，如均线等，而不是非要等背驰不可了。在 30 分钟向上一笔延伸过程中，一笔的顶分型还没有出现，那么 5 分钟上对应的四种情况代表的意义是不同的。

第五种情况，30 分钟向上一笔延伸中，5 分钟出现顶分型。一般只要这 5 分钟顶分型不至于将 30 分钟的向上笔破坏或者至少让 30 分钟顶分型出现，都不用太关心。特别在没有包含关系的 30 分钟 K 线中，5 分钟顶分型的出现一般都不会在这个 30 分钟 K 线里面延伸出向下一笔，那就更不用管了。

第六种情况，典型的持股阶段，属于最好的走势状态，直到出现第五种情况再说。

第七种情况，30 分钟向上笔延伸中，5 分钟向下一笔已经出现底分型，那说明 30 分钟最近的一根 K 线一定是阴线，最差的表现也是 30 分钟顶分型的第二元素，否则30分钟顶分型就会出现了。这种情况一般出现在30分钟连续上涨后的一根阴线中，而该5分钟底分型的出现，就要观察向上的一笔能够延伸出来，以及是否会转化为第四种情况和第八种情况。

第八种情况，30分钟向上笔延伸中，5分钟上从第五种情况发展为向下笔出现。这种时候只要这一笔不至于让30分钟出现顶分型都没什么问题，如果出现了，那就是第四种情况了。

30分钟是向下一笔的情况分类和上面八种情况相反处理就可以了。一般来说只要不是很极端的分型，顶分型的三个元素就都会有重叠区间，其实就是小级别的中枢。当下判断的关键点就是这个分型属于中继还是顶分，这时就可以通过次级别的四种状态去观察了。如果是中继分型，那么后续上涨的力度就很重要，出现盘整背驰的情况就要去小级别监控走势顶背驰。

6.4 分型的操作意义

根据分型的定义，一个向上笔的延伸，在顶分型出现之前不可能结束；反之一个向下笔的延伸，没有底分型的出现也不可能结束。这就可以为操作提供最现实的支撑，由于通常的操作是看大级别做小级别，如操作30分钟级别，首先要判断日线在什么阶段，如果日线单边下跌，那么30分钟也没有什么操作价值，这段时间就可以空仓等待。在日线下跌的底分型出现之前，都不需要去看30分钟走势图；当日线级别底分型出现后，再去观察30分钟K线图。

底分型要发展为向上一笔，首先要突破并且站稳分型的区间上沿，这在笔的定义里面是确定的。这种突破并且站稳，一般对应的就是小级别的第二类买点或者第一个中枢，所以很多时候会看到分型出现后，小阴小阳的两三根K线后上涨，例如，上证指数2019年12月6日至12日这种。

第二类买点的特征，在形态上就是回升后的横盘或者回抽过程，回抽的力度当然越小越好，第二类买点的形成如果是在下跌过程中，后面要突破第一段的高点就需要更大的能量来支撑才行。这种横盘与小力度的回抽，其实就是分型后的那几根 K 线。在小级别走势类型中，该段走势一般对应 MACD 向零轴的回抽、短期均线与长期均线的黏合等特征。

在图 6-4 中，A 位置本身是周线级别第二类买点，对应在图 6-5 的日线图上，该买点就是向下一笔的终点。周线底分型出现后，在 B 位置回抽，对应日线就是回升中的第一个中枢，而在之后周线顶分型出现之前都不用理会，日线中的顶分型不足以影响到周线顶分型的成立，就只有短差价值。

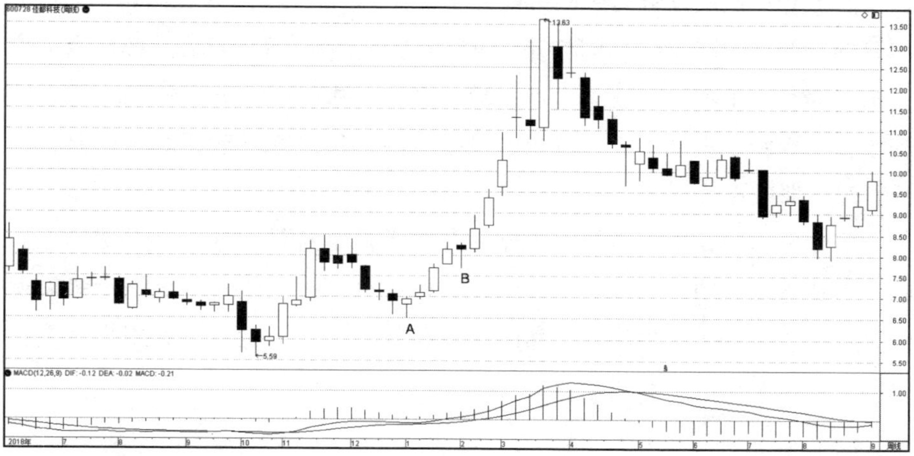

图 6-4　周线级别的分型示例

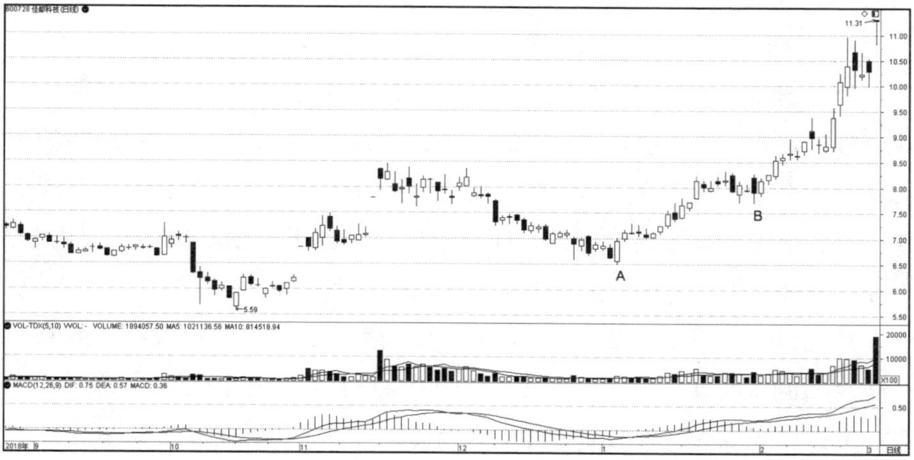

图 6-5　周线级别对应的日线级别 K 线

分型更大的作用是在顶部位置的卖出上。一般来说如果按背驰点介入，后面都会有回升，但回升后却并不一定有同级别的顶背驰才能下跌。像图4-9那种情况，如果非要等背驰才卖出，损失就会很大，这时分型、均线、小级别走势类型配合来辅助判断就很重要。

在上涨过程中，顶分型出现之前都不用管，唯一要注意的就是级别问题。例如，在30分钟买点介入的，一般在30分钟顶分型出现之前不用管。当顶分型出现后，如果该顶分型成立，则必然要跌破30分钟的MA5，所以一般强势一点的顶分型判断可能是中继分型的，没有效跌破MA5也是不用管的。对于30分钟顶分型来说，在5分钟或者1分钟走势上都会有一个中枢，那么该中枢的第三类卖点、30分钟的MA5和30分钟的顶分型，就构成一个判断卖点的条件。日线走势图上的5日线，一般还对应5分钟的MA120，那就更好判断了。

实际操作中，如果走势有明显的背驰，是不需要用分型之类辅助工具的，但那些没有明显背驰的情况，就可以把分型、均线、小级别走势类型结合进来。这些工具的使用，共同的思路就是分类，也就是利用当下走势中的一切可利用的工具对走势的后续发展进行分类。

6.5 买卖点的操作

就几何结构来说，判断买卖点不是很难的事情，但因为不存在两段完全一样的走势，各种细分的差别加上级别的因素后，同一类几何结构的买点在细节上会有不胜枚举的分类。把这些细节包含进来进行分类是不现实的，操作上也没有必要。况且，理论图形和实际走势图本来就是两回事，对于操作者来说，重要的是当下买点的判断与手起刀落。

首先讨论第一类买点。就某个固定级别来说，理论上应该把握的有三个买点，但高低级别一旦立体起来，三个买点其实都是第一类买点。

对抄底来说，最难的部分是小级别的延伸，所以按照固定级别，除非递归的经验非常丰富，能够在日线级别上分辨出30分钟级别中枢，否则只有趋势产生的标准第一类买点才有意义，也就是两个中枢的下跌后出现背驰段的情况才有意义。

在图 6-6 中，从 2016 年 11 月 28 日的 22. 71 位置到 2017 年 4 月 25 日的 13. 81 位置，是标准的下跌趋势，并且第二个中枢后还完整地出现一个第三类卖点，同时构成该日线级别第三类卖点的次级别走势中枢后面又出现一个标准的第三类卖点，这种极其标准的第一类买点，如果碰到是绝对不允许错过的。

图 6-6 第一类买点的操作

从图 6-6 可以看出，在下跌第二个中枢的部分开始放量，这可以通过成交量的均线变化和柱状指标明显观察到，这对该日线级别第一类买点是加分项。这样的走势出现在日线图上的情况并不多，如果不具备向下递归寻找精确买点的能力，就解决不了其他类第一类买点小级别延伸的问题，不知道如何去叠加其他因素，那么这样的买点就是最好的抄底品种。

下跌趋势中，第二个中枢后的 c 段是否包含中枢 B 的第三类卖点是无法预测的，对于趋势来说，即使没有最后的 c 段也完全可以结束，所以如果在第二个中枢的第三类卖点出现之前就介入，会陷入股价继续下跌的风险。解决的办法有两种：第一种办法是在 c 段出现背驰的情况下，根据底分型来介入，并且根据分型的定义去判断当下是否为中继，出现中继的情况就要马上退出再等下一个底分型；第二种办法是在 c 段背驰的情况下，根据底分型分仓介入。例如，第一次出现底分型先买入 1/3，第二次出现底分型可能就是第三类卖点之后了，再介入 1/3，这样只要级别足够，一个趋势新生出第三个中枢的可能性极小，由于第一次介入的成本被后续更低价格的介入拉低，风险相对于后面的回升小得多，也是可以的。

对于不愿意去赌最低点的操作者，除非下跌趋势的 c 段出现明确的第三类卖点，并且后面的下跌构成区间套底背驰，否则都不需要介入。对于趋势 c 段虽然创新低，但是没有出现标准第三类卖点后就回升的走势，由于这时第一类买点已经可以被确定了，那么更加稳妥的办法就是等待第二类买点的形成。

第二类买点就不一定在趋势的第一类买点之后了，很多下跌后出现的盘整背驰段都可以进行操作。例如，2019 年 1 月 30 日的上证指数或者 2013 年 4 月 16 日的创业板指，有些下跌后没有出现背驰，但小转大回升后出现的盘整背驰段也可以作为第二类买点来对待。相比趋势的第一类买点，第二类买点少了一个不确定的 c 段。

在图 6-7 中，A 是盘整背驰段的盘整背驰点，可以看到 A 位置之前的一段下跌中，在最后出现了一个次级别的背驰段。这种有背驰段的类第一类买点是最好的，即使没有背驰段，也不影响 B 位置第二类买点的判断。

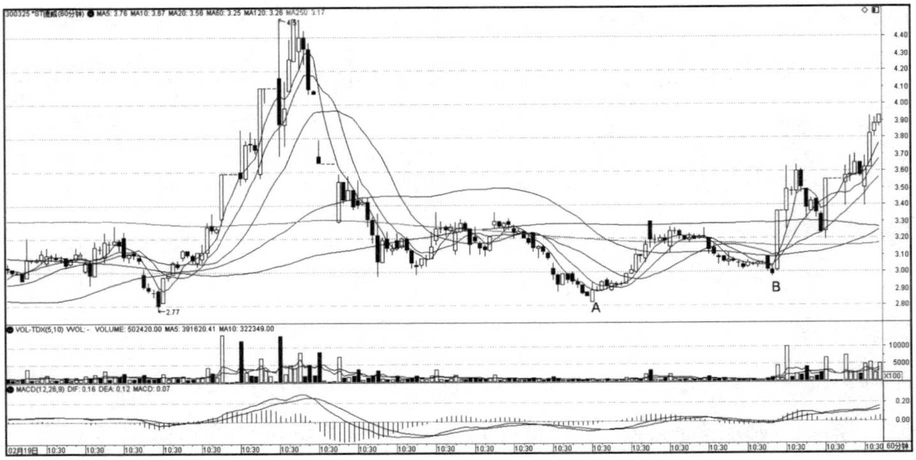

图 6-7　第二类买点的操作

对于操作而言，形成第二类买点的走势结构可能是横盘，也可能是下跌。在图 6-7 中 A 位置回升上来，再回抽到 B 位置的第二类买点就是下跌的结束点，这和走势类型没有关系，只与走势形态相关。相对而言，下跌的情况可以去次级别寻找背驰点来把握较精确的买点，而横盘的情况很多时候并不能找到次级别的结束点，这时就要靠放量来把握。

对短线来说，买点加放量的方法并不能解决所有问题，盘中很多短线脉冲式的上涨，在买点位置上去两三个点后就结束的情况太多了。如果是上午买的，在 T+0 的限制下第二天的价格可能比成本还低。如何避开这种脉冲式上涨呢？第一个办法是提高操作级别，第二个办法是用其他因素来叠加，后者是最重要的。

在图 6-8 中，A 位置就是传统技术形态“美人肩”，如果向下跌一些，就会是传统技术形态中的“老鸭头”。从能量的角度来看，这个日线级别的第二类买点保持强势的横盘状态，本身就意味着上涨的能量充足，后面出现上涨是很自然的事情。在次级别中可以清楚地看到一个上涨趋势后横盘，构造小级别第二类买点后放量突破的过程，如图 6-9 所示。

图 6-8　日线级别第二类买点

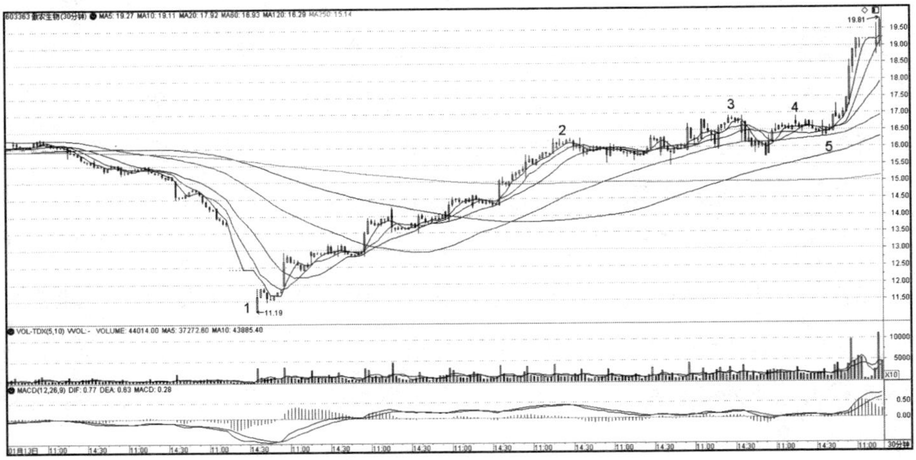

图 6-9　日线级别第二类买点对应的次级别走势

在图 6-9 中，1-3 是回升段，前文说过，在日线的 MA5 都没有跌破的情况下，这种回升段根本就不用管。日线上出现的一个中继顶分型的第三元素连第一元素的一半都没跌破，并且第三元素还是阳线，那就更不用管了。

2 位置开始是回升段的第二个中枢，然后 3 位置顶背驰，3-5 就是与 1-3同级别的横盘，构成高级别的第二类买点。同时，4-5 是该第二类买点内部的盘整背驰段，也是类第二类买点，高级别买点的内部结构中出现买点，后面出现上涨就再正常不过了。

换个角度看图 6-8 中的 A 位置，刚好对应的是前面下跌走势的一个日线级别中枢。一般来说，走势都会出现这种对称的情况，也就是回升中在前面下跌段的中枢位置展开中枢。从能量的角度来看，前面下跌中的中枢位置是多空能量的纠缠空间，这个价位本身就是多空双方都能接受的位置，而中枢震荡过程中所有的换手都集中在一个窄幅区间里面，相当于后面的下跌过程中该中枢位置买进的筹码都处于被套状态，可能有些已经止损离场了，走势见底后回升到该位置有犹豫或者测试是情理之中的事情。所谓的“头肩底”，其实就是前面下跌的最后一个中枢横盘构成左肩，中枢后背驰式下跌的次级别走势段构成头部，然后回升到前面中枢附近再做一个中枢构成右肩。

第二类买点与中枢结束点混淆的例子，如图 6-10 所示。

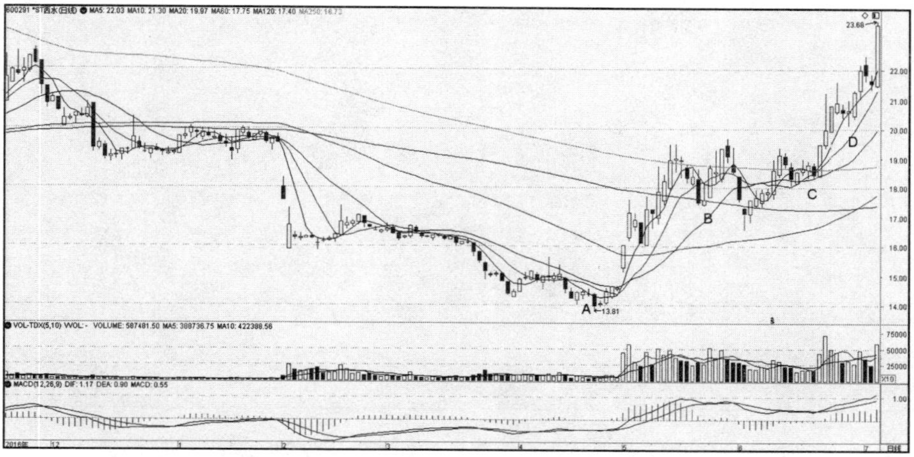

图 6-10　第二类买点与中枢结束点混淆

在图 6-10 中，针对前面的下跌趋势，在 A 点第一类买点出现后，第二类买点是 B 位置，而不是后面更低的那个低点，更不是 C 位置。该品种经过 B 之后，构造了一个日线级别中枢到 C，其中 C 段前面的几根 K 线构成该中枢的盘整背驰，也就是类第二类买点。这种类第二类买点和 B 位置的买点性质是完全不同的，在图中就可以直观地发现。B 位置后面的回升是必然的，这是由“走势必完美”决定的；而 C 位置后面的回升就不是必然的，从该日线中枢下跌是完全有可能的。图 6-10 中的 D 位置，就是第三类买点了。

图 6-11 是图 6-10 中 D 位置的次级别走势，图 6-10 是日线级别，图 6-11是 30 分钟级别。可以发现，C 位置之前有一个 30 分钟级别中枢，该中枢对应的 MACD 经过绿柱子、红柱子、绿柱子三波，这三波对应该中枢的三段次级别走势类型。在 D_1-D_3 中，第二段次级别走势就很不明显。所以对于 D_1-D_3 来说，D_2 位置的回升只是更小级别的上涨造成的，D_2 到 D_3 的过程属于 D_1-D_2 下跌的延续，这在 MACD 上也很清楚。以能量视角进行同级别分解，C-D_1 就是一个离开段，D_3 属于回抽段的盘整背驰点，虽然不属于前文中严格定义的第三类买点结构，但是在能量视角下完全符合次级别离开加次级别返回的要求。

图 6-11　第二类买点与中枢结束点混淆图 D 位置的次级别走势

一般来说，第三类买点所对应的 MACD 指标都有一个共同的特征，前面的中枢让黄白线随着三段次级别依次出现绿柱子、红柱子、绿柱子的过程，离开段黄白线向上再制造红柱子，然后随着价格的回落，MACD 黄白线回抽到零轴附近。这次由于离开段是脱离中枢上沿的，所以同样级别的低能量回抽并不会使黄白线跌破零轴很深，一般都在零轴附近。从能量的释放过程就可以知道，回抽的力度越小，该第三类买点的能量越强，而小的回抽力度并不一定要到零轴附近，很可能在某个价位稍微停顿下，红柱子缩小到没有，然后就起来了。图 6-12、图 6-13 都属于回抽比较轻的情况。

第二类买点和第三类买点除了提供技术介入点外，还有更重要的作用，如用来判断市场环境。技术类买点，如果不和其他条件叠加，往往都不太稳定。在实际操作中，市场环境、其他的各类条件是和技术共同起作用的。对于操作的最终业绩来说，技术以外信息很多时候比技术本身更加重要，这也是很多人沉沦在技术理论里面却一无所成的原因。

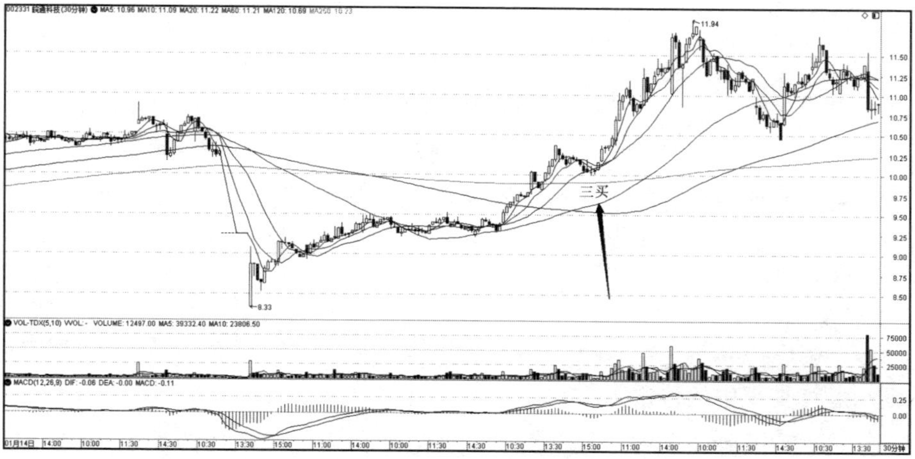

图 6-12 第三类买点的 MACD 黄白线回抽力度轻（1）

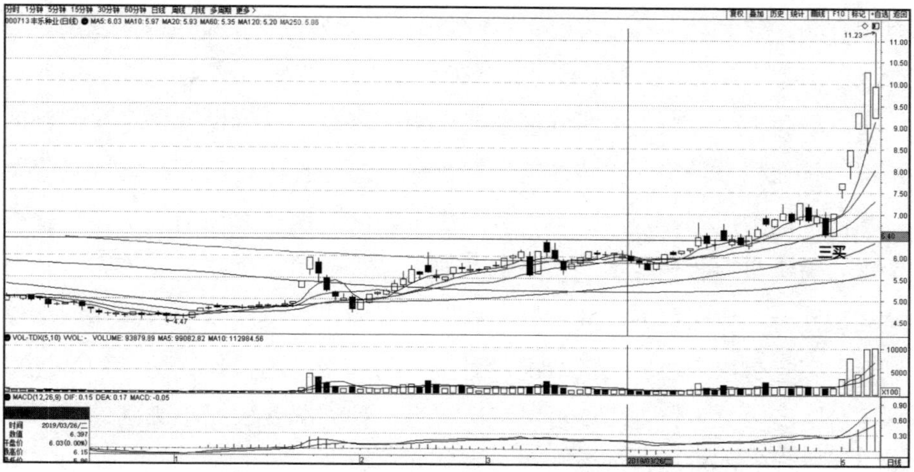

图 6-13 第三类买点的 MACD 黄白线回抽力度轻（2）

6.6 级别的立体分析

就技术面而言，对固定级别的买卖点，必须从更高级别的视角观察才有意义。例如，日线下跌的第二次级别走势段一定不会是下跌，但并没有太大的操作意义，而日线级别第三类买点构造中出现的次级别买点就完全不同了。所以在某个固定级别的买点结构出现时，一定要观察该买点在高级别走势类型中的位次。

技术型的操作通常要三个级别的联立分析。如果操作级别是30分钟，那么当30分钟走势出现背驰段的时候，要观察该30分钟级别走势类型处于日线级别哪种走势类型的哪个阶段，以及该背驰段在5分钟级别上的区间套背驰点，这样才构成一个明确的买点。

行情软件一般默认的级别都是日线，所以正常情况下看走势形态都是从日线看起。对于5分钟及以上的操作级别，无论如何日线都是要观察的。日线级别的走势类型，在当下只可能存在于三种情况中：盘整、上涨、下跌。

日线盘整一般对应的是双回抽或者箱体整理，后者也就是多次回抽的情况。按照标准理论，走势能够保持盘整形态这种中枢震荡，则意味着每一次向上的力度都比前一次小，每一次下跌的力度也都比前一次小，这样中枢一定会呈现收敛形态的三角形。但实际走势中这种情况并不多，经常这一次是背驰段，但下一次不是背驰段也能回来，也就是中枢震荡的次级别及以下走势出现小转大的情况。对于这两种情况的操作，前一种情况按照走势类型来分析背驰段就可以解决，后一种情况要根据小级别的第二类买点来操作，两种操作能够结合分析是最好的。

日线上涨，一般是指日线中枢后的上涨，可以用第三类买点出现与否作为分类条件。在b段还未形成第三类买点的情况中，如果有次级别走势类型的第二类买点也是可以介入的，但要注意次级别的顶背驰。这里要看b段本身是不是背驰段。如果是背驰段，那么b段内部结构出现顶背驰时一定要走，因为第三类买点是否能形成是未知数。在b段本身不是背驰段的情况中，在b段内部结构出现顶背驰的时候，走一半、全走、不走，三种选择其实都可以。减仓后等同级别 c 段下跌完成后再介入，一方面可以在 d 段继续上涨的后续分类中降低成本；另一方面可以把抽出来的资金再去介入其他品种。d 段再回升，如果相比 b 段是背驰段那就全走，如果不是背驰段就继续保持这种操作。全走的选择要注意第三类买点形成后的接回操作，在 b 段不是背驰段的情况中，第三类买点后再次向上仍然可能不是背驰段，如果不接回来就可能错过后面的剧烈上涨。在不走的选择中，就要忍受 c 段下跌的过程，c 段完成后再回升，出现背驰段再全部离场。三种方案中，一般第一种的性价比会比较高，因为存在 c 段跌得很厉害那种情况。b 段顶部走了一半，c 段的完成过程中如果跌破 b 段的关键位置，剩下的筹码就不用再等了，因为要防止 c 段开始日线级别下跌。

在图 6-14 中，AB 是 a 段，BC 是高级别中枢 A，CD 是 b 段，其中 b 段是次级别上涨趋势，D 位置是明确的顶背驰点。在 D 位置时，存在趋势加盘整构成第三类买点的可能，所以可以先走一半，并且根据走势必完美去等待与 CD 同级别的 DE 走势段的完成。但在后续的走势中，CD 最后一个中枢被跌破时，CD 级别的次级别走势段还没有完成，这时就不能再继续等待下去了，当 CD 最后一个中枢被确认跌破时，剩下的筹码就要离场。这种情况仍然存在跌破后又能回拉起来的可能，但在逻辑上，那是后面的事情了，存在于更后面的分类中。

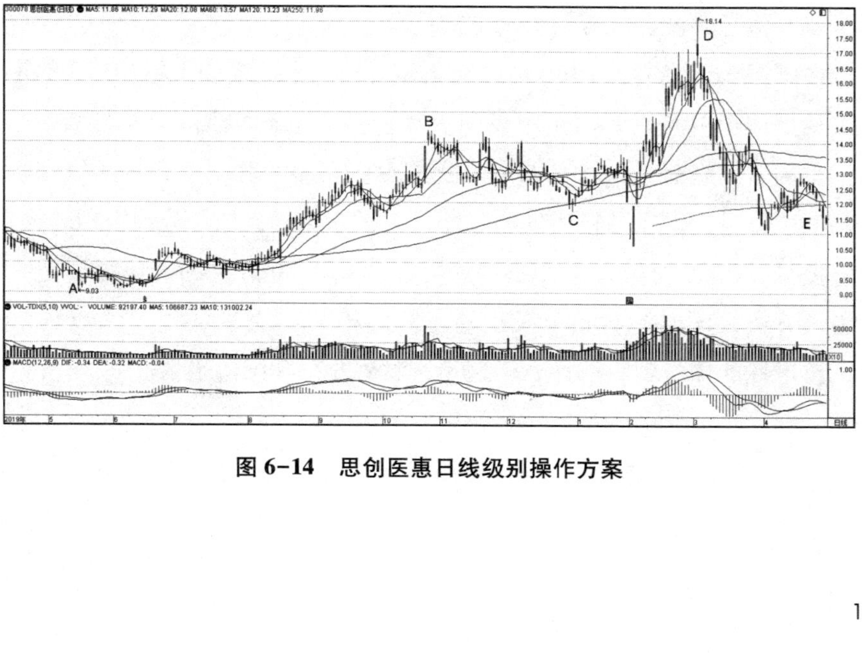

图 6-14　思创医惠日线级别操作方案

图 6-14 中的 CD 段最后一个创新高点的地方，在次级别上是一个没有第三类买点的 c 段，如图 6-15 所示。

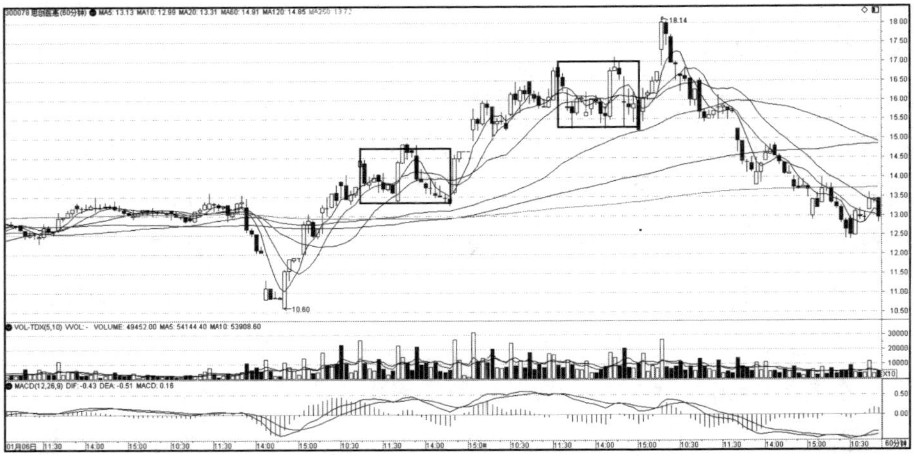

图 6-15　思创医惠日线 CD 段次级别操作方案

在两个趋势的上涨中，c 段从第二个中枢向上冲了个新高，这时分有第三类买点和没有第三类买点两种情况。但新高后的下跌，直接以小级别跌回到中枢内，这时就已经不可能存在第三类买点了。在高点没有离场的筹码，在价格回跌到中枢后就可以离场。CD 段的买入在周线上是很明确的事情，虽然因为新冠肺炎疫情的特殊原因，节后第一天跌停破坏了原来的走势，但是并没有改变大势的方向。

在图 6-16 的周线图中，可以清晰地看到一个大级别中枢，1-2 的走势仅仅从周线上就可以看出是次级别上涨趋势，2-3 回抽构成大级别中枢的第三类买点，后面的 3-4 从 MACD 上观察到盘整背驰，结合日线级别上涨趋势的顶背驰，操作是很清晰的。所以对于超短线，如 5 分钟级别的操作，最好把日线和 30 分钟 K 线图都纳入分析中，而 30 分钟的操作最好把周线也纳入分析，这样一共四个级别的走势结构为小级别的当下买点提供依据，技术性的操作就没有什么问题了，然后才是卖出的事情。

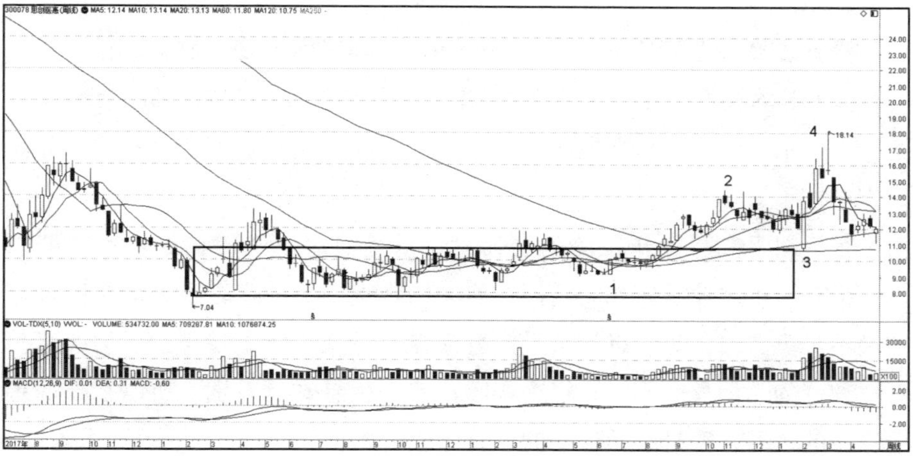

图 6-16 思创医惠周线级别操作方案

6.7 卖出的考量因素

如果所有的顶部都符合各个级别的区间套，那么卖出就不是问题，但在个股的实际走势中，各种情况层出不穷，等待区间套顶背驰甚至等待本级别的顶背驰都不太现实。不过虽然现实走势与理论存在偏差，但是解决方法仍然可以从理论中获得。理论作用的范畴是组成合力的各个分力能量均衡，然而这种纯理想状态极少，所以标准的区间套不常见，但是在理论中关于几何的部分是适用于所有走势图的，那么就可以从几何部分入手来解决卖出的问题。

根据理论，顶部的情况只有两种：在背驰段产生，在非背驰段产生。如 a+A+b 上涨结构，b 的顶点后就可以开始同级别的下跌，连第三类买点都不需要。但 b 段本身是在 a+A+b 这个整体走势中，产生该顶点的 b 段次级别走势在整体走势中相对于 a 段只有两种情况，背驰或者不背驰。

背驰的情况比较好解决，b 段内部结构延伸出顶背驰，满足区间套就可以了，或者 b 段本身是个上涨趋势，第二个中枢后有没有背驰都可以考虑离开。

没有背驰的情况就可以利用各种辅助工具来帮助判断，例如，前文提到的顶分型和均线指标等，这些同样适用于b段本身内部结构顶部的判断。

由于不同的交易者掌握的知识、经验不同，在判断上会有不同，解决的方案也不会相同。

很多缺乏实际操作经验的交易者，只是通过原文的论述得出一些结论，都是无根之萍。例如，止损在原文的观点中不一定存在，但实际操作中必不可少，第二类买点横盘后接着横盘再下跌的例子并不少，何况交易者对理论的掌握程度不同，解决方案可能产生悬殊的差别。所以在技术理论以外的预备方案是必须存在的，具体理由如下。

（1）走势并不一定完全按照区间套的方式来运行。最常见的情况是，在一个30分钟级别买点介入后，30分钟走势上并没有顶背驰，但5分钟走势上可能有，然后5分钟走势的次级别延伸中也没有出现顶背驰，走势就这么结束了。个股中，很多快速走势的卖点基本上都是在不同级别走势段的背驰与不背驰间形成的，指数上也不少见。两个中枢的下跌趋势后，没有出现第三类卖点就直接见底回升，换在卖点上，就是B中枢没有第三类买点冲新高后直接见顶。在这种情况下等第三类卖点，或者完全按理论以中枢震荡处理，等中枢破坏这种理论上的卖点，基本上都不会在很好的位置。

（2）小转大时常发生。原文中讲小转大不多见，其实在个股中，尤其是小市值的小级别中经常出现。遇到这种情况，一方面是操作级别过低导致；另一方面是小转大的发生概率大，本来就与合力的均衡与否有直接的逻辑关系，而交易者并不知道。这种情况有点类似第一条中，30分钟走势没有背驰，但1分钟走势出现顶背驰后直接反转的情况。在这种情况下硬拿筹码等30分钟顶背驰，就可能要承受一个完整的5分钟级别下跌甚至30分钟级别的下跌，不仅损失利润，还浪费机会成本。

（3）买点后的走势分类中，存在没有获利空间的卖点。在30分钟下跌趋势中，底背驰后明确知道必然有一个30分钟级别走势类型，一般情况下，至少会向上走出一个a+b+c结构后才结束，这已经是比较弱的情况了。但还有可能存在更弱的情况，那就是第二个30分钟级别走势的a、b、 c 三段是个盘整，并且是向下奔走的。例如，第一类买点 5 元，回升到 6 元，下跌到 4 元，再回升到 5 元，这同样是个盘整，但如果等 30 分钟级别的卖点，就会面临差价不够手续费的情况，更何况人的买入基本上都不会精确到最后一分钟，这样有可能导致亏损。此外，还有 5 分钟级别 a+A+b 结构的下跌走势，b 段背驰后，后面有可能是 5 分钟同级别走势，也可以是 1 分钟走势构成第三类卖点，这都需要当下监控。对于 30 分钟下跌趋势来说，以次级别走势卖点为退出条件是比较稳妥的办法。一般来说，会在次级别卖点出现时至少走一半，第二类买点再接回来，以避免可能发生的最差情况。

（4）无法忽略人的因素所导致的错误。人会犯错，这是无疑的。无论是买点判断失误，还是因为惯性的作用偏左或偏右介入，都会造成这类错误的发生，这是非常正常的现象。平静地接受自己在市场中无法做到百分百完美的现实，会让你轻松得多。如何避免错误，是一个错误的思维，能做的只能是尽可能避免大的错误，像偏左、偏右这种就属于小错误。避免错误的道路是永无止境的，也就是永远都解决不了这种问题。在学习和实践的后半场，更多的精力要放在如何发现错误、发现错误后如何处理这种事情上。

一个基本道理：我们的所有买卖行为，都是在根据当下图形对未来走势的预判基础上进行的。只要你是按技术分析来买卖的，都逃不过执行前的预判。换言之，因为我们认为后续走势的发展会有利或者不利于我们，所以才会买卖。因此，在买入后，如果走势并没有按照你设想的方式运行，那么这就是明确无误的判断错误，此时最好的选择就是离场。当然不排除后面反而大幅上涨的可能，但这种上涨除非是你根据卖出后的走势判断出来的，否则只不过是运气使然，那就属于赌博了。

原则一：市场上唯一正确的结果就是盈利。一般来说，只要判断没什么问题，买点介入后基本都会有盈利空间，只是空间有大有小的问题。那么当走势向下回调到你的成本价附近时，还没有出现卖点，怎么办？这里就涉及一个操作上的原则问题，那就是：**无论如何，都不要让盈利的筹码变成亏损**。本来是赚钱的，却让价格跌穿了成本线变成亏损，这是绝对不可以接受的错误。在操作中，为了避免这种情况，就一定要根据盈利空间和具体走势，设定必须离场的条件。最极端的条件就是平价出来，但绝对不接受盈利的变成亏损的。有的走势可能涨得多一些，例如，短线筹码的价格上涨了10%，那么回调过程中，盈利空间的30%幅度和50%幅度都是值得重视的地方。这里有两种方法：第一种方法就是到位置就离场，保存利润等下一次机会；第二种方法就是减仓，使盈利空间扩大，例如，原本10%的盈利，走掉一半就是20%的盈利，可以接受的回调幅度更大一些。

原则二：技术分类的关键点是很实用的工具。例如，在一个第三类买点后的上涨中，没有出现背驰，按理论要在上面有新中枢产生。如果要产生新中枢，那么回调的低点不可能回到构成第三类买点回调的起点，也就是第一波次级别突破中枢后的高点，一旦回到该点位，则意味着短线的强势上涨已经不可能了。后续的分类中，即使仍然有趋势，也是很弱的情况，更大的可能是扩展或者继续下跌，这时就要在任何一个向上回抽中找机会走人。其他的技术类的条件在理论中还可以推演出很多，例如，平台突破，那么在短线强势上涨的情况下，不可能回到平台；平台型第二类买点后，如果要上涨就不可能继续盘整。这些技术条件需要学习者有意识地去反推，如果走势如预期运行，哪些情况是不可能出现的，出现了意味着什么，要如何在操作上应对。

最后讲一些比较方便的分类条件。这类方便的条件都是偏技术的，但与走势结构或者能量没有太大关系，完全就是根据软件上的一些指标进行分类。例如，在上涨时，某级别的MA5是很重要的，在强势上涨的情况中，该均线不可能被跌破，那么跌破后的向上反抽不能回去，短线就要避险再寻其他可能，60分钟和日线的MA5从来都是短线的生命线。还有顶底分型的利用，底分型是所有底部的充要条件，而顶分型就是所有顶部的充要条件，其出现的时候必须警觉，顶分型、MA5、小级别顶部结构三者的配合，在设定卖出条件时非常实用。此外，在一段下跌中，如果走势一直被某均线压制，那么对该均线的突破就有明显的技术意义，上涨亦然。MACD红绿柱的分界点、零轴的分界点，以及5分钟的MA120等也是经常使用的技术分类条件。这些方法不存在百分百准确，都和概率有关，这和区间套顶底背驰的意义是不同的，所以只能作为辅助。对于一些理论应用不太熟悉的操作者来说，方便、好用、易理解，就很适合，用什么条件和条件本身没有什么关系，只和用的人有关系。

6.8　一些流行的误区

本节内容对一些市面上流行的理论认知进行讨论，这些认知有的造成理论的偏差，有的容易对具体操作产生影响。

第一，笔不能直接用作中枢构件。在有些图形中是可以用笔作为中枢构件的，也就是当成中枢的次级别来处理，但大多数图形是不可以的。笔者在笔和线段的章节讨论过，笔只有在向上递归中作为最小级别能量单位时才有意义，因为笔有其自身的内部结构，在向上递归两三层级别后，这些笔的内部结构差异可以被忽略。但如果只是在笔的层面上，这些内部结构的差异就不能忽略，这其实是很好理解的事情。

在图 6-17 中，1 至 11 之间的各笔，在该 K 线图的层面上，作为同级别走势处理没什么问题，在不太追求精确的分析中，这些笔之间的实际级别差距可以被忽略。但同样是一笔，11-12 和前面的笔就完全不同了。从图 6-17 中可以看出，11-12 这一笔和 6-7 这一笔相比，级别大很多。所以一笔作为中枢构件时，一定要注意图形本身是否适合，如在图 6-18 这种 K 线图中就完全不适用。

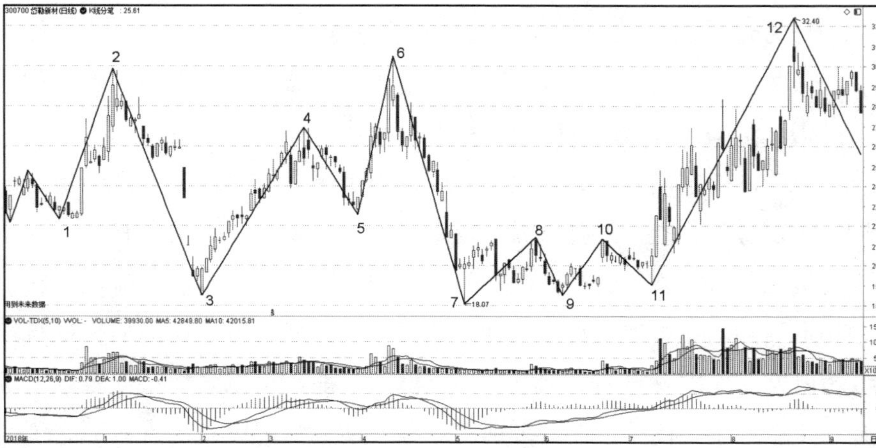

图 6-17　K 线图中各笔间的差异

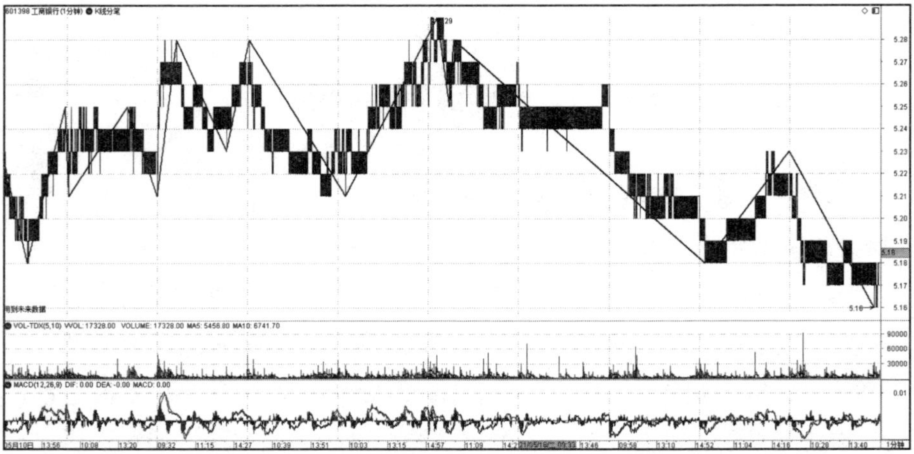

图 6-18　笔不适合做中枢构件的情况

第二，线段不可操作。线段和走势类型不同，线段只问几何结构，与走势能量没有任何关系。所以很多时候线段并不能体现走势的原貌，这就是线段划分与走势类型的划分相比有些古怪的原因，这两种划分所依循的原理在根上就有区别。因此，线段层面在理论上是不可操作的，只是被看成由高点和低点构成的、没有内部结构的能量段。但也有很多时候，一个完成的线段，本身也可以按走势类型的原理被划分成走势类型，这种情况就可以操作了，但可操作的原因并不是因为线段本身，而是该线段同时可以被划分为走势类型的巧合，并不具备普遍意义。和笔作为中枢构件类似，线段的操作默认组成该线段的每一笔级别一致，这时就要注意这些笔的实际内部结构体现的级别问题，相差太大是不行的。

第三，高级别笔和低级别线段没有逻辑关系。有些时候，两者表述的是同一个走势段，但并没有什么逻辑来确保一定如此，可能只是运气，也就是高级别的一笔刚好就是低级别的一个线段。在操作中，有时候确实可以根据低级别的线段来判断高级别的笔操作，只是要分情况。如果低级别的线段刚好对应的就是高级别笔延伸，那么一般都可以。如果低级别线段明显在走第二个线段了，但高级别的一笔连顶分型都没有出现，那么说明第二个线段对整体走势的影响并不大，这样就可以在低级别上通过三个线段来分析高级别的一笔。总而言之，两者不存在必然对应的关系，具体使用的时候，要根据高低级别走势在当下呈现的特征来进行灵活取舍，考验的是对走势分析的熟练程度。

第四，笔和线段不是必须掌握的。原文在笔和线段后讲过笔和线段是基础的基础，被好多学习者奉为圭臬，认为必须首先学会笔和线段，其实不然。在缠中说禅博客关于笔和线段前的文章中都通过走势类型来分解走势，那时还没有出现笔和线段的概念，而前后解盘中对走势的划分标准也是不一致的，并不存在前期用线段分解，后来规范线段定义的情况。这就说明没有笔和线段一样能够分解、分析走势图，按走势类型来也可以。f_0的设定变化并不会影响最终递归分析的结果，对于熟悉走势并对走势的理解更深的操作者，用走势类型来划分走势有着显著的优势。只是对绝大多数初学者来说，还是建议按部就班了解、掌握笔和线段的划分，然后再用线段递归走势类型，随着递归的熟练程度增加，自然能够在高级别上直接划分走势类型了。

6.9 操作时个股与指数的关系

指数有很多种，大多数人只知道上证指数和深证成指在通达信系统中的代码分别是 03 和 04，这是被大家称为“大盘”的指数。毋庸置疑，顺着指数的方向操作，性价比是最高的。例如，在指数的某个级别上涨趋势最后的 c 段介入，就要面临指数的次级别下跌带动个股下跌的风险。

实际操作中存在一种情况，看到个股的小级别买点，但并没有考虑到指数所处的阶段，即使买点判断准确，但由于指数在后续走势中是下跌的，个股买点后的回升很弱，也达不到想要的操作结果。

大盘指数属于所有个股的打包，在逻辑上，是全体个股当下的走势影响了指数，同时指数的变化进一步影响了个股，这代表的是整个市场的相对平均值。大多数时候，个股本身出现了大量的买卖点，进而出现走势的转折，最后影响到指数的变化。

相对个股来说，用缠论来分析大盘指数的当下更简单一些，因为大盘指数的分力结构更加复杂与均衡，而个股就不一定了。所以很多时候对大盘指数的分析可以精确到 1 分钟级别，但鲜有人去分析个股 1 分钟走势图。

除了大盘指数外，还有一些其他综合指数，例如，中小板指数和创业板指数，分别是中小板的综合指数和创业板的综合指数。在具体操作的时候，要清楚操作的品种所属的板块，因为该品种更服从所在板块的指数。中小板和创业板其实都是深证的分支。上证指数和深证成指这两个最大的指数比较，上证指数由于算法的原因，给银行、中石油这类品种更高的权重，所以其指数受这些大盘股的影响更多一些，如银行的上涨就可以带动上证指数的上涨，但其他板块的品种可能并没有上涨；深证成指更多代表二线的股票，相对而言更加能够反映市场的综合情况。

以上是几个较大的综合指数，反映更多的是整体市场的情况，而整体市场是由几个不同的板块组成的，所以综合指数、板块指数、个股之间是一个类似区间套的关系。板块里面的个股影响板块指数，所有板块的波动影响综合指数，而综合指数反过来又会去影响个股。

板块的分类也有不同的方式：可以按行业分，例如，地产分为全国地产和区域地产等；按概念来分类就有 OLED 板块、区块链板块、IP 变现板块等；按公司性质来分类，就有上证 50、沪深 300、中证 500 等指数。当一名操作者能够根据当下的市场环境来重点观察某些特定板块时，就意味着操作者思维开始立体化，纳入的条件更多了。

如果通过一组指数来监控市场的整体情况，那么上证指数、深证成指、中小板指、创业板指这四个是必要的，个股在大范围的归类中必然属于这四类，受各自对应指数的影响也很明显。除此之外，上证 50 指数、沪深 300 指数可以用来辅助判断上证指数的当下情况，而金融指数和证券指数是上证指数的压舱石，也最好纳入观察范围内。一般来说，只要金融和证券形态良好、走势正常，市场就没什么大的风险。剩下的就是行业板块指数或者概念板块指数了，这方面的观察选取目标是不确定的，要根据当下市场的板块活跃程度来决定。

总而言之，在指数的当下运行状态和市场环境中去对待个股的操作，这样的逻辑关系对于追求确定性的操作而言是必需的，而当下的市场环境就不是技术面能完全解决的问题了。

6.10 如何复盘

复盘是对静态图的阅读，无论出于对理论知识的理解还是在实际操作中对市场的了解，这都是必须要做的功课。对于理论方面的理解，复盘的重点在于产生买点的走势结构与卖点。这相对比较简单，复杂的是了解市场这个环节。

虽然从走势结构上来说只有少数几种，例如，向下的走势无非就是 a+b+c 结构、a+A+b 结构、a+A+b+B+c 结构，但是具体的走势细节千差万别，不存在完全一致的两段走势。更何况走势有级别的划分，高低级别不同的走势结构的组合可以衍生出无数具体的走势形态。复盘就是熟悉这些具体走势形态和买卖点结构的过程。在这个过程中，因为有海量的样本可供参考，对理论与实际图形的结合会有很大的帮助。

每天都可以进行的复盘，是把指数的小级别图形进行连续性分解的过程，这也是了解每天指数变化的过程，使操作者对目前走势所处的阶段有更清晰的认识。此外，还可以对涨跌幅进行排序，将涨幅靠前的个股打开，观察高低级别走势结构，注意起涨前期的形态、均线的变化、成交量的配合。样本数量积累多了，自然可以归纳出来哪几类图形适合操作，并且以后看到类似的图形自然会有感应。

当人的大脑储备了大量数据后，会自动进行归纳总结，每个人对数据量的要求都是不同的，但积累的过程必不可少。在复盘的过程中，经常切换高低级别的走势来对照，对于某级别走势类型在高级别上会呈现什么样的形态，或者高级别上的走势在小级别是哪种结构都会熟悉起来，以至于打开某级别走势图就可以根据次级别走势类型进行同级别分解。秒图的能力就是通过以上的工作建立起来的，一只股票在打开走势图的几秒钟内就知道能不能上手，因为常规的上涨前的形态在复盘过程中自然就熟悉了。

对于市场环境的把握需要对整体市场了解得更多一些。以行业来分类，在通达信系统中有 56 个行业板块，每个行业板块都有自己的板块指数，指数体现了这个板块的综合情况。值得提醒的是，有些板块中个别股票占的权重太大，指数对板块内综合情况的体现会弱一些。对56个行业板块进行细分，就有110个细分板块。概念板块是随着市场概念的变化而变化的，并没有一个恒定的值，如5G行业出现后，就有了5G概念板块。除此之外，还有风格板块，如中字头、高市净率、低市盈率、活跃股、绩优股、行业龙头等都属于风格板块。

要了解当前市场环境，兼顾选择目标板块和目标个股的复盘，一般是以下流程。

第一步，把行业板块按市盈率升序排列。这样银行一般都在最前面，然后是几个成分板块，例如，保险、多元金融、建筑、船舶等。这些成分板块在指数中占的权重较大，了解这些行业目前的状态，有利于辅助判断指数的状态。

第二步，打开第一个行业板块，一般都是银行，然后再把该板块内的个股按总市值或者流通市值、流通股、总股本进行降序排列。这样排在最前面的是该板块内的一线成分股，同看成分板块一样，该板块内的一线成分股是该板块的风向标。像2019年三一重工一直在上升中，作为板块内流通股和流通市值最大的个股，同时也是该板块内业绩最好的公司之一，只要三一重工还在上涨通道中，整个板块就没什么问题，不过是走出来的时间快与慢的区别而已。

第三步，按照上面两个步骤，一只只股票复盘过去。具体的复盘步骤是：日线、周线、月线、30分钟或者60分钟。这个工作的目的是了解个股在各个级别中所处的走势阶段，以及筛选可能的买点，同时最好把个股的历史图形拉出来看看，了解在各个级别的上涨之前发生了什么，以积累更多的储存数据。

第四步，再去浏览一遍板块指数，分别复盘细分板块和概念板块。这个过程是为了观察当下市场中哪些板块是活跃的，各个板块指数所处的走势阶段如何，还可以利用均线系统对板块指数进行强弱排序。

对以上过程职业操作者应该每周进行一次，长期进行这种复盘，可以获得以下能力。

（1）秒图的能力，打开一幅走势图马上感知到是不是可以关注的品种。

（2）对板块和板块内的个股分布熟悉，看到某只股票上涨，马上能知道是哪个板块出现异动。

（3）对上涨前的形态进行归纳总结。

（4）熟悉基本面变化对板块和个股的影响，并建立起板块轮动的基础认知。

只有具备扎实的理论知识，熟悉买卖点的常规走势形态，能归纳和总结上涨前大致形态特征，才具备了进行下一步的基本能力。技术能力，必须建立在由技术、基本面、比价构成的整个系统中才有意义。

7
基本面概述

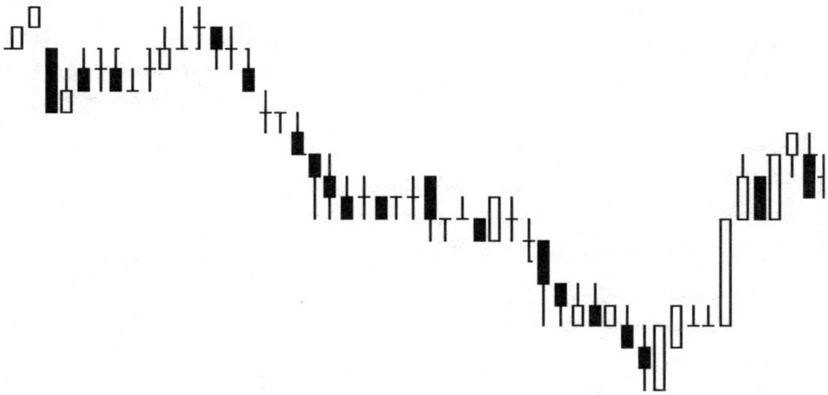

7.1 技术的局限

我们刚开始进入股市的时候，都会偏重技术面的内容，认为技术面能够识别走势的底部或者上涨的延续。随着对技术的应用越来越多，实际接触过的走势越来越多，操作经验越来越丰富，总会在某个时候发现技术面的不足，或者觉得自己技术面掌握得还可以，但总是达不到理想的状态。

当掌握了技术面就可以持续稳定盈利的幻象破灭，会有一种隔着一层纸却无法突破的感觉，这普遍属于成长过程中的一部分。总的来说，问题一般都集中在“买点判断没问题，但后续走势很弱”这种情况，详细分析这种状况，主要的原因大致有三个。

第一，对行情性质没有概念。在大的范畴里，市场共有三个阶段，循环往复，而在不同的阶段，操作思路是迥异的。这三个阶段就是牛市、熊市、震荡市。其中，熊市往往包含了震荡市。在单边下跌行情中，80%的买点后续的走势都是弱化的，只有在牛市和震荡市中才涉及板块的问题。买点叠加板块，是一种很基础的思维。2015 年股灾后，有三大段单边下跌行情，其中小级别的反弹非常难操作，就属于80%的买点后续的走势会弱化的情况。在 2005 年或 2015 年的牛市中，日线乃至周线的第三类买点有效性大幅增加。2019 年 10 月，日线或者周线的第三类买点后，走出更大力度上涨的最多一半。而在震荡市中，更多的是对板块的选择。

第二，不注重板块的选择。板块与板块之间是有区别的，例如，2019 年主做汽车板块或者煤炭板块的，在同样的技术加持下，一定比不过主做科技板块的。在行业板块中，有的属于周期性行业，有的属于研发驱动性行业，而这其实和市场阶段也有联系。例如，震荡市中，消费、医药往往表现较好，这是由市场里面的分力结构以及各个分力结构的特性决定的。

第三，对个股股性不重视。市场、板块、个股，对这样一个层级结构的了解程度，将决定技术面应用的有效程度和效率高低。每个品种其实都有其自身的性格，同样的买点在不同股性的品种上表现千差万别。

除了这三个原因外，还存在其他的原因，但和基本面并不直接相关。例如，对消息面或者政策面的反应，正确的方式是以当下为准绳，而不是用预测性的思维方式。所有的消息、政策、基本面变化，必须经过盘面技术走势的确认，市场的认可是唯一的准则，否则技术就用错地方了。特别是在缠论领域，对这种“零向量”的要求相对比较高。

市场环境、政策或消息引发的板块效应、板块内的个股市场地位、技术买卖点，这些条件具备后才能进行完整的操作。显然，叠加的条件越多，正确率越高。在市场环境比较好的时候，这些叠加条件最大的功用就是对轮动的把握。市场不是一波就涨完的，板块同样如此，一个板块的上涨，并不是板块内所有个股一起上涨，而是第一梯队、第二梯队、第三梯队这样轮着上涨，这对资金利用的效率起到决定性作用。

要完整实现对市场、板块、个股的判断与操作，只有技术显然远远不够，需要掌握的东西还很多。无论如何，操作者对市场了解得越多，能够把握的机会也就越多，同时资金的利用率也就越高，这是无可争议的。在这个基础上，要做到以下几项内容：对股市大周期的判断、对主线行情板块的判断、对不同板块特性的了解、对市场参与者结构以及不同参与者操作特征的了解、对个股财报的了解、板块内比价效应的应用等。

7.2 经济周期概述

本节内容不同于正统的经济学理论，只能算是一种思考。在经济学领域里，理性经济人假设是一切前提的前提，例如，《民富论》里那只“看不见的手”本质上就是理性经济人假设的延伸。在市场经济中，这只“看不见的手”当然是存在的。在市场好的时候，每一个行业内的企业都在尽可能地生产更多的产品；而当市场衰退的时候，就会发生产能过剩，进而拉低产品价格。更低的利润会促使一些实力不够的企业退出，它们的退出又会导致产能的萎缩，那么当市场重新复苏时，产能跟不上市场的需求，价格又会上涨，利润开始增加，进一步导致从业者的增加，以及随之而来的产量增加。这样一个过程就是典型的对周期的描述。

2015 年底，螺纹钢指数价格下跌到 1618 元，而对于钢厂来说，只有规模化的生产，才能降低每个单位的生产成本，所以必须保持产能。而且炼钢炉是不能熄火的，重新点燃需要极高的代价。对钢厂来说，原材料的进货价格属于变动成本，而除了原材料价格外，工资、管理费用、生产费用、维护费用这些维持生产所必需的费用相对固定。从这里可以推论出一个结果：如果铁矿石价格上涨，而钢材价格下跌，那么钢厂的利润将无限趋近于零，直至亏损生产。

从市场的角度理解，价格的持续下跌，就是相对产能来说，需求少了。钢厂的运营特性决定了每年生产的钢材数量一般只会增加。设全国有 100 家钢厂，每家钢厂平均每天生产 100 吨钢材，那么每天全国就有 1 万吨钢材的产量，全年产量 365 万吨。由于市场原因，某年钢材的需求量只有 100 万吨，这样就多出来 265 万吨的产能。钢厂卖出去的这 100 万吨钢材所得到的利润并不足以抵销全年的生产成本，那么为了在有限的需求里面去争取自己产品的销路，就会降价。

商品降价的过程，称为通缩。这里我们要谈到商品价格指数（Commodity Research Bureau，CRB）。CRB 是世界范围内衡量商品期货价格变动的基准，其中参与计算的商品有三种。

农产品：大豆、小麦、玉米、棉花、糖、冰冻浓缩橙汁、可可、咖啡、活牛、瘦肉猪。

能源：原油、取暖油、汽油、天然气。

金属：黄金、白银、铜、铝、镍。

这些商品在纳入计算时都有各自的权重，目前来说，能源类的权重要高一些。无论如何调整，这个指标都意味着世界上作为大宗商品来交易的品种综合价格走势。图 7-1 是 1992 年至 2020 年 4 月的 CRB 指数 K 线，可以看出，2008 年 7 月最高点之后，指数长期趋势为下跌，并且在 2016 年之后，甚至跌破了以前的平台。大宗商品下跌必然对应着通缩，反之亦然。

图 7-1　1992 年至 2020 年 4 月的 CRB 指数 K 线

自工业革命以来，每一项引发生产力革命的发明都支持了很长时间的经济发展，这就是经济发展的黄金时期。随着这些发明的潜力被不断发掘，增量会逐渐变少，这就是衰退。“二战”之前的那一波经济发展，是以电气化和重工业为代表，也就是交流电替代直流电之后的事情。再往前就是以石油和钢铁为代表，洛克菲勒和卡耐基就是那个时代的产物。再前面是纺织机械和蒸汽机时代，“羊吃人运动”就是那个时代的产物。每一次具有革命性的发明创造，都可以支撑全球经济发展好多年，这个周期是 60 年左右，也就是这两年被很多人知道的康波周期，如图 7-2 所示。

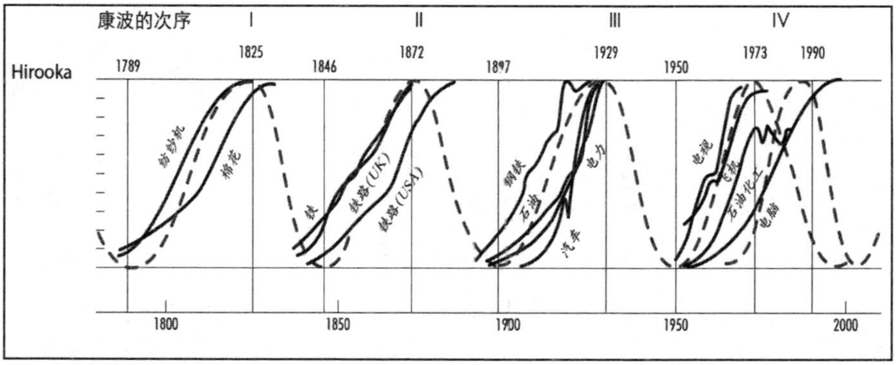

图 7-2　康波周期

资料来源：Hirooka（2006）、东方证券。

在经济学领域，康波周期并不是无可争议的，很多经济学家认为理论证据匮乏；也有人认为科技创新仅仅是个触发器，而不是唯一驱动力。现实的发展证明，能够带动更多产业链升级，进而导致生产效率大幅提高的科技发明，都出现在经济周期的节点。换言之，所有的经济发展周期就是各项科技发明的商业化发展周期。

围绕这科技发明的是债务周期。在一项科技发明可以被商用的情况下，社会资金对该领域的投资会激增。我们记忆犹新的是两年前有多少共享单车出来，类似滴滴打车的软件吸引了多少资本。这些投资的热情，当然源于对资本增值的考虑，在此基础上，很多资本会借债投资，因为这些项目的增长率远远大于债务成本，也就是利息。但随着借债的增加，货币同样会发生紧缩，贷款利息会随着借债的增加而增加，直至无以为继。

7.3 周期如何产生

经济的周期现象，是有大量实际数据支撑的客观存在，但人类到目前为止，其实并不能对其完全解释，例如，精准预测或者当下监控满足某些条件就会发生什么经济情况。相反，人类从历次经济危机中总结出来的一些对应关系，显得更加卓有成效。这些总结出来的规律，公认有效的有以下四个。

康波周期：跨度约为 60 年的经济周期，以科技创新为触发点的生产效率不断提升的过程。

库兹涅茨周期：跨度约为 20 年的经济周期，又称“建筑周期”，与房地产建设相关。

朱格拉周期：跨度约为 10 年的经济周期，主要由设备投资或基础设施的更新驱动。

基钦周期：跨度约为 40 个月的经济周期，又称“库存周期”，由生产库存驱动。

把这四个周期结合起来，使得大小周期长短嵌套的是熊彼特。这些是与宏观经济活动相关的周期，其实在各个行业里面，都存在着各自的小级别周期。周期是有同构性特点的，因为投资和生产活动的行为是同构的。

我们假设现在有个行业刚刚兴起，由于在刚开始的时候，参与投资生产的人是比较少的，产品的总量也比较少，又是新的产品，所以供给方拥有一定的定价权。这时候的价格是比较高的，例如单价 100 元。利润也比较高，例如一个单位有 80 元利润。随着这类经济活动的增加，越来越多的人看到这里面的高利润，于是把更多的钱投资进来，每个人都在根据当下的利润增长率来测算自己的投资回报率，如 30%，而同时期的市场货币利率才 5%，也就是说借钱的成本是 5%，而投资出去的收益是 30%。这样的情况不仅会把投资人自有的资金吸纳进来，还会吸引很多投资人借钱来投资。前面说过，每个人都在根据当下的情况来测算投资回报率，所以总的投资金额会大于市场实际需要的投资金额。如果该产品面向的市场是在不断增长的，那么投资进来的钱可以随着市场的增长而不断产生盈利。在这个过程中，会不断有新的资金介入进来。这些资金带来了更大的产能，进而逼迫产品开始降价，利润率下降，这就是个衰退的过程。当投资回报率与市场利率一致时，就意味着经济的平衡产生了。

显然，在上述行业上升的过程中，银行更愿意给投资人提供资金，这样导致的结果就是市场的扩张，背后的驱动力是货币供给与债务杠杆。在衰退过程中，银行开始收紧银根，因为在存量竞争环境下，有的贷款借出去是收不回来的，将导致一些债务违约，而债务违约其实会进一步加剧衰退。

在这个过程中，行业的发展是根本，而货币的供给起到推波助澜的作用，这在近十年来的房地产市场上有最明显的表现。除了房地产以外，其实每一个行业都会有一个类似的过程，这就是定向调控的逻辑。

整体的经济环境，不过是大一个级别的周期，货币政策调控的过程仍然是必要的。经济过热其实和投资回报率有关。前面我们讨论过在一轮新的经济周期前期，信贷的扩张将带来行业的扩张，因为这些信贷放出去后，能够带来比借贷成本更高的收益。而这种扩张是有尽头的，首先，行业本身发展的周期会导致经济衰退乃至萧条；其次，从事经济活动的人会储蓄，会把钱存起来以备不时之需，两者都会导致通缩的发生。一般来说，市场需求的增长都会稍低于行业产能的增长，如此一来需求与供给必然会达到平衡这个阶段。因为每一个从事生产的人都会根据自身能力去扩张，而不可能对全行业的扩张速度有充分了解，所以会出现过剩。这时投资的回报终将不足以抵偿借贷的成本。在这个过程中，需求的增长是第一层；在需求增长减缓乃至停滞的过程中，生产者的投资生产活动仍然在惯性增加，这是第二层；第三层是货币信贷提供者会随着生产者的投资生产扩张而扩张。这三者有个传递的过程，而传递则意味着延后。

货币供给数量控制的反应速度永远滞后于生产与投资，而生产与投资的反应速度永远滞后于市场需求的变化，这就是经济过热的来源。当货币投放不再能够创造更多的经济收益时，被投放出来的货币就不再进入生产活动中，而是会被投资到其他领域。所以我们会看到，股市的周期与经济的周期往往并不同步，但横移一段时间就同步了。换言之，当货币供给的增长速度不能带来相对应的生产效率与生产能力的提高时，经济进入过热状态，这时对应的货币政策一般就是收紧银根，减少货币的供给，减少信贷的扩张规模，否则将会出现通货膨胀的后果。

我们在观察经济活动的时候一定要知道，所有的经济政策只有一个初衷：增加生产效率，为社会提供更多的物质财富。途径可能不同，但目的都是一样的。这就是缠论原文在讲述经济学时，首先从人要吃什么来开始推演的原因。

7.4 周期、货币、股市

在证券市场上，完全可以对周期的有效性进行确认。例如，2019 年 10 月是朱格拉周期的底部，也就是机械和基础设施的更新换代周期。我们知道那些挖掘机、农用机械都有使用寿命以及功能性提升的过程，这就是朱格拉周期。所以我们看到，通用机械板块有些蹭上热点的股票大涨，例如，农用机械就经历过一轮普涨，而通过技术面发现，机械行业的大多数股票都处于筑底阶段。在这种情况下，就可以结合周期的力量、技术形态、行业复苏的数据等信息来多维度确认，例如，重卡或者挖掘机的销量变化等。这些信息其实都是公开的，就看你是否有心去发掘。

大的经济环境存在着同样的周期现象，由于我们并不能完美测算和监控这种周期现象，所以只能在当下根据经济数据来进行调控，而调控的方式主要就是货币，当然还有政策方面的因素，例如，新能源车停止补贴、信托资金不允许进入房企等政策，其本质还是调控行业内的货币规模。

货币的调控，无论有多少种途径，最终呈现在市场上的现象只有两种：货币多了和货币少了。前者往往对应着通胀，后者对应着通缩。在正常的经济社会里，政府会尽可能保持轻微的通胀，也就是让流通到市场上的货币始终略多于市场的实际需求量。这一方面是因为精确的市场需求量无法测算；另一方面是为了保持货币的持续贬值。对于前者，多放的货币将使货币成本始终偏低，这有利于投资活动的增加，简单的理解就是借钱的成本低；对于后者，是考虑到货币只有在流通中才能对经济产生积极的作用，都把钱拿去存银行，通缩就会发生。货币的持续贬值，将逼迫人们想办法把资金花出去或者投资出去，而不是一直保存在手里。说到这里，要提一个关于货币的常识，那就是货币的流通速度与经济的正面作用成正比。也就是说，同样的货币量，流通速度越快，货币发挥的作用越大。

从上文我们可以得知，其实从长远来看，货币的调控一直在与货币的天然通缩性做斗争。但在这个过程中，由于一些短周期的存在，又必然出现一些作用于短期的调控政策，这就是我们会看到过几年货币紧缩、过几年又货币宽松的原因。例如，当前的经济数据反映，除了受猪肉影响的CPI，其他经济数据都在收缩，那么可以预见的是有利于货币宽松的政策很可能会出台。

货币的宽松与紧缩，取决于两个方面的原因：第一个是内生性的，也就是政府根据国内经济环境的变化进行的货币政策调整；第二个是外生性的，主要体现在汇率上，例如，在发展中国家，本币的升值将使国内货币流通量增加，因为国外的资金会被吸引过来。资本的流入与流出会导致国内货币流通量的变化。除此之外，大宗商品的价格变动也会影响国内的经济环境，进而逼迫货币政策的调整。例如，如果原油价格上涨1倍，那么所有以石油为原材料的化工品都会涨价，这就属于输入型通胀。以美国为例，之前中国出口到美国的产品是1美元一个单位，现在由于成本上升，变成3美元一个单位，那么对美国来说，相当于经受了输入型通胀。

股市的周期和货币的宽松紧缩是密切相关的。从供需的角度来看，牛市本身就是股票市场的通货膨胀过程，下跌对应的就是紧缩。我们知道，在同等商品规模的前提下，供应的货币量越多，越容易发生通货膨胀，其通货膨胀的程度与货币的额外供应量成正比。在证券市场中，商品规模其实就是流通股数量。由此可以得知，当流通股数量不变，或者流通股数量小幅增长，而纳入的资金量增长高于流通股数量增长时，将导致股市的通货膨胀，也就是价格的上涨。

所以，当实体经济、债券市场、民间借贷市场、银行利息高的时候，股市都不会有大的行情，因为相比股市而言，这些都属于低风险乃至无风险利润，股市虽然可以让利润很高，但风险是随之增加的。对于大额资金池来说，例如，上百亿规模的资金，快速的爆炸式增长已经不现实，它们要努力达到的目的是抵销通货膨胀，在此基础上寻找和等待高收益的投资方向。股市对这种资金来说，只是资产配比中的一部分。在无风险、利率高的情况下，如果股市在偏高位置，那么资金投入股市中的比例会相应减少；反之亦然。

显然，从上面的观点就可以推论出，股市大行情的发生必须满足的条件有流通货币的增加以及增加出来的货币流向股市。

7.5 股市周期的基本面因素

在资本市场里，存在着一股资金势力，我们可以统称为“食利资金”。这部分资金有时候可能投向实体，有时候可能投向虚拟，唯一的共同点就是，这部分资金不以实际的生产销售为目的。他们通过私募股权投资（PE）、风险投资（VC）等各类资金工具，参与一级市场、一级半市场、内地股市、债市、港股、周边市场其他金融衍生品等获利，是一种以大类资产投资为主要方式来实现资金轮动增长的势力。

在这种前提下，即使市场流通货币增加，也不一定能够使股市实现上涨。一个最典型的跷跷板，就是债市和股市的关系，但这种对应关系并不一定呈现涨跌的对应，而可能是债市走平，股市走平或向上，或者债市向上，股市走平或下跌。

2019年3月27日到4月27日，中债指数下跌，而沪指是最后一段上涨。2019年4月底到9月，债市向上，而股市整体向下。2016年2月至2018年2月，资金主要是去了港股。

以上例子只是为了说明资金的流向问题，大家可以参照一些指数与股市的对应关系验证一下。从此得出的结论就是，资金面的宽松，对于股市的上涨，特别是牛市那种大级别的上涨，属于必要因素，但并不是充要条件。

资金面的宽松，可以从几个方面来观察，最常用的就是M1和M2。由于M0、M1、M2这几个数据的统计口径经常变化，也就是计算方式变化，因此这里只简单介绍一下基本的定义，以及对股市的影响。

M0=流通中的现金

M1=流通中的现金+活期存款+信用卡类存款

M2=流通中的现金+活期存款+信用卡类存款+居民储蓄+企业定期存款+信托类存款+其他存款

显然，三者按流通的容易程度划分。无论统计口径怎么变化，这三个指标的制定目的是不会变的，那就是通过三者关系衡量当下货币市场的情况，以便财政或者货币政策做出正确的应对措施。

关于股市部分，重点是M1和M2。通过上述的公式可以得知，当M2增长率快，而M1增长率慢的情况出现时，由于M2中包含了M1部分，所以一定是那部分代表着定期的、流动性差的存款部分的增长增加，才能拉高M2的增长率。这种情况一般有两种原因：第一种是实体经济的回报率下降，企业扩张性收敛而造成资金的沉淀；第二种是货币发放量超过实体实际需要的数量，而多出来的资金沉淀到存款上面。历史上，每次行情的底部，M2都会比M1大，具体的数值是大5%。例如，2018年11月至2019年2月，M2保持比M1增长率大5%的状态，随后的市场是大跌。

值得注意的是，M1和M2的剪刀差并不是行情的充要条件，因为一切因素在股市中的最终落脚都是技术面。在实际分析中，除了技术面以外的因素都是辅助判断条件，不过如果辅助判断条件叠加较多，也就是数个条件形成共振，那么判断的准确度也会有很大提高。

前面说过，市场上增加的可投资资金并不一定要去股市，而是有好多地方可以去。在这方面一旦引导不利，这些虚拟市场吸收不了的资金就会发生外溢的情况，一般都会造成某领域的物价上涨。这部分资金既然叫食利资金，就意味着这些资金的目的是通过各个虚拟领域来盈利。在任何一个市场中，盈利的途径只有一个，那就是低买高卖。中国股市缺少规模性的做空机制，其实就是有做空机制，做空也从来不是食利的最佳途径，因为理论上做空能够获得的最大空间只有100%，而上涨却无上限。

在盈利途径需要通过低买高卖来实现的基础上，要一个足够大的行情起来，还需要一个必要条件，那就是股市的估值足够便宜。这可以通过“巴菲特指数”来监控当下的股市估值情况。所谓“巴菲特指数”，指的是股票市场总市值与当时 GDP 的比值。中国股票市场的平均比值约为 50%，这也就是说，这个股票市场的总市值变化曲线围绕 GDP 增长曲线的 50%波动。那么每当总市值与 GDP 的比值下行至 50%以内的范围时，都属于低估。对市场中的主力资金来说，当然整体估值是越便宜越好。然而随着中国证券市场的逐渐成熟，被大众接受程度的提高，股票价格不可能无限制地下行，随着估值越来越低，会有越来越多的买入力量加入进来，直至下行力量与上行力量平衡。以 2019 年 11 月 1 日为例，2019 年的 GDP 预测为 97 万亿元，而沪深总市值为 55. 2557 万亿元，该比值约为 57%。由于是从底部回升上来的，这个阶段可以定义为估值恢复阶段，属于一个正常的估值区间。2018 年底，最低总市值为 41 万亿元，与 GDP 的比值约为 45%，属于低估区间。

从历史来看，中国的指数变动与政策周期有着很高的相关性。所谓政策周期涵盖了数层因素，首先是宏观政策，例如，这几年去杠杆的阶段，就是典型的趋紧周期。从 2015 年 11 月首次提出供给侧结构性改革，一直到 2019 年 11 月为止，仍然处于这个时期当中，只是随着去杠杆进程的发展而逐步开始缩小范围。所以我们看到自 2015 年以来，股市都没什么像样的行情。而 2019 年的行情其实根本不算是牛市，只能算是一波中级恢复性行情，其背景就是去杠杆工作由原先的全面收紧发展到了局部收紧。之所以进行供给侧结构性改革就是因为之前的政策太过宽松，资金已经不能带来相应的生产效益，属于一轮扩张的尾声，才有了 2014 年和 2015 年的行情。

整个政策周期也是三级别嵌套的结构，有着自身的同构性特征。宏观经济政策是第一层级的，第二层级的政策周期包含财政政策和货币政策两个大类，第三层级就是具体的行业政策、外汇政策、价格政策等微调工具了。

综上可知，股市的周期随着宏观政策的周期，呈现第一个级别的涨跌变化。而在宏观政策的内部，二级政策和三级政策又会影响到大周期的内部运行。我们经历过的牛市中的回调、震荡市中的日线级别或者30分钟级别涨跌都是被二级、三级政策所影响。在研究指数涨跌周期的过程中，我们会发现，大行情的周期是有规律的，那就是十年，刚好和朱格拉周期相匹配。

打开沪指的月线图会发现，除去证券刚开始设立那段时期的行情，第一次真正意义上的牛市起点，是在1994年到1996年；十年后，2004年到2006年，是第二个牛市的起点；又是十年后，2014年附近是第三次牛市的起点。所以，在这样的周期规律中，下一轮牛市应该在2024年附近出现。对于朱格拉周期来说，2019年仍然处于下行中，只是已经在底部了，在后面的复苏中，一旦资金面宽裕，就要观察资金的去向问题。由于本轮周期叠加了康波周期，复杂性比前两轮朱格拉周期要大，在目前这种经济下行压力下，是否有更加有力的宽松政策出来，将决定股市的中期走势问题。

7.6 政策对股市周期的影响

前文有四个不同于传统经济学理论的结论：第一个，经济的复苏反而容易导致行情的结束，资金被实体分流的多了，股市不会有行情；第二个，一轮经济周期的尾声进入衰退周期，在资金投向实体的收益率下降的情况下，容易出现牛市，这是实体与虚拟的跷跷板；第三个，牛市与朱格拉周期的关系，其时间周期大约是10年，而其中的震荡行情属于基钦周期的范畴，表现为三年左右一个轮回；第四个，政策周期是有级别之分的，在各个级别上有着同构性的特点，而不同级别的政策，触发的是不同级别的行情。中国的经济是二元结构，主要体现为民营和国营、城市与乡村，这在缠师的经济学文章中略有提及。每一次经济周期的复苏，其实都伴随着二元结构的调整。例如，1996 年的国企改革与房地产市场化，2005 年的股份制改革，2015 年的再融资监管市场化改革，都是将原本属于国有经济的一部分利益释放出来，让渡给民间而产生的巨大市场。显然，释放出来的市场规模越大，引发的股市上涨的幅度就可能越大。像 2005 年的股份制改革，堪称全国资本市场的豪门盛宴，除此之外还叠加了大宗商品牛市与人民币历史性升值，所以那次的牛市规模也大。

真正的行情都是多个因素叠加的结果，所有有利于行情的因素都有一个共同的特点，那就是能让股市吸引来一定规模的资金。对于股市而言，股票就是产品。在产品数量相对固定的情况下，吸引来的资金多了，行情就向好。显然，产品数量的增速与资金的增速比值越小，行情越大；反之则行情越小。这也是对指数而言，成交量必须作为行情判断依据之一的原因。例如，对于 2019 年 11 月 11 日的市场，成交量指标（VOL）在 25000 手以下就不可能有什么行情，最多就是某一个或者两个板块的活跃，牛市是不可能的（不同时期的成交量是不同的，这需要根据当下所处的盘面特征来分析）。这里说的牛市不可能，并不涉及预测，而是通过成交量来确定行情性质。资金不认可就不会有量的突破，而任何行情确认的先决条件，就是市场资金对行情的认可。

大的政策是大行情的催化剂，中级政策一般会导致震荡市中的上涨，而最小级别的政策往往只能制造下跌中的反弹，走势的级别与政策、资金面的级别通常都是配套出现的。除此之外要注意的是，整体的经济周期处于哪个阶段，也就是前文中所提到的宽松和紧缩的大环境。例如，供给侧结构性改革就是明确的通缩，通缩一般都伴随着负债率的降低，也就是去杠杆。

由此我们可以知道，在大的经济周期级别，政策有三个阶段：宽松、稳健、紧缩。其中，宽松的政策是牛市的必要条件，稳健属于该时期政策的持续，紧缩则不可能有像样的行情。牛熊的转向，其实就是宽松和紧缩的转向。例如，宽松政策刚开始，整体的经济宽松是渐进式的，这种渐进的过程就是稳健，这属于量变。如果前面是紧缩政策，而现在政策转向为宽松，那就属于质变。几次牛市都是由质变催化的。

在大的政策下，中等级别的政策包含财政政策与货币政策，这是国家调节经济的左右臂。前者主要包括政府投资（如基础设施建设等）、税收政策、财政补贴、国债等；后者针对的往往是货币市场，用来调节货币投放量，例如存准率、利率、货币乘数、再贴现、公开市场业务等，前文提及的M1、M2就属于货币政策的数据体现。

再小级别的政策就涉及具体行业了，例如股市政策、外汇政策、产业政策、价格政策等。例如，某项政策可以大幅度减少信托资金向房地产行业的流动，而在其他行业却有定向的宽松政策。

如果时间、精力充沛，把这些政策内容完全吃透最好，在这个过程中，还要根据研究的历史数据与股市的走向相印证，这样无论是大行情还是中级行情，都可以实现预判。把这些内容结合到技术面上，才是完整的缠论思维。要注意的是，这些政策的发布时间与股市的涨跌起点往往都会有一些误差，级别越大误差可能会越大。例如，2007年6月开始实行紧缩的货币政策，这属于质变，但后面仍然从4000点涨到了6000点，在那段行情中，很多二、三线股票已经开始下跌了，上涨的都是大市值的成分股。2008年7月开始实施宽松的货币政策后，股市仍然从3000点跌到1800点，甚至9月宣布四万亿元计划后，仍然下跌了一个月才见底。这说明股市的上涨与下跌有其自身的惯性，所以要让技术图形和成交量来确认市场对这些政策的认可，否则看到利好政策就买多，看到利空政策就卖空，基本上都会踏错节奏。

7.7 牛市的分力因子

从前文我们可以知道，一个大牛市的产生，是几个分力因素合力的结果，除了技术面以外，最核心的就是资金面和政策面。其中，资金面比较好理解，股市的上涨下跌其实就是面向股票这类产品的通胀与通缩，既然筹码数量稳定或者增长（筹码数量减少的情况极少，除非上市公司大面积退市或者回购），那么能让股票通胀的因素只有流入的资金增加。流入股市的资金从两个渠道增加：第一个是存量资金，第二个是增量资金。存量资金意味着原来分布在各个产业的资金有一些流入股市，一般对应债券和实体经济的资金，以及存款变动。增量资金就意味着中央银行发放了更多的资金进入流通领域，这可以通过各个阶段的货币政策来把握，例如，M1和M2的同比增长率，其实就兼顾了两者的变化。

在发展中国家，特别是在中国这样比较稳健的发展中国家，债券长期来看一直是牛市，只是在长期上涨中有一些中等级别的波动，可能略微下跌或者横盘，这可以通过中债指数来把握。实体经济要观察的就是市场实际利率，也就是资金投入实体的回报率问题，这一般可以通过工业品出厂价格指数（PPI）反映出来。这二者代表的其实是市场中的无风险或者低风险资产的收益率。当这种无风险或者低风险利率高的时候，作为高风险的股票市场就不太受资金的关注。

存量资金的变动，分力结构略小，但具体的情况要具体对待，不可一概而论。例如，在贸易摩擦升级背景下，以外贸为头部的整个上、下游产业链都会萎靡，这部分的资金就可能会从实体经济流向虚拟经济。增量资金分为两种情况：一种是量变；另一种是质变。真正起作用的是质变，例如，从货币紧缩环境向货币宽松环境转向，往往都对应着一波行情，但也会有时间差。2005年的牛市，其货币背景就是紧缩向宽松质变的政策。在宽松或者紧缩的过程中，最常见的名词就是“稳健”。货币政策的宽松和紧缩其实是属于中间级别，是在大的经济政策范围内的货币政策调控，与货币政策平行的是财政政策。

2015年的牛市就有财政政策的分力在起作用，“一带一路”涉及大规模的基建投资，而这部分的投资一般都在财政支出里面。在去杠杆的过程中，由于内需的萎缩，一般对应的财政政策就有扩大政府赤字、提高政府投资的规模。与此同时，自2014年开始，M2与M1的差值就在不断扩大，直至2015年6月开始缩小，这与指数上涨、下跌有着强烈的对应关系。这种类似“一带一路”的政策，就属于政策面的范畴了。

一个完整的行情合力，至少包含了政策面、资金面、技术面三个部分，而行情级别的大小，其实就是三者合力的大小。如果大级别的政策面利好或者宽松（国有企业股份制改革），大级别的资金面宽松（如人民币历史性升值），大级别的底背驰买点（周线级别底背驰）出现，那么毫无疑问会有大牛市出现。在震荡市中，例如，2010年以及2016年之后的行情中，中级政策利好或者货币宽松等一般只能制造其中的上涨行情，通常都是30分钟级别或者日线级别上涨。2016年与2017年的供给侧结构性改革使钢材和水泥价格回升，带动两个板块的上涨，这就属于中级政策的影响了。

对于操作层面而言，这一部分所侧重的是整体环境与行情的级别判断，再向下一个级别就涉及具体行业的选择与判断了。

8
板块的基础认识

8.1 板块的分类

打开行情软件，在板块排行或者其他类似界面中，会看到很多板块，通达信里面的行业板块共有 56 个。这 56 个行业板块还可以进一步细分，例如，有色金属里面就有铅锌、铜、黄金、小金属等细分板块，房地产板块里面还可以分为房产服务、园区开发、区域地产、全国地产等。不同的细分板块会有不同的行情。在某个大类板块上涨的过程中，其细分板块往往都会上涨，在实际走势中，就能看出主线板块和其他板块的区别了。例如，在酿酒板块里面，红酒、黄酒和白酒的走势区别就很大。

前文我们探讨了牛市、熊市、震荡市的各种性质和条件，而在三个不同的市场环境中，对操作和具体选股的思路要求是不同的。例如，2020 年 1 月的市场就是典型的震荡市，指数是在上涨，但成交量一直上不来，这说明上涨的板块是少数几个，成交量都在这几个主线板块中，其他板块基本没机会。在牛市中，市场是普涨的格局，至少不像震荡市这样，如果选错了板块，哪怕指数是上涨的，你也有可能亏。但即使在普涨中，主线的行情仍然有更大的增长幅度。

所以，在标准的操作中，第一步是判断行情性质，第二步是判断主线板块，第三步是锁定板块内的个股，第四步是技术买卖点。在这其中，只有第四步和技术有关系，前面三个步骤才是拉开差距的关键。

对板块的认知，在一定程度上其实就是对商业版图的认知，而最根本的工业就是能源，其中分为石油、天然气、煤炭三个部分，这是最上游的板块也就是第一梯队。为什么这么说呢？如果原油大幅涨价，像中国这样依赖石油进口的国家马上会面临输入型通胀，因为后面几乎所有的行业都要用石油作为最初的原材料。

第二梯队是材料和工业。例如，钢铁、贵金属、基本金属等属于材料；机械、军工、航天等与机械制造相关的行业属于生产工具类；电力设备里面包括电网、发电设备等；农业、包装、造纸、林木属于农林和下游造纸产业；化工行业里面包括农药化肥、化工原料、化纤等板块。

第三梯队属于商业和消费。能够成为商业和消费产品的都是经过第二梯队制造出来的。房地产、家电、建材是一类；汽车相关产业链是一类；零售贸易、医疗保健、食品饮料、纺织家居是一类。这些都属于消费端的产业，也就是直接或间接面向终端消费的。

除此之外，作为经济运转的润滑剂，有利于资源配置和货品流通的，以及生活、生产基础保障的，称为基础服务类。基础服务类含公共事业、金融服务、数字新媒体产业（TMT）、物流等几个大的板块，其中各板块还可以继续细分，如金融服务就有银行、保险、证券、信托等业态，而TMT就有计算机软硬件、元器件、半导体、通信、互联网、文化、传媒、教育等细分板块。

这是从产业链上进行的板块分类，而从更大的范畴，我们可以将所有板块概括在四个模组内：消费、成长、周期、价值。

消费模组里包括食品饮料、医药生物、纺织服装、旅游服务、商业贸易、农林牧渔、家用电器、轻工制造等具体板块。其中，轻工制造主要包括电动工具、造纸、医疗器械、陶瓷、体育用品之类。

成长模组里包括计算机、传媒、互联网、电气设备、通信设备、半导体、电子元器件等。这个模组属于业绩弹性大、市盈率偏高、但可能的成长性最强的品种。

周期模组里包括煤炭、石油、矿石采掘、有色金属、钢铁、化工、交通运输等，也可以包括房地产板块。房地产板块其实最好划入金融板块里面，但它的其他所有特征都符合周期模组的分类标准，也就是大市值、重资产、低估值的品种。由于其业绩确定性较高，这些板块通常都不会有成长股的那种高市盈率，如2016年供给侧结构性改革后的水泥钢铁板块。

价值模组里包括公共事业、建筑材料、装饰材料、汽车相关、机械设备等，其实这些板块同样有周期性的特征，只不过业绩弹性比纯周期股要高，而周期性比纯周期股要弱。

其实所有的股票都可以归纳到周期股里面，区别只是我们对周期的敏感度不同，像有色金属就是强周期行业，而食品饮料和生物医药就是弱周期行业。

此外，市场上经常接触到的，还有概念板块。例如，华为的产业链下游所有供应商，都可以称为华为概念，其他的如苹果概念、大亚湾概念等。这些概念一般都有一定的事件推动。2020 年春节出现新冠肺炎疫情，就有专门的抗流感板块；在 2019 年出现人造肉产业的时候，人造肉板块出现了；当特斯拉具备了一定的影响力后，就有了专门的特斯拉板块。

总结上面的内容，按周期分类是第一种，也是概括性最强的一种；然后是按经济产业链的分布分类；还有两种是按行业和概念分类，这两种在操作中的使用频率比较高，大家都比较熟悉。

其他还有按省份地区分类、按不同风格分类等。省份地区比较好理解，江苏板块里面就都是江苏的上市公司，这类板块一般在地域性的政策或者事件的节点上会有反应。例如，如果西部大开发作为第一国策了，那湖北、河南、湖南及其以西地区的板块肯定会有行情，而且首先利好基础建设板块及下游产业链。华新水泥属于湖北，属于建筑工程必备品，区域龙头，那肯定会有行情的。

风格类其实是一些不太好归类的板块的总称，例如，活跃股就是一个单独的板块，是选取上周换手率最高的前一百只个股（短线选股很常用）；而“中字头”就是把所有中字头的股票放到一个板块里，例如，中国化学、中国建筑等；其他还有券商重仓、高负债率、户数增加等。通达信中的风格板块共有 113 类，有时也会新增或者减少，这些板块只看名字就知道里面是什么成分了。

炒股，首先要熟悉的是这些板块，并且要很清楚地知道当下的市场里哪些板块是活跃板块，哪些板块一直死气沉沉。这部分内容的熟悉程度，将在很大程度上决定你对市场动态的认知程度、板块轮动的敏感性、事件推动的推理能力。

8.2 板块轮动

前文讨论到，板块的分类有几种常用的方式。

其中按对经济周期敏感度的方式划分，可以分为周期板块、价值板块、消费板块、成长板块，这四个板块的周期活跃程度是不同的。

基钦周期一般是 40 个月左右，每一轮周期都会有一个主流板块，其板块轮动规律是消费、成长、价值、周期，如图 8-1 所示。

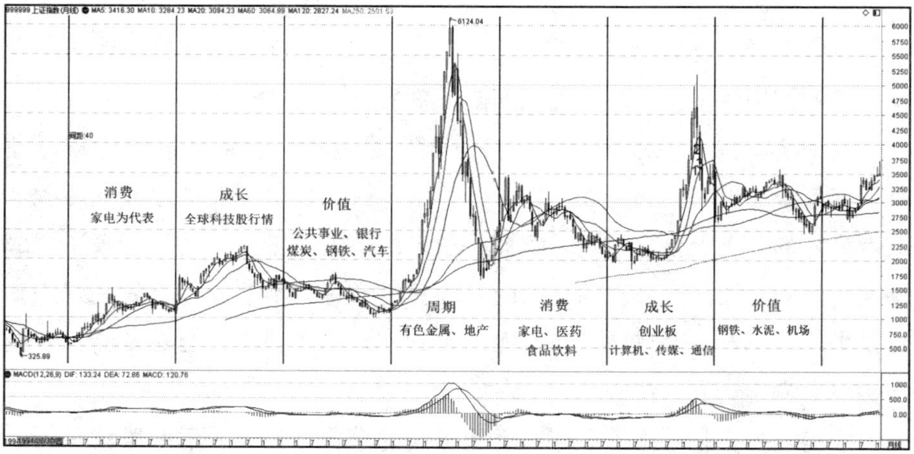

图 8-1　基钦周期的板块轮动规律

从图 8-1 可以看出，下一轮周期，周期股是不会缺席的。周期板块受基本面的影响颇大，这里的基本面不是指上市公司的基本面，而是行业的基本面。例如，在国际铜价长期下跌的过程中，江西铜业不可能有像样的行情，最多是在大盘上涨的过程中随着大势的上涨而上涨，这种上涨可以称为“边缘式上涨”。但有时可能会有针对或涉及一些具体周期行业的政策影响，促使这些品种短期活跃，但这种活跃就不属于我们讨论的市场逻辑了，而是属于消息刺激类型。

周期板块以大宗商品为主。大宗商品指数为 CRB，在文华财经软件上可以看到该指数的行情 K 线图，比较一下就可以知道，在 2005—2007 年的大牛市中，作为绝对龙头的有色金属板块与 CRB 指数的对应关系。矿产类的大众商品与采掘行业也是密切相关，所以可以看到 2005 年那次行情中，有色金属和采掘行业里面大牛股频出，整个板块的上涨在市场中也是排在前列。那次行情还有个周期行业就是房地产，以及与房地产密切相关的建筑材料。

有着明显周期性特征的行业，包括房地产、有色金属、糖、钢铁、煤炭、船舶等。房地产本身就服从库兹涅茨周期 20 年；有色金属普遍服从 CRB 指数；糖的周期是 3 年；钢铁和煤炭的周期受制于国家政策的影响，其本身的行业周期在股票上反映得并不明显，它们的行情周期更多体现在以基钦周期为循环的大板块轮动上，一般可以归类到价值模组里面；船舶的周期服从于波罗的海干散货指数（BDI）。

有色金属中的黄金和白银比较特殊，作为全球资金的避险品种，与美元指数通常呈负相关关系，美元的贬值与升值分别对应黄金的上涨与调整，而美元的周期是 10 年。

消费板块更多的价值体现在震荡市中。熊市里面泥沙俱下自不必说，市场上有很庞大的一笔资金是必须无论牛熊都始终持有仓位的，在这种情况下对周期敏感度最低的消费板块业绩确定性较高，往往受到这些资金的青睐。

图 8-1 中的各阶段列出的板块是指本轮周期内的主线行情，在这些主线行情之外的其他板块通常涨幅也不错，特别是在震荡市里面的消费板块由于资金配置的原因都不会太差。例如，2002 年 9 月到 2005 年 12 月，同仁堂、山东黄金、云南白药、片仔癀、伊利股份、五粮液等都还算可以，但这期间最主要的行情，就是以钢铁、煤炭、银行、汽车、电力为代表的“五朵金花”行情。2003 年，第一批合格的境外投资者（QFII）入市，对当时低估的价值品种大举建仓，国内基金闻风而动。

2016 年到 2018 年，在供给侧结构性改革背景下的价值板块业绩全部修复。那段震荡市里面，最主要的中线行情以钢铁、水泥、煤炭为代表，白酒代表的食品饮料属于震荡市里面的资金常规配置品种。

这种周期性的板块轮动，时间跨度比较大。其中，周期板块的参照指标很明确，以大宗商品价格为主。消费板块周期性比较弱，并且这类板块中比较常见的是一些增长很稳定的企业，例如，海天味业、贵州茅台、恒瑞医药、美的电器等。长期来说，只要它们的加权净资产收益率保持增长，价格走势也是向上的，只是可能这轮牛市涨少些，下一轮涨多些；或者这轮熊市跌少些，下一轮跌多些，例如，白酒板块 2015 年的行情就不如 2020 年。

价值板块一般偏向与周期板块同步，这类板块中的很多企业都为周期板块企业做上下游，例如，电力、公共事业、交通运输、石油等，普遍特点是总股本较大、估值较低。所以它们一般会在牛市氛围比较好的时候启动，因为股本庞大，所需要的成交量更多，对指数的影响也较大。

成长板块的特点是业绩弹性大，而且股本普遍不会太大，除了京东方和 TCL 这一类巨头，其他都是中低大小的流通盘。由于业绩弹性大，可能的增长性巨大，例如，早些年网络股的爆发。在互联网的助推下，一些公司的增长是爆炸式的，因而引起市值上涨。

以上是以 40 个月为周期的板块轮动节奏，而这种规律性的总结，配合当期的行情性质与国家整体的或者行业的政策，其实也并不难判断，只是需要一些推理的工作。

A 股市场有个特点，一轮行情中上涨最多的板块，一般在下次行情中表现都很一般。造成这种现象的原因，是资金对增长空间的需求。一个板块上涨很多之后，只有估值降低到一定程度，才能再次吸引资金青睐。这种周期性的大板块轮动，应该多少也会有这方面的原因。

8.3 行情性质与板块的选择

所有板块的选择，都要符合基本面、技术面、大势三个条件，其中大势是基础，单边下跌的行情根本无所谓板块的选择。基本面这个条件，要满足的是行业整体的基本面以及板块内具体品种的基本面。但所有其他条件在客观现实中的映射，必须通过技术面来确定，这是整体思路。

满足大势的条件，也就是指数至少是盘整的状态，30 分钟或者日线级别的上涨最好，这一般在牛市或者震荡市中才会出现。在图 8-2 中方框内都属于震荡市的范畴。

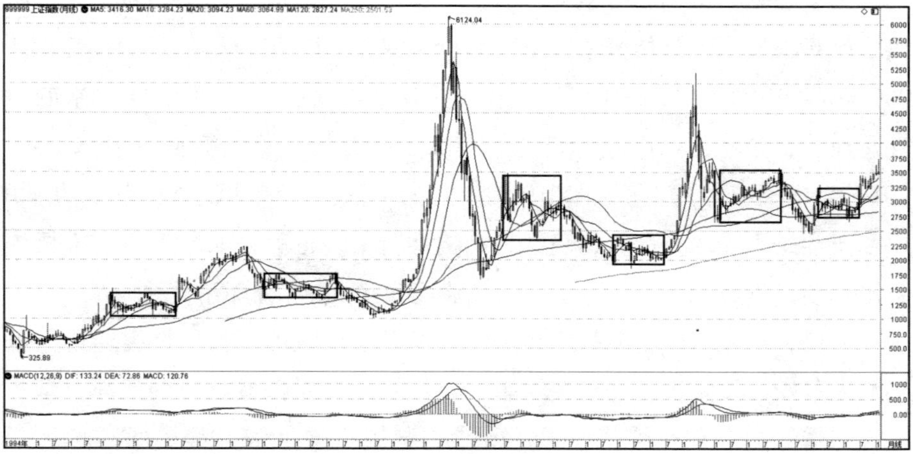

图 8-2 震荡市行情

牛市、熊市、震荡市，三者循环往复，但它们同样有着级别的不同。政策面、资金面、技术面三者的配合决定行情性质，如果三个条件都满足，例如，2005 年股份制改革、人民币升值属于政策面与资金面的一级利好，技术面上是月线级别的盘整底背驰，三者配合就有了 2005 年的大牛市，这次牛市是第一级别。另外，2013 年开始的创业板并购重组的放开、“一带一路”的政策都属于次一级的利好，同时市场流通资金经过 2001 年 9 月到最低谷后，在 2013 年 1 月恢复一个台阶并保持稳健，而创业板指周线级别的底背驰出现，三个条件全部满足促成了 2015 年的牛市，但由于几个条件的级别相比 2005 年来说都稍微低一些，所以其涨幅也并没有 2005 年的牛市大。

除了 2005 年和 2015 年那种牛市，还有对等级别的熊市。这样级别的熊市中泥沙俱下，除了成分股的反弹可以短线操作外，基本不涉及板块选股的问题。

在熊市和牛市之间的就是震荡市。震荡市中缺少大级别的利好政策，同时货币一般都保持稳健，不会有太大的量或者质的变化，这时就靠中级的利好政策、货币政策、技术买卖点来判断上涨与下跌。其中的上涨往往是 30 分钟级别上涨或者日线级别的盘整，最典型的特征就是成交量无法放大。

成交量是牛市的充要条件，但由于整个市场的股票数量一直变化，所以最好是根据当下的情况来判断成交量。例如，用2020年1月的成交量和2005年牛市时的成交量比较，就失去了比较的意义。从2013年以来的市场总成交量来看，VOL指标低于30000手的时候都不可能是牛市。又如，2014年11月开始的上涨和2019年3月的上涨。当成交量指标低于30000手而指数是上涨的情况时，一定是结构性行情，也就是只有少数几个板块上涨带动了指数的上涨，这是典型的震荡市里面次级行情的特征。

所以，在牛市中主要抓主线行情，但其他板块的行情也可以通过技术买点来判断，以实现轮动；在熊市中，指数反弹时做成分股的反弹，基本不存在选股问题；在震荡市中，要能去把握指数上涨过程中的结构性行情，不能随意更换板块。其实，在市场运行的过程中，震荡市的时间周期是最长的，这是市场的常态。所以作为一名要长期在市场中生存的投机者，震荡市才是投机生涯中的主旋律。

震荡市的特点有如下五个。

第一，震荡市期间的上涨周期不长，一个月到半年都有可能。

第二，上涨幅度不大，可能半年的上涨在指数上的表现只是20%。

第三，上涨走势级别不小，普遍有日线级别上涨。

第四，日线图上的上涨普遍为盘整结构，而在30分钟级别上常见上涨趋势。

第五，成交量和牛市相比大幅度减少。

根据以上五个特点，可以总结出震荡市的基本操作思路有五条。

第一，要结合指数进行中线的换股，像牛市那样一只股拿到黑是不行的。

第二，在上涨幅度不大的情况下，要想增加利润率，必须以短线为主。

第三，以指数30分钟级别的操作为主，将上涨中的日线中枢拆分。

第四，日线上的盘整背驰要重点关注。

第五，成交量少意味着上涨只出现在少数板块，资金要集中在这少数板块中。

图 8-3 是 2016 年 3 月到 2018 年 1 月各段上涨中涨幅在前十的板块。

	A	B	C	D	E
1	2016年3月1日-2016年4月14日	2016年5月25日-2016年12月1日	2017年1月 16日到2017年4月11日	2017年5月10日到2017年11月11日	2017年12月 19日到2018年1月29日
2	其他电子	建筑装饰	港口航运.	钢铁	银行
3	通信设备	建筑材料	建筑材料	新材料	房地产开发
4	计算机应用	化工新材料	环保材料	饮料制造	采掘服务
5	电子制造	煤炭开采加工	公路铁路运输	半导体及元件	机场航运
6	通用设备	家用轻工	银行.	煤炭开采加工	酒店及餐饮
7	电气设备	公交	钢铁	化工新材料	煤炭开采加工
8	建筑装饰	通用设备	建筑装饰	光学光电子	证券
9	纺织制造	钢铁	燃气水务	石油矿业开采	钢铁
10	汽车零部件	基础化学	国防军工	有色冶炼加工	有色冶炼加工
11	基础化学	仪器仪表	包装印刷	保险及其他	造纸
12					
13	2016年3月1日到2016年12月1日	2017年5月15日 到2018年1月29日			
14	其他电子	钢铁			
15	化工新材料	煤炭开采加工			
16	建筑装饰	化工新材料			
17	通用设备	饮料制造			
18	新材料	机场航运			
19	白色家电	有色冶炼加工			
20	饮料制造	公路铁路运输			
21	建筑材料	新材料			
22	基础化学	是有矿业开采			
23	半导体及元件	半导体及元件			

图 8-3　2016 年 3 月—2018 年 1 月各时间段前十位上涨板块

在图 8-3 中，上半部分是各个上涨阶段的统计，下半部分是以 2016 年 11 月底到 2017 年 5 月中那个中枢为分界点，统计前后两个日线级别上涨中的排名。从图中可以看到，从第二阶段开始，钢铁、煤炭就没有缺过席，这就是典型的主线板块。在这些主线板块外，各阶段主线是不同的，那其实就是大的主线板块在轮动的过程中，其他板块伺机而上的过程。具体的表现是成分龙头股休息，二、三线补涨，但由于二、三线股票的权重小，所以指数没什么上涨。

在 2019 年 8 月开始的上涨中，我们可以发现一些组合式的条件。

（1）在贸易摩擦背景下，农业和稀土的表面冲突过去之后，科技成为焦点。

（2）华为的被制裁与反制裁打了一波知名度，这是偶发事件也是必然事件。

（3）前面的下跌出现背驰，而华为概念提前完成圆弧底，出现双回抽。

（4）金融开放，外资准入开始放宽，股市资金面有了输入型宽松。

基本面、技术面、资金面都齐全了，当 5G 手机开始见于各种报道的时候，华为概念板块已经上来一截了。开始探讨华为产业链十倍股的时候，是 2019 年 9 月 20 日前后，那正是华为概念第一波结束的时候，后面是连续两个月的调整。从这个例子可以引发注意的是，当各个媒体开始大肆推某个板块的上涨、前景之类的时候，就要警惕这个板块了。

基本面和技术面其实比较好发现，难度并不大。资金面分为内生和输入两种。所谓内生，就是国内主动增加全市场或特定行业的资金量，如定向宽松等；输入型就是如人民币升值衍生的资本流入，以及放宽外资准入等，都是吸引国外的资金入场。资金面需要对一些政策进行追踪和理解，与之相关的还有险资入市，目的和结果都是一样的。

8.4 板块和公司的基本面

以2019年下半年科技股的行情为例，这个阶段的主线板块是华为、5G、半导体、芯片。通过这个阶段的板块涨跌幅排行可以看到，电子系统组装、玻璃制造、电子制造、鞋帽、电子零部件制造、集成电路、互联网信息服务、影视动漫、印刷电路板、营销服务、半导体及元件、分立器件、橡胶制品、维纶、计算机设备，这十五个板块（同花顺行业指数）排在前列，顺序按涨跌幅降序。这些板块几乎全部是和华为概念、5G概念、半导体概念、芯片概念有关的，典型的TMT行情。

前文提到过，从2019年末开始的新一轮基钦周期，按之前的轮动规律应该是到周期股。这里有两个地方要注意。第一个地方，即使在2016年开始的那一波行情里面，第一批启动的也是计算机、通信设备、电子、电器、汽车零部件、建筑装饰等行业，普遍都是业绩弹性比较高的品种，到第二阶段主线行情才崭露头角。原因是大跌之后这些普遍盘子比较轻的品种，题材和概念容易被炒热，更容易受到短线投机资金的青睐，而当长线资金陆续进场后，真正的主线才看出来。第二个地方，历史经验的总结可以用来指导未来，但经验永远只是经验，并没有什么必然性。所以在这一轮新的基钦周期里面，周期股是一定要作为长线投资品种重点观察板块的，但并没有哪个上帝来保证一定就是周期。值得一提的是，白糖的周期现在就在底部，但市场上和白糖相关性最强的两只股票，与白糖指数的同步性并不强，只能作为参考。

对华为概念的先知先觉，其实是没必要的，市场操作并不需要先知先觉，但需要后发先至。在华为被制裁后，各种华为的消息出来，基本上都是偏向于利好，又正值华为的5G手机上市，这时候该有点敏感度了。即便这时候不怎么敏感，依然不要紧。后面华为概念股开始活跃，这时就必须重视起来了，因为技术走势已经印证了基本面的利好，这是更为关键的思维方式。那么围绕华为可以做哪些工作呢？

华为手机的产业链是风口中的风口，要联想到的是，苹果手机出来之后，苹果产业链上有哪些公司市值增加，情况如何，这样可以看到以歌尔股份、立讯精密为代表的一批产业链上的上市公司。

在正常的行情软件里，会有专门的华为概念板块，但数量要多一些，并且华为概念包括了手机、通信产业、云计算等多个业务板块，而我们目前需要的是手机，尤其在当时MATE30要上市之前，需要的是关于MATE30的产业链公司。这些公司在网络上有多种渠道可以获取，并不复杂。

对于具体的产业链公司来说，第一步要做的，就是对华为出货量比较大的公司进行考察，当然像歌尔股份这种对好多厂家都有出货的，也是必须观察的品种。而与之相关联的，例如，小米概念、苹果概念，这些相同产品的供应链有一部分是重叠的。

当把这些产业链排列出来之后，就是进一步研究个股基本面的阶段。

普遍的方法还是观察财报，这就涉及六个关键性的指标：营业总收入增长率、净利润增长率、加权净资产收益率、资产负债比率、主营业务和毛利率。这六个指标是一个企业的基本盘，大体的轮廓就出来了。

然后是净利润现金含量，关于现金含量还有个指标是“营业收入现金比”，营业收入现金比在通达信F10里面好像没有，其他软件可以查询。下面大致讨论一下这几个指标，搞清楚这几个指标对公司有什么影响就可以了。

营业总收入增长率。一年的总收入加起来比去年增长多少，这个指标的不断增加，意味着公司的收入是持续增长的。但只有这一个指标不行，营业收入最理想的应该是主营业务收入，有的上市公司年底卖几套房子就可以增加好多收入，好的公司通常是主营业务突出，不需要去多元化发展的，例如贵州茅台、海天味业、美的电器等。

净利润增长率。营业总收入减去总的开支，就是净利润，这是反映公司盈利能力的指标，正常情况下应该和营业总收入同步增长。当然也有可能公司拿钱去研究新的产品或者做了其他事情，那净利润就会下降甚至还可能是负的，但并不一定会影响公司的运营，这时就要去研究一下钱花哪儿去了。如果是一个强势品牌把钱拿去增加生产线了，那一般就没什么问题，增加产能可以增加营业总收入和净利润，只不过有个周期。

加权净资产收益率（ROE）。净资产是总资产减去负债部分，这个指标非常重要，代表着公司的成长速度。比如你今年开了个火锅店，一年结束盘算一下挣了 500 万元，店里面所有固定资产 500 万元，也没有外债，那么净资产粗略地看就是 1000 万元，然后第二年又开了一家连锁店，一年下来就 2000 万元了，那净资产收益率就是 100%。净资产收益率代表着属于股东的部分每年可以增长多少。在 ROE 为 20%的情况下，你今年投入 100 万元，那么明年这个时候你拥有的净资产就是 120 万元，如果这种增长能够保持，那就是复利式增长。反映到股票上，就是在同等股价条件下，市盈率每年都在下降。该指标反映的是挣钱能力。但有个问题是，该指标是用净利润来参与计算的，但净利润不代表现金，还可能是白条，也可能是烂账。此外，净资产收益率是不考虑负债的，而通常上市公司都会加一些杠杆来运营，也就是净资产+总负债来投入运营，它们的和是总资产，因为负债也是钱，并且是可以运作的钱。所以与之相关的还有另外一个指标：总资产收益率（ROA）。在两个指标都比较高的情况下，就要考虑到负债的因素。

资产负债比率。资产负债比率反映了一个公司的健康程度，毫无疑问的是，在同一个行业里面，资产负债比率越低越好。为什么要在同一个行业里面比呢？因为不同的行业有不同的特点，像银行里面的存款反映在财报上都属于负债，银行属于高负债率型的，而零售行业往往负债率比较低。我们对比一下，万科的资产负债比率是 80%以上，凯撒文化（网络游戏）连续几年都没有超过 20%、工商银行是 91%比较稳定。对公司而言，特别是刚起步的公司，如果有强势的产品，是完全可以负债加杠杆运行的，这有利于公司快速扩张去占领市场，所以在观察资产负债比率的时候，要知道这公司做什么、产品是否够强势、能不能有效利用负债进行扩张等。公司做什么可以在其主营业务中观察到，产品是否强势可以在其营业收入现金比中观察，能不能有效负债扩张就是从 ROE 和 ROA 中去观察了。

主营业务。巴菲特特别喜欢那种主营业务突出的，例如可乐、糖果之类，长期只做一件事，一来说明足够专业，二来说明不需要开发其他市场。主营业务一般都可以在通达信 F10 中的“经营分析”中查询到。这方面的知识，就不是光看财报分析就能清楚的了，你必须了解公司是怎么运营的，品牌应该如何去打造和维护，但有个基本概念是：主营业务突出并且有相当高的品牌、技术等壁垒，同时不去参与与主营业务不相关的领域。什么是不相关的领域？例如，潍柴动力的产品都在重卡设备里面，那么重型机械就是它的专业领域，如果哪天潍柴动力去开饭店了，并且饭店收入还占了总收入的 30%，那这公司问题就大了。

毛利率。这是反映产品强势与否的指标，必须在同一个行业内去对比。这里还涉及固定成本、变动成本、毛利率、净利率等多个指标，粗略地看当然是越高越好。所谓毛利率 80%，是指产品成本占售价 20%。毛利率属于售价里面除了产品成本以外的那部分，所以不可能超过 100%。并且毛利里面还要减去各种开支成本才是净利润。毛利率高的优势是，生产同样的产品，企业能做到材料成本最低，并且不需要降价就能销售出去。例如，同样是卖酒的，茅台的毛利率是 91%，也就是一瓶酒的原材料成本只占售价的 9%，而张裕的毛利率只有 63%，老白干的毛利率才 60%，显然茅台的利润空间更大。在保持同样的净利润率的情况下，茅台可以拿出更多的钱来打广告、铺渠道、搞研发。

最后一个，营业收入现金比。假设公司今年总收入 100 万元，这是账面收入，包括了白条、现金、承兑等各种形式的收入，其中现金只有 10 万元，那公司连正常运营都维持不了。如果今年的营业收入是 100 万元，但现金收了 200 万元，那说明今年一年把明年一年的货都卖了，并且没出的货都被客户现金订了，产品处在供不应求的状态。该指标和净利润现金含量是同一组，意思差不多，一个是净现比，一个是收现比，后者要考虑增值税税率和其他一些支出的问题。

8.5 分析公司的框架

打开行情图可以发现，真正优秀的公司，股价始终是上涨的。对于股民来说，最容易受蛊惑的观点就是中国股市属于政策市，巴菲特来了也亏得底掉，这是错误的认知。事实上以巴菲特的投资理念，在A股市场照样赚钱，而且是赚大钱。我们用“上市首日的市值”除以“目前的市值”(2020年2月8日)会看到以下情况。

万科A，上市首日总市值6亿元，现有市值3093亿元，上涨515.5倍。

伊利股份，上市首日总市值4.21亿元，现有市值1874亿元，上涨约445倍。

其他的有：广汇物流347倍，老凤祥195倍，方正科技183倍，市北高新160倍，贵州茅台152倍，云南白药130倍，泸州老窖127倍，平安银行119倍，恒瑞医药107倍。

事实上，从上市以来市值增长超过30倍的不低于50个公司，10倍以上就更多了，以上的计算还不包含历次的分红，仅仅是计算市值的变化。中国股市从来都是大牛股频出的市场，原因无他，中国的市场足够大，在改革开放以后各个行业的市场规模增长了不知道多少倍。在这期间，优秀的公司当然可以实现快速的增长。

如果说中国市场的庞大增长量是风，那么帆的大小自然就决定船的快慢。好的公司是符合一些共同特征的，但这只是在极长期的范畴内讨论。具体到股票上面，买股票其实就是买公司，你持有股票就意味着你持有了该公司的一部分，该公司的市值增长多少，你的股票就增长多少，就这么简单。

最好的生意当然是垄断，这是第一级的公司，而垄断的方式可以分为行政垄断、品牌垄断、技术垄断等几类。例如，在中国，电信、银行、烟草、铁路等就属于国家层面的行政垄断行业，但在二级市场上，这些公司普遍的问题是市值较大。虽然净利润很高，但是由于市值庞大，所以增长普遍比较慢，属于已经过了快速增长期的品种。而且，这些行政垄断行业并不是垄断型公司，例如银行就有农业银行、工商银行、招商银行等。我们看工商银行的财报可以发现，营业总收入增长率和加权净资产收益率都不算太高，其中后者近四年平均是14%左右。中石油号称最赚钱公司，ROE却长期在10%以下。公司规模缺少增长，市值就会缺少增长，而一个20亿元市值的公司扩张到200亿元，远比2000亿元公司扩张到20000亿元容易得多，这是第一个要掌握的。

所以在最好的公司里，我们首选的是品牌垄断和技术垄断这两种。例如，贵州茅台就是典型的品牌垄断公司，出了茅台镇就没有茅台酒，其国酒的荣誉在可见的未来都不可能被其他品牌取代，这就是唯一性。长期来看市值增长比较好的，基本上都具有唯一性的特点。这一类的公司有同仁堂、贵州茅台、云南白药、片仔癀、东阿阿胶等，但要注意品牌性也不是一成不变的，随着时间的推移会有变化。

另一种就是技术型垄断，这种公司比较多，而其中一些公司由于长期的技术优势，本身就推动了品牌的强势性。其中，长春高新是生长激素的绝对龙头，有着全球唯一的地位；科大讯飞是智能语音领域的绝对龙头，虽然不具备唯一性，但其在领域内技术第一，属于典型的技术垄断。要注意的是，有些垄断型公司其实属于行政类，如包钢稀土、驰宏锌锗这些资源类公司，其公司业绩受资源价格的波动影响，并不一定具备增长性。

增长是上市公司的第一要素，这就是ROE作为第一指标的原因。从增长的角度出发，我们可以进行如下推论。

增长要快，就必须要求可投入扩张的资源要多，这方面资源可以来自自身的利润，也可以来自融资负债。对于前者，就要求毛利润要高，而毛利率的高低取决于成本在售价里面的占比，也就是成本要低，最好能有定价权（垄断行业的定价权最强），并且市场足够大，销售出去的量要多。成本分为固定成本和变动成本，其中固定成本是可以通过量来摊薄的，例如，软件的研发成本一般都比较多，但变动成本几乎为零，那么销售出去的数量越多，每一件产品的毛利润就越高。

以茅台为例，由于定价权足够强，而产量比较有限，所以价格比较高。其固定成本包括厂房、设备、工资等，变动成本就是酒体和包装，其中变动成本相比售价极低，所以我们看到它的毛利率能有91%，也就是

2000元售价的一瓶茅台，其酒体本身和瓶子、包装盒的成本只有180元。由于每年的产量有限，所以要提高总的净利润，就只有提高售价，否则增长会停滞。这里对茅台的分析只考虑飞天茅台一款产品，如果考虑全系列产品，那么茅台要实现增长，在各款产品售价不变的情况下，就只有扩充品类了，所以我们看到前几年茅台出了啤酒和红酒，这是寻求增长的途径。但茅台酒的品牌类别已经被白酒占据，啤酒和红酒的销量并不太理想，因为啤酒有很多的强势品牌，红酒有张裕，这就是品牌定位。

当一个品牌主营产品的增长乏力的时候，往往会去寻求其他品类的突破，例如，几年前的霸王凉茶，这样的经营思路基本都以失败告终，因为一个品牌附生着固定的消费者印象。这几年多品类经营比较成功的只有小米，但小米一直灌输给市场的品牌定位其实是极致性价比，而不是手机或者电脑，所以目前看来还算成功，与之形成对比的是苹果以极简设计和科技人文为品牌定位。

再看宝钢股份，钢铁公司是典型的重资产公司，厂房、设备、工资支出等固定成本比较高，而出产的钢材产品的变动成本也很高，这一类企业更看重的是销售量和周转率。我们在财报上看到它的毛利率只有10%，这还是供给侧结构性改革后的毛利率，由于其固定成本不因钢材市场价格变化而变化，所以其毛利率和ROE会随着钢材价格的波动而波动，就是所谓周期型的股票。我们可以看到宝钢股份的库存周转率是4.46%，而贵州茅台的库存周转率是0.22%。对于宝钢来说，10%的毛利率必须要建立在高的库存周转率上才有意义。类似的我们知道超市的毛利率也比较低，但周转率高，1%的净利润，一年周转50次，那么同一笔钱，就可以赚到50%的净利润。

因此，各项财务指标只有在同行业里面去比较才有意义，如果你经过大量数据的研究就会发现，一个板块里面涨得好的股票，基本上各项财务指标在同行业里面都很优秀。

一个优秀的财报，应该体现在以下七个指标上：加权净资产收益率高、净利润增长率高、营业总收入增长率高、资产负债比率低、净利润现金含量高、营业收入现金比高、存活周转率高。同时，最好有极高的门槛，能够长期保持行业内的领先性，这就是所谓的龙头。

除了垄断外，最好的公司就是某行业的龙头了。根据范围来分类，一种是行业龙头，一种是细分行业龙头。例如，种业板块里面，龙头是隆平高科，在种业里面进行细分，玉米龙头就是登海种业；宝钢股份是钢铁行业龙头，而中信特钢是特种钢龙头，久立特材是不锈钢管龙头。行业龙头可以通过财报、市场占有率、总市值来判断。注意这里说的所谓龙头，并不一定是一些短期爆发行情中涨得最好的，而是长期来看市值增长领先的，而这些能够领先的，一定在财报和市场占有率上有所体现。这里举几个典型的例子。

洁美科技是元器件行业的细分龙头，公司是做元器件包装的，主要产品的学名叫“纸质载带”，可以理解为电子元器件生产线上的“子弹链”，用于全自动生产线上的零部件包装。核心产品中国市场占有率50%以上，全球市场占有率30%以上，并且毛利率还不低，同时核心客户都是全球顶级制造商。

江苏神通在核电站用的集中特制阀领域处于垄断地位，主要产品的市场占有率能达到70%；和而泰，智能控制器龙头，家电领域高端市场国内排名第一。

在前文中，我们知道了行业板块的上涨需要基本面和技术面的配合，那么在基本面出现利好的时候，第一个要看的，就是该行业的龙头公司。在前面一轮华为概念中，首先上涨并且一直稳定上涨的，就是歌尔股份、立讯精密、沪电股份、信维通信等头部公司的股票。

在头部公司之下，二线的成长股是最容易被短线爆炒的，总市值不高，产品有想象力。例如，东方通，中间件国内领先企业，前些年市场占有率国内第一，这行业国外公司占了大部分份额，但国产与进口的技术差距在不断缩小。在贸易摩擦前后扶持高科技国产替代的背景下，原国外公司占据的百分之六七十的份额将是公司后续增长的空间，而国内的工业化规模能做到多少成本，将决定价格对市场占有率的争夺结果。

当然，如果我们要讨论系统性的、确定性的机会，还是要从头部公司入手。2019 年的东方通这种被资金爆炒的成分更大，而在实际操作中，这类上涨都是用来确定行情性质的，也就是通过龙头股的上涨来确认基本面变化对市场的有效性，从而去挖掘行业里面的其他个股，更多的是起到一个信号的作用。

9
操作中的具体问题

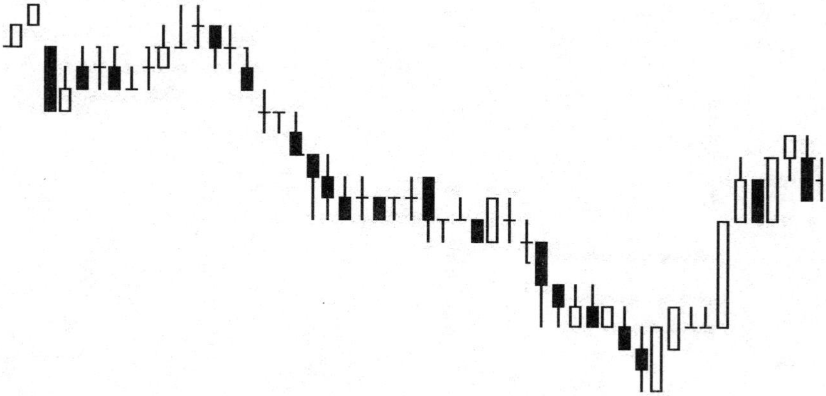

9.1 主力的作用

缠论以外，不废一法。其实理论对于走势来说，更多是对客观现象的定义，所谓理论为走势立法。这有些类似牛顿的三大力学定律，本质上是揭示自然界的一些客观现象，并使其数理化而可被测量，至于用什么工具来测量就无关紧要了。缠论在本质上也是如此，而在缠论之外，很多其他的工具一样可以应用在实际操作中，这于缠论无损，并且可以是更好的配合。

虽然市场中的所有买与卖有随机的因素，但是其中一些比较大的分力无疑是起着引导作用，例如，很多人都比较熟悉的“庄家”“主力”之类，这种现象在个股里面，以及一些小的板块里面会尤其明显。当然，主力不是万能的，主力的操作也是在跟着市场的情绪走，在跟着个股里面其他分力的合力走。所谓坐庄，其实坐的是其他分力的心理趋向的庄。在这种情况下，主力的各种手法其实都有迹可循，而一些共性也往往在实际走势中彰显。

不过这些关于主力的各种现象，和缠论有本质的不同，只能做一些辅助性的条件。前文论述过，主力的钱也是钱，主力的筹码也是筹码，在盘面上并没有任何区别。主力的出货永远在拉升中，伴随着的是边拉升边出货，仍然是资金和筹码的交换过程，而如果出的比买的多，自然就能出现走势的背驰。但在一些相对短线的操作中，并不一定有背驰的出现，更多的就是依靠对主力的理解和一些细节了。

最典型的就是历史的最高点附近，在后续的走势中，往往在该位置出现震荡、长上影等形态。例如，上证指数 2018 年 1 月底止步于 3600 点，该位置就是 2015 年大跌后一次反弹的高点附近，止步的原因也很简单，套牢盘太多，继续向上要面临海量的空单。而在 3587 高点之后的第一次反弹，又构成了后续的压力位置。2019 年上半年以一个顶背驰止步于 3300

点，也是同样的原因。这两次高点的连线，制造了 2020 年 1 月的压力位。2020 年 5 月和 3 月的双头位置基于同样的原因形成压力，最终未能突破进该双头区间。2019 年 2 月 25 日放量跳空突破年线后，再次回到年线下，并且伴随着回抽确认的过程。

2020 年 4 月 28 日，个股 300093 收长上影的阴线，当天最高点恰恰就是 2019 年 9 月的最高点。2019 年 8 月，该品种对 2019 年 4 月的高点进行测试，回抽站稳后才继续向上。这种情况的形成，并不是什么主力洗盘之类的流行说法，而是这些位置本来就存在测试的必要。注意是测试，而不是刻意为之，测试的意思是把价格打到某个价位后，不再参与其中的换手，而观察盘面呈现出来的情况，同时也必须考虑当时的市场环境和板块强弱程度。例如，在 2019 年 9 月之后，该品种经过大半年的震荡，该位置还有多少卖出意愿的套牢盘，这是在突破该位置之前必须掌握的事情，而掌握的方式就是测试，如图 9-1 所示。

图 9-1　2019 年 9 月后个股 300093 走势

测试都是当下的事情，也就是在当下的市场环境、当下的板块活跃程度、当下的外在一切必须考虑的条件下，该价位的原套牢筹码和向上动力的资金意愿的合力如何。如果盘面上体现涌出来的套牢盘很稀少，并且买方的合力很积极，市场环境等各方面条件也没有什么问题，那么这时才具备突破的条件。在图 9-1 上可以看到，围绕 2019 年 9 月高点的，还有

2020 年 4 月的两次回抽，这两次回抽的区间就是 2019 年 11 月 15 日和 2020 年 1 月 16 日两次上影线受阻的地方。

双回抽是拉升前常见的形态，这种图形很多时候都是刻意为之，而且手法基本差不多。拉起一波后，放手不参与换手，任其盘面回落。一般在压力位附近都是有套牢盘涌出来的，除此之外还有前面拉升中的获利盘，还可能有主力自身在拉升前购置的筹码。回落到某个位置后，该位置通常会是某条均线、某个支撑位、某个整数位附近，伴随着小级别的底背驰出现，然后再次拉起到前面拉升中的高点，再次放手任其他分力换手。一般情况下，如果市场的合力认可再向上的价格区间，第二次回落中的成交量会减少，并且出现与前一次回落相比的盘整背驰。也只有这样的情况出现后，才具备再次向上突破的条件，再次突破的过程中如果阻力太大或者出货，走势自然就会出现背驰，而背驰的位置，往往对应着某个阻力点，比如前期高点附近、某条均线附近、某个趋势线附近等，300093 就在日线高点附近并在 250 周线附近。以上的过程，在每一个当下都对应着当时的市场环境和板块活跃程度，以及个股本身表现出来的当下价位的市场能量方向及大小。由此可以明白，市场上并不存在什么固定的图形组合类买入法则。

9.2 操作的正确思路

预判是大多数散户的思维方式，在这种思维方式中，散户会去寻找上涨之前的各种条件或者迹象，以期望料敌于先。在大多数情况下，这种思维方式就是失败的源泉。

好的操作并不需要提前埋伏，而是把涨跌交给市场去选择，让市场上其他的资金去试错，结果出来之后再去顺势参与。换句话说，操作要的不是买了等涨，而是涨了等买。

涨了等买，适用于对板块的判断和个股的判断。整个板块的启动不是瞬间就能完成的，中线的启动有相当长的一段时间让操作者反应。例如，2019 年的华为板块行情延续了大半年时间。板块是由个股组成的，这些个股之间也会因为各自的走势条件存在差异，最显著的就是时间差。一般一个板块的启动，总是有一两个品种率先上涨，与此同时其他股票可能还没什么动静。例如，同样是华为板块里面的个股，歌尔股份在2019年7月中旬的时候已经从8元上涨到了10元，而蓝思科技还在构造最后的背驰段，长盈精密刚形成第一个中枢，如图9-2~图9-4所示。

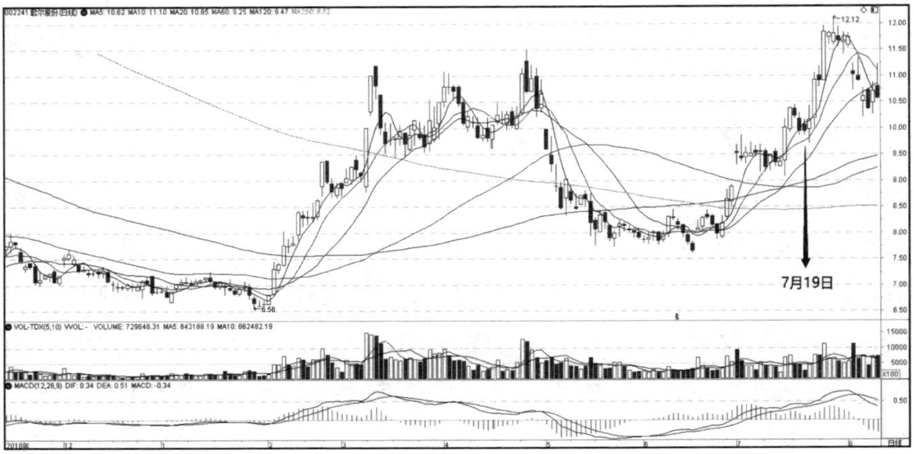

图9-2　歌尔股份2019年7月19日走势

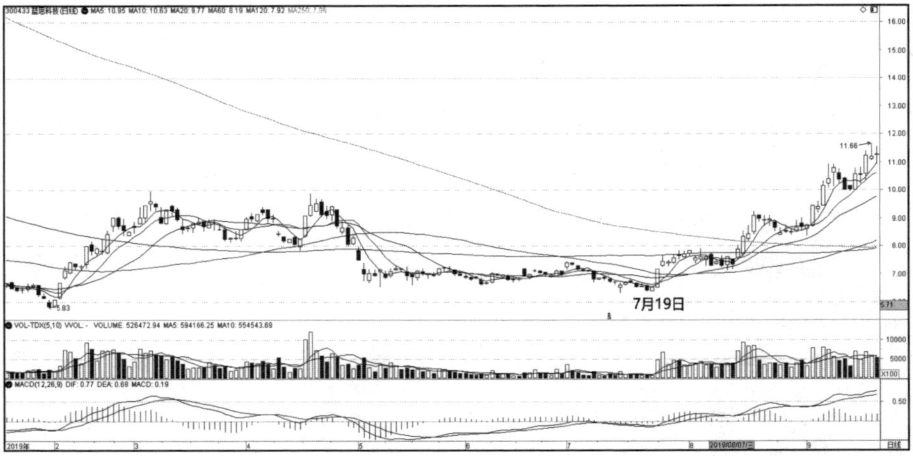

图9-3　蓝思科技2019年7月19日走势

图 9-4 长盈精密 2019 年 7 月 19 日走势

这种走势的时间差就是所有轮动的秘密。这种轮动不仅存在于同板块的个股之间，而且存在于各个板块之间，如何更加高效地在结构性行情中去把握轮动的次序，就是所有操作者都必须要重视的问题。

在实际操作中，并不一定要去提前判断哪个板块会上涨，板块内的哪个品种会先上涨，而是等待行情确定了之后，再去寻找板块内的第二顺位品种。只要是中线启动的板块，先上涨的一般都是龙头，业绩好、市值高。这些龙头逐渐上涨后，在比价效应的作用下，二线品种总会跟上来的。在 2019 年的行情中，稀土永磁、医药、新能源车、5G、种业等几个活跃度高的板块都有类似的按次序上涨的表现。

对于个股，操作思路是相同的，底背驰后并不一定会出现较有力度的上涨，力度是当下呈现的，而不能去预判，从买点起来的走势力度和成交量的配合可以清晰地告诉你走势的强度如何。那什么时候介入呢？就是在第一次回升后的小级别买点介入，这时板块的行情已经被走势客观地确定了，个股的上涨强度也被当下的走势客观地确定了，这时才具备操作的条件。这种从板块到个股再到具体买点的操作思路，类似于区间套的思路。除此之外可能还要加上指数的因素，大盘不能是单边下跌的，市场的恐慌情绪会带动本来可以向上运动的品种转头向下。那么更加稳妥一些的操作思路，就是指数至少是在震荡中，而不能是单边下跌的情况。

相对而言，指数更适合也更容易用缠论来分析当下走势。显然，在一个30分钟的上涨趋势区间套顶背驰时，是不适合买入操作的，而日线的中枢震荡，向来是短线板块切换速度比较快的阶段。在顺着5日线向上的指数环境中，一定有至少一个板块在持续地上涨，或者几个板块来回轮动地上涨。在这种情况下，操作者对指数大级别的下跌要能预判，对指数当下所处走势的哪个阶段要清楚，而这对于缠论而言并不是复杂的问题。

本节的思路是缠论的基础思路，不先验、不假设、不预判、不预测，以当下走势的客观呈现为操作原则。这样的思路还可以延伸到消息面上，例如，某个利好消息在收盘后发布，该消息并不一定能够刺激市场上涨，除了一些分量较大的政策变化，平常的一些利好消息只有在市场处于多头环境中时才会出现刺激走势上涨的情况。这里的逻辑关系并不是这些普通的利好消息刺激了走势上涨，而是走势借该消息的势在上涨。所以消息是用来测试当下走势健康程度的工具，而不是刺激走势的原因。

在具体的操作中，当下就是当下，不存在对后续走势的想象，而只能对后续走势进行分类。在走势图上可以根据当下的K线图、点位、趋势、均线等指标选择恰当的多空分界条件，操作要以这些条件为依据而不能凭想象。很多人卖了就涨，买了就跌，多数是被对后续走势的想象所绑架，在马上可以赚钱的想象和马上要少赚多少、亏多少的情绪刺激下，而产生买和卖的冲动。这种冲动其实是最不好解决的问题。

9.3 降成本是怎么操作的

风险无处不在。无论你持有的是某公司的股票，还是持有现金，都有风险存在，其区别只是风险的大小。对于现金来说，持续的通货膨胀就是让现金贬值的过程，不同之处在于健康的经济体里面是温和的通货膨胀，例如，去年猪肉15元一斤而今年16元一斤；而不健康的经济体里面是不那么温和的通货膨胀，例如，100元钱上午可以买一斤米，下午就只能买一两米。无论如何，持有现金的风险是确定的，只是在不同的基本面环境下的风险大小不同而已。持股的风险就大得多了，公司可以连续亏损、可以爆雷、可以生产假疫苗等，随着金融市场监管趋严，这种能够让所持有的筹码突然开始剧烈贬值的事情会越来越多。

所以，风险本身是确实存在的，只要参与这个游戏，就意味着做好了接受任何风险的准备。在这前提下，显然只有一种方式可以完全避开风险，那就是以零成本来持股。其实整部缠论能够发挥最大威力的操作策略，就是在一个大级别的底部区间，尽快把持仓成本降低到零，然后保持零成本一直到大级别卖点出现为止。

在基本面和比价效应的共同作用下，通过技术面的操作，利用一切可利用的波动，将持仓的成本一直降低到零，就是所谓零成本的操作过程。例如，在一个大级别的底部开始参与，由于后面的走势一般都是回升的，同时日线上会出现较大规模的盘整，充分利用这个过程，将不同级别的走势图在本级别范畴内进行分解操作，在理论上是可行的，但实际操作起来难度其实很大。这里的难度，主要是一些不太规范的走势，以及操作者自身的能力造成的。

很多人在做短差的时候会把成本越做越高，例如，买的时候 5 元，通过坚持不懈的短差操作，最终把成本做到了 8 元，这在刚开始执行这套操作策略的时候很常见。更多的人其实对这种操作方式只是心向往之，既没有技术能力，又没有长期操作一只股票的耐心。

这套操作要求操作者熟练所有结构的买卖点，并能熟练处理各种非区间套的底部和顶部，然后才具备在一个固定品种里面利用一切波动的基础。而且，这种操作只在一种情况中能够获得最大可能的长期价值，那就是该品种具有长期的上升空间。这就对基本面的分析能力提出比较高的要求了，否则花了半年时间终于把持仓成本降低到零了，却突然因为基本面恶劣变化要退市，虽然风险是没有了，但利润也会被耗尽。

在基本面没有大问题的情况下，仅就技术面来讨论，所谓零成本的操作方式，就是在一个至少周线级别买点后的第一次回升中介入，然后把 1 分钟、5 分钟、30 分钟、日线、周线各个级别分别匹配一定量的资金，例如，1 分钟级别走势有 10 万元，5 分钟级别有 10 万元，30 分钟级别有 20 万元，日线级别有 50 万元，周线级别 100 万元这样。其中 1 分钟级别的资金只操作 1 分钟级别的买卖点，5 分钟级别的资金只操作 5 分钟级别的买卖点，其他级别也都是一样。因为每一次操作都有一部分筹码固定不变，所以每一次操作产生的利润就会扩大持仓的盈利比例，同时使每股成本下降。如果一切操作都很顺利，随着时间的推移带来盈利的增厚，成本最终会降到零。

这里涉及两个方面的内容，第一个是资金分配问题，第二个是具体的短线操作问题。由于T+1的限制，当天买进的筹码并不能在当天就卖出，所以很多波动比较剧烈的1分钟级别买卖点就会失去操作价值。这个问题的解决方案是将1分钟级别的操作资金拆分，例如，1分钟级别分配了10万元操作资金，那么每次1分钟级别买卖点只操作1万元，理论上当天就可以操作10次。假设昨天买了10万元的筹码，那么今天在某个1分钟级别卖点卖掉1万元的筹码，然后价格跌下来后，再买进1万元的筹码，后面又出现了一个卖点，这时刚才买进的那1万元筹码是不能卖的，但剩下的9万元筹码可以卖，于是再卖掉1万元筹码，这样在一天中可以操作十次。当然实际操作的时候并不一定要操作这么多次，一般来说每天用来日内短差的资金拆分成三份就可以了，也就是可以操作三次日内的波动。这是解决T+0的方法，针对的是当天买进后不能当天卖出的规则限制，更大级别的买卖点一般都有隔夜操作价值的走势跨度，就不需要这样来分配了。

此外，一般级别越大，分配的资金越多，因为级别越大其价格波动的区间也越大。例如，一个周线级别的买点往往可以支撑100%或以上的增长，但1分钟级别的买卖点之间一般只有2%~5%的变动。所以短线的操作目的是降低持仓成本，真正盈利的部分是大级别的仓位。

在操作上，最主要的问题在于并不是所有走势都能够按照理论完美运行，另外，操作者本身是否具有能够完美利用每一次波动的能力也是问题。这个问题如果处理不好，就会发生成本越做越高的事情。解决这个问题的关键不在于把握每一个级别的每一次高低点之间的价差，而是让短差资金做出利润。毋庸置疑，每一次高低点之间的价差是客观存在的，但因为是人在操作，而人是不太可能完美把握所有级别的所有高低点的，所以这里对操作的要求就产生了变化，就是在每一个级别的走势中，去把握所有能够把握的高低点，只要做出利润就好，不管价格的高低问题。

例如，短差资金在有明确买点的10元介入，在操作者认为的顶部12

元离场，即使离场后价格继续上涨到15元也不用管，直至走势再次出现买点为止。如果再次出现的买点在14元，那么原来12元走掉的短差资金再次介入。其实，对于短差来说，根本就不用在意介入的位置是高了还是低了，只要做出利润就行，短差资金的最大作用就是做出利润，该利润自然会让大级别持仓的成本下降。

对于卖出也是一样的，在大级别上涨尚未衰竭的时候，无论在哪个位置买进去，下跌后都最终能够回到该价位，那么在明确的卖点就大比例地卖筹码，价格下降后，无所谓是否精确的买点，只要价差出来就可以接回来。这和前面的买进后有利润就可以卖出一样，只参与操作者能够把握的明确的买卖点操作，解决的是操作者自身能力缺陷的问题，这种缺陷是确实存在的。

刚开始的时候，由于能够把握的买卖点结构形态比较少，所以操作机会自然也少。要注意的是，那种不明确的、似是而非的买卖点一般不建议操作，否则一次似是而非的操作就可以抵消几次短差运动。随着时间的推移和操作次数的增加，你对这个固定品种股性会越来越熟悉，能够掌握的买卖点结构形态也逐渐增加，成本下降的速度就会不断提高。

最后是短差操作的走势阶段问题。并不是每一个波动都要想办法去操作，理论上的短差操作只存在于中枢震荡中，难度比较小，盈利也比较稳定。例如，在周线底部第一段日线级别回升后的周线中枢，或者第三类买卖点后的第二个中枢震荡中，按照理论，在b段不是背驰段的情况下，意味着新的中枢要形成，那么b段内部结构出现顶背驰的时候，短差就开始了。在b段顶背驰点卖掉，然后第一个次级别走势段下来接回，再回升到盘整背驰或者不创新高的卖点，根据顶分型和MA5卖出，再下来出现盘整背驰再接。在小级别的第一个中枢后的拉升过程中，如果该拉升过程不是背驰段是不能做短差的，因为小级别的走势结构本来就不太稳定，有点风吹草动就能把走势破坏掉，拉升过程中卖掉的筹码不一定有机会再接回来。在中枢震荡中或者大级别的中枢新生的次级别连接段中的更小级别走势中枢震荡中才有短差的基本条件。

9.4 一个操作实例

介入品种：云铝股份。

介入时间：2020 年 10 月 9 日至 11 月 5 日。

介入期间日线走势，如图 9-5 所示。

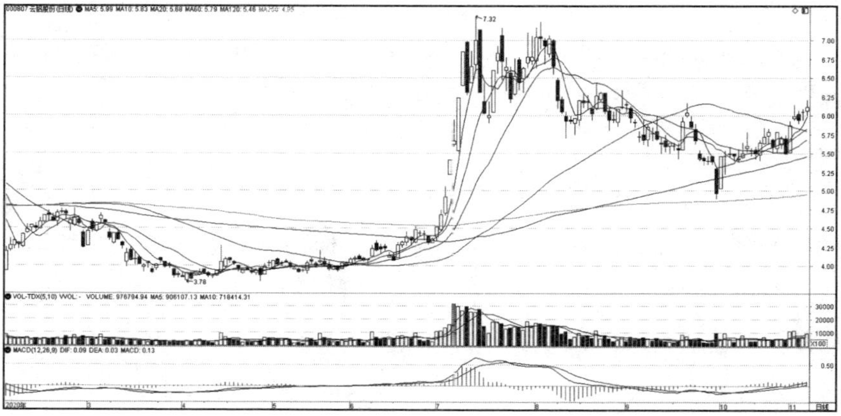

图 9-5 2020 年 10 月 9 日至 11 月 5 日云铝股份日线走势

介入时的周线走势，如图 9-6 所示。

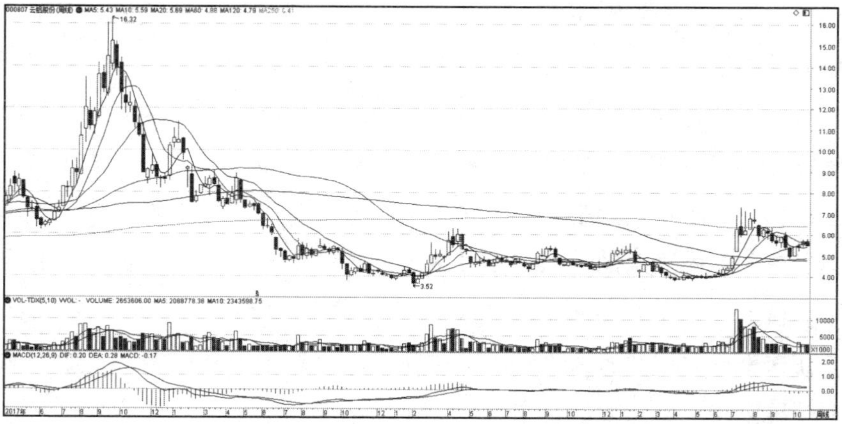

图 9-6 2020 年 10 月 9 日至 11 月 5 日云铝股份周线走势

技术面因素：周线放量突破 2019 年的平台，并实现缩量回抽至 120 周线和 60 周线附近，日线回抽到年线止跌回升，周线 MACD 黄白线回抽至零轴。

加仓点 30 分钟走势，如图 9-7 所示。

图 9-7 云铝股份加仓点 30 分钟走势

30 分钟 MACD 回抽至零轴，突破后回抽，盘整加盘整构成第三类买点。

基本面因素：美元贬值，大宗商品期货价格都在上涨，介入时的沪铝指数如图 9-8 所示。

图 9-8 沪铝指数

有色金属板块指数如图9-9所示。

图 9-9 有色金属板块指数

有色金属板块内先行个股走势如图9-10所示。

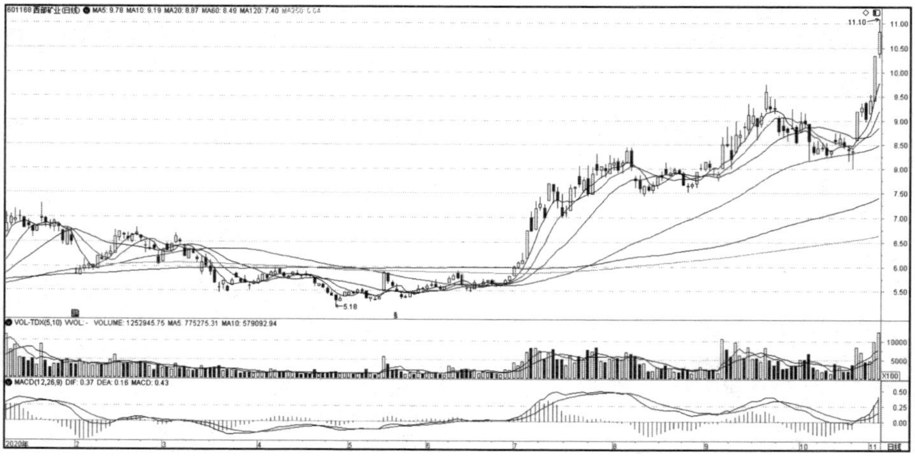

图 9-10 有色金属板块内先行个股走势

这是一次较好的操作，在有色金属因美元贬值而上涨的基本面条件下，先通过先行个股的上涨确定该板块的行情，再通过技术面和公司的基本面（央企、电解铝全产业链龙头）去选择具体介入的品种和介入时机。这个操作结合了基本面、比价、技术面三方面的因素。

关于退出，原则上是在什么级别的买点介入，就在什么级别的卖点退出，而买卖点之间的次级别走势可以短线运动降低成本与风险。一般在第三类买点后的上涨中，刚开始肯定是从小级别如 5 分钟级别上涨，这样价格一定循着 5 分钟的 MA5 上涨。因为走势必完美，所以三段次级别完成后，如果第三段不是背驰段，这时上涨就该体现在 30 分钟甚至 60 分钟的 MA5 上了，最后一直上升到循着 5 日线上涨。如果介入后的上涨能够体现出这样的逐步增加级别的特点，就可以等跌破 5 日线再说。这样可能会丢失掉一部分顶部利润，但极大地规避了提前下车的情况，相当于用两三个点的利润减少，去对冲二三十个点的利润增加，是完全可行的。

9.5 选股的逻辑

选股这个问题是分类别的，既然要选，就一定有能选的依据。这些依据在价值投资者眼里可能是增长、是市场空间、是 ROE、是垄断、是独有的技术，而在技术类投资者眼里，更可能是买点、趋势、指标、通道之类图形上的特点。从理论上来说，所有能够有效影响股价走势的因素，都忠实地反映在价格走势上面，所以通过技术层面的把握，就可以解决所有问题。一个基本面不那么好的公司，长期来说其股价的走势一定比不过基本面好的公司。基本面体现在股价，股价反过来体现了基本面。

所以，如果一个投资者面对技术图形，能够正确处理所有走势，就不应该存在选股的问题。但技术方面的完全成熟属于不可企及的层面，况且一名真正的投资者，将自己置入险地是明显的错误行为。这样一来，基于资金的利用效率、操作者的操作难度这两方面的考量，选股又是必须面对的问题。

就技术层面来说，最理想的操作是顺着大的趋势，操作小的走势。例如，在日线上升通道中，操作的层面就在 30 分钟级别或者 5 分钟级别，这样即使有买早了、买错了的情况，只要大的趋势还没有结束，就不会有什么风险。这是从操作难易度方面考虑的。

在技术以外的层面，要考虑的是具体品种的活跃程度，也就是在恰当的时间介入恰当的板块，选择恰当的品种。因为市场中的涨跌存在交替的现象，例如，这段时间是钢铁、煤炭、有色板块在涨，而过一段时间是地产、物流、航空、电子等板块在涨。正确的板块在同一时期的表现会优于其他板块，这种现象在市场中很常见。这是基于操作效率的考量。

此外，在不同的阶段，市场特征不同，例如，目前的市场，由于成交量不够，所以每一个上涨阶段都只有少数板块在上涨。并且，因为政策环境等因素，上涨的推动以基金为主，所以我们看到所谓的核心资产的表现就比其他品种好得多。其实在任何多头的行情中，都是核心资产先涨，然后二线成长跟上，最后炒垃圾股，这样的现象不仅存在于板块内部，也存在于整个市场结构中。例如，2019 年以来的行情，医药和科技就属于核心板块，它们涨完了其他板块才开始涨。

所以，选股的问题是一个从大到小不断缩小范围去定位解决的问题，类似于区间套。

第一，市场特征。市场特征不是凭空想象出来的，而是通过复盘总结出来的。把板块按市盈率从小到大、板块内按市值从大到小这样的顺序一个一个图形依次看过去，会明显发现哪些板块已经比较高，哪些板块还在估值低位，板块内龙头在上涨中段还是上涨结束，二线品种在下跌还是蓄势。这些信息统统可以通过复盘观察到，那么当下市场主要活跃在哪些板块，这些板块中一、二、三线的上涨次序如何，就可以有个大致的轮廓。此外，同样的买点在哪些品种上能够有好的表现，哪些品种经常出现不好的后续走势，也是通过复盘获得。这些内容将为后面的选股提供重要的参考。

例如，目前的市场行情（2021 年 1 月 19 日），酒类冲高后回落，半导体等科技股横盘近一年后开始活跃向上，周期品种中龙头上涨完中线调整而二线品种还在震荡，地产建筑类在低估区域，证券近一年整理后有重新活跃的迹象，新能源车板块内持续活跃但个股轮动节奏放缓，新型电力经过剧烈上涨后正在回调中。

同样的第三类买点显然在龙头身上能得到更好的表现，例如，晨鸣纸业、海康威视等；在基本面偏差的品种中表现往往较差，例如，华谊集团、拓日新能等，都是尝试中线突破而失败的例子。

通过这些复盘而观察到的情况就可以知道，在市场总成交量不变的情况下，在指数上涨或者盘整的过程中，以上情况不会得到改变。那么对于具体品种的选取，就可以有一个大致的范围：前期行情中未上涨而目前仍然在低估区间的各板块龙头，在龙头已经上涨的板块中基本面优秀的细分龙头。前者是基于板块轮动的考量，后者是基于比价效应的考量。

第二，板块选取。其实板块的选择在第一点已经解决了，就是还没涨的板块和龙头已经涨起来的板块。一般来说，长线板块的选择和大的市场环境有关，例如，2019年之后的华为、半导体、医药、军工等。此外还和经济周期有关，例如，设备周期产生的机械行业。最后就是和货币有关，例如，美元贬值背景下的周期板块。对短线来说，活跃度是唯一指标，选择的板块一定是近期最活跃的，这与中线的运作有本质的区别。相对来说，中线的板块选择所需要的知识面比较大，而短线就不用那么麻烦，看哪个板块最热就可以了。

第三，技术图形。所有的介入都是在上涨中介入，这是散户操作的原则。也就是说，操作级别的上一个级别是在上涨通道中，例如，周线顺着5周线上涨，然后去寻找30分钟级别或者日线级别的买点。最基本的一个简单原则就是：250日线是向上的，最好当下走势在250日线上方运行，因为这是明确无误的多头行情。那些还在250日线下方的，就可以等它们上来再说，但这样会错过底部的反弹，当然也可以把250日线改成120日线或者半年线，这取决于操作的级别。最后就是技术买点了，所有技术买点都应该以上面的各种因素为基础。显然，日线或者周线的第三类买点是最佳选择，其次就是大级别震荡中产生的第二类买点。

对于买点结构的熟悉，最快的是通过对历史走势的复盘来完成，也就是把各个品种历史中的行情图打开，观察不同级别的底部构造以及走势中的一些细节。这部分工作越多，过目的行情图就越多，累计的形态特征也就越多，对于选股和持股是很有好处的。

例如，每次大底是怎么见底的；底部量怎么样；对均线的反应怎么样；周线、日线结构如何；当时指数如何；回升加蓄势是怎么在周线、日线上体现的；和均线怎么协调；量在哪多在哪少；起涨是什么级别的、什么买点；均线如何量如何；过前高或者前高附近如何；上涨依托的是哪个级别的什么均线；中期见顶和历史大顶有什么区别；中期调整和长期下跌有什么区别；洗盘时缩量放量如何，为什么；板块内，上涨次序如何，为什么；总体按什么排序。

另外，走势其实就六个部分，回升段、蓄势段、主升段、中期调整段、顶部、长期下跌段。回升段和蓄势段都在周线第三类买点之前或者周线第二类买点构造结束之前；主升段和中期调整段可以循环往复，直至顶部；长期下跌段按级别还可以分主跌段和盘整、回升反弹段。各个阶段分别对应指数的什么阶段，板块内各品种在各个阶段的完成时间，都是复盘中要在意的。

你能在这些复盘中花多少心思，会直接体现在长期操作结果中。

后 记

这本书断断续续写了近一年，最早是在个人微信订阅号缠论视界中连载，有些例子建立在当时的市场情况中，后面再看就会少一些鲜活感，但逻辑是相通的，完全可以用相同的逻辑去观察、分析每一个当下的市场。

“当下”是缠论体系中至关重要的概念之一。在浩如烟海的股票投资、投机理论中，充斥了各种各样以“预测”为目的的方法，这并不能说错，过去经验的总结也是我们知识的重要组成部分。但唯经验论，无疑是失去了“实事求是”所要求的客观，客观的现实告诉我们，没有哪两个当下的走势、板块环境、市场环境会是完全一致的。基于“预测”的目的，去寻找上涨前的规律性特点，往往成为走势骗线的主要对象。而“当下”的思维方式，关注的是市场现在如何，而不是未来如何。这不同的底层思维决定了缠论与其他理论的本质不同。

对缠论的掌握比其他多数理论要难得多，原因在于：照猫画虎对缠论是没有用的，根据外在特征去学“头肩底”这些形态，学缠论就会陷入四不像的境地。对于缠论而言，必须从理解的基础上去看待各种走势的外在特征，这就是本书中有“走势能量”那一部分内容的原因。

了解基本面和比价，很大程度上是为了选择板块和品种，然后才是理论技术发挥作用的时候。这一部分的内容在书中提及的不算多，但范围和思路、方向是足够的。

“多闻阙疑，慎言其余，则寡尤。多见阙殆，慎行其余，则寡悔。”意思是，广泛汲取各方面的知识，并能在实践中去印证它们，通过这样的方式增加自己的知识量和阅历，去除疑惑、避开风险。只有遵循这样的方式，才能减少自己犯错的机会。对于缠论来说，能够在理论基础上结合其他各种知识，是最好不过的。特别是基本面方面的知识，能够更快地帮助你熟悉市场的运行规律。

理论是需要实践来印证的，这种印证的过程，才是真正的“学习”过程，而不仅仅局限于书本知识，而这些实践是必须通过人来执行的。所谓**“人能弘道，非道弘人”**，理论不是学习的目的，只有用理论的人才是目的，理论要能彰显在使用的人身上才有意义。

所以，任何理论、任何书籍、任何师长、任何名言，包括这本书在内，都不属于知识的范畴。对于一个人来说，这些都只是用来发现同一个问题在不同的视角下如何去看待、如何去理解的途径，以此来完善、修正自己。

“依法不依人，依义不依语，依智不依识，依了义不依不了义”，是为“四依止”，是所有学习者必须理解和贯彻的原则。我们学习缠论，并不因为作者的成就或者地位，而是理论中的逻辑是否成立。在学习过程中，任何只言片语都必须放在整个理论体系的框架下才有观察研究的意义，而不是执着于只言片语，文字和语言都只是用来表达的工具而已。一旦我们接受了“任何文字语言形式的知识，都只是我们多闻、多见的途径”，就不会对各种理论有分别心，而是平等对待，当然也不会有好恶心，比如只喜欢波浪理论而不喜欢均线理论。依了义不依不了义，是有些难以理解的，“知我说法如筏喻者，法尚应舍，何况非法”，说的就是依了义不依不了义，类似于解构主义中的“延异”。在我个人的认知里，这句话在股市中是这样看待的：**我们的目的是掌握股市运行的规律，而不是赚钱。**赚钱只是一个结果，是掌握股市、股价运行规律的必然结果。把注意力放在掌握规律上面，会让我们深入地探索这门大课题的一切因果；而把注意力放在挣钱上面，至少是很难忍受持仓时的震荡的，而在中枢移动的过程中，小级别的震荡原则上是不操作的。

走势有其运行的确定性，也有其随机性，这二者的结合，共同构成了任何一段走势的生灭。走势必完美是不存在位次问题的，在任何走势的任何阶段都同样成立，正因如此，任何一段走势的任何一个当下才可以被精确描述，那就是由中枢、背驰等概念给走势画的框了。

前后算起来，接触缠论有十个年头了，在这十年里，学习到的东西越多，能够发现的欠缺也就越多。曾几何时，一度灰心过，这什么时候是个头啊？其实就操作而言，早在数年前，我就确定无疑地知道要怎么做就可以实现稳定的盈利，但那些在各个阶段新发现的未知领域，强烈地吸引自己去继续探索，直至现在还在探索中。这个探索的过程，本身就很有意义并充满了乐趣，至于结果如何，那反而不是最重要的了。

个人认为，缠中说禅博客中的文章，以价值而论，《论语》系列是当之无愧的首位。枯木龙吟系列讨论禅理较多，离平常生活太远，《论语》系列不远不近刚刚好，并且可以直接在股票领域发挥作用。在学习缠论的过程中，如果遇到了百思不得其解的门槛，不妨去《论语》中寻找思路。

由于当初并没有出版的打算，所以本书部分内容有些口语化，虽然后期调整了一些，但整体行文风格是改不了的。此外，一些语句可能会有不够严谨的地方，虽然整体检查、修改了一些，但是难免会有漏网之鱼。这些不足之处，望读者能够谅解。

陈秋明